I0816374

No te tires al drama

DR. SCOTT LYONS

No te tires al drama

Libérate del rol de víctima y deja de crear caos gratuito en tu vida

DIANA

Título original: *ADDICTED TO DRAMA: Healing Dependency on Crisis and Chaos in Yourself and Others*

Traducción: Carlos Díaz
Formación: Alejandra Romero
Diseño de portada: Planeta Arte & Diseño / I. Jacqueline Cruz Méndez
Imagen de portada:© Getty Images
Fotografía del autor: © Linda Abbott Photography

Bajo el sello editorial DIANA M.R.
Avenida Presidente Masarik núm. 111,
Piso 2, Polanco V Sección, Miguel Hidalgo
C.P. 11560, Ciudad de México
www.planetadelibros.com.mx

Primera edición en formato epub: abril de 2025
ISBN: 978-607-39-2814-4

Primera edición impresa en México: abril de 2025
ISBN: 978-607-39-2529-7

Impreso en los talleres de Corporación en Servicios
Integrales de Asesoría Profesional, S.A. de C.V.,
Calle E # 6, Parque Industrial
Puebla 2000, C.P. 72225, Puebla, Pue.
Impreso y hecho en México / *Printed in Mexico*

Nota del autor

Todos los nombres y datos de identidad fueron cambiados; algunos de los ejemplos son combinaciones de varios casos.

Índice

Prólogo 11

PRIMERA PARTE

QUÉ ES LA ADICCIÓN AL DRAMA

CAPÍTULO 1 El cazador de tormentas; el creador de tormentas: identificación del adicto al drama 19

CAPÍTULO 2 Los dos lados de la moneda: cómo vemos a los adictos al drama, y cómo se ven a sí mismos 40

CAPÍTULO 3 Síntomas y efectos comunes de la adicción al drama 52

CAPÍTULO 4 El ciclo de creación y destrucción: el drama y las relaciones 63

SEGUNDA PARTE

ENTENDER LAS CAUSAS DE LA ADICCIÓN AL DRAMA

CAPÍTULO 5 Creando la tormenta perfecta: la base de la adicción al drama 83

CAPÍTULO 6 Programado para el drama: el papel del estrés 103

CAPÍTULO 7 Aferrado y atrapado: cuando una estrategia de supervivencia se convierte en una adicción 128

CAPÍTULO 8 El ciclo del drama: caos en un parpadeo 150

CAPÍTULO 9 Sobreestimulados y poco conectados: la droga global del drama 165

TERCERA PARTE

EL VIAJE PARA SANAR LA ADICCIÓN AL DRAMA

CAPÍTULO 10 Romper, encontrar, soltar y aprender: historias de sanación 185

CAPÍTULO 11 Pasos de la sanación 203

CAPÍTULO 12 Usa los arquetipos de *No te tires al drama* para sanar 213

CAPÍTULO 13 Un ave en la tormenta: cómo prosperar en una relación con un adicto al drama 251

Epílogo: Decir adiós 265

Apéndice: Prácticas e indicaciones para sanar 267

Agradecimientos 297

Notas 299

Bibliografía 311

Prólogo

DURANTE LA MAYOR PARTE DE MI VIDA ASUMÍ QUE LAS COSAS MALAS simplemente me sucedían porque nada parecía funcionar. Mis días se sentían como una serie interminable de rupturas, traiciones, decepciones y pérdidas, y siempre me decía: «Esa es la historia de mi vida».

Si bien nadie me dijo de frente que era un rey del drama, Dios sabe que todos lo pensaban. Y, para ser honesto... tenían razón. Pensaba que el drama sabía dónde encontrarme y asumía que era normal necesitar situaciones intensas y ejercicio de alto impacto para encontrar un solo momento de paz y tranquilidad. Pero la realidad es que iba tras las dosis emocionales, necesitaba crear conflictos y enfrentamientos y generar drama en cada oportunidad. Aunque los demás suponían que lo hacía por atención, me di cuenta de que en realidad el drama era mi manera de sobrevivir.

Cuando llegué a este mundo, hice un escándalo: al nacer, le desgarré dos discos intervertebrales a mi madre, por lo que estuvo hospitalizada durante meses. Generaciones de abuso y adicción al alcohol, a las drogas y a las apuestas prepararon el escenario para una niñez caótica en la que las cachetadas se repartían tanto como los abrazos. El ambiente inconsistente variaba entre la ternura y el caos, y terminé por esperar lo inesperado.

El amor se demostraba a través del humor subversivo, por lo que amar y ser amado significaba ser gracioso y entretenido, y aprendí a actuar para ser visto por los demás. Mi infancia la pasé desconectado de mi cuerpo —suelo referirme a mí mismo en esos años como el fantasma andante—, cazando los momentos en los que se sintiera bien volver a mi propio ser, pero ocurrían con muy poca frecuencia.

En la escuela sufría *bullying* tanto de los estudiantes como de los profesores, pues no tenían tolerancia con un niño gay con un severo problema de aprendizaje. Fueron muchas las tardes en las que me metieron a un casillero como si fuera el personaje indefenso de una película sobre alcanzar la madurez. Me sentía atrapado, no tenía a dónde escapar y necesitaba alejarme de todo, así que a mis 13 años fingí mi suicidio. Preparé la escena meticulosamente: arrojé unas pastillas al piso, preparé el cuarto con cuidado, coloqué el frasco a pocos centímetros de mis dedos y escribí una carta de despedida. Quería castigar a mis padres, a mis compañeros y a mi profesor por causarme tanto dolor, o por no darse cuenta, por no protegerme ni ayudarme. Quería que alguien me rescatara y me llevara lejos del caos y el dolor. Buscaba un reinicio profundo, como si fuera una computadora descompuesta.

Pasé meses entrando y saliendo del hospital. Cada vez que me daban de alta, buscaba la forma de que me volvieran a internar. El hospital se sentía como un terreno estable y había espacio para crecer y expresarme. En terapia musical, podía reproducir canciones de Tori Amos y hablar sobre su relación con mi vida, a veces acompañado de una danza interpretativa. Eso encendió el siguiente capítulo de mi vida: canalizar mi talento para lo dramático.

El drama definía mi vida, incluso se volvió mi profesión luego de la preparatoria. Al trabajar como actor, director o coreógrafo profesional, siempre estaba estresado; mi trabajo era una fuente constante de drama.

En ese entonces tuve una pareja que desenterró todo el dolor y la disfunción que había escondido y los llevó a la superficie. Siempre creí que era bueno para manejar el estrés, pero no me daba cuenta de que lo usaba para salir adelante. Mi tolerancia a la disfunción, las crisis y el caos llegó a su límite y pronto mis habilidades para lidiar con ello se vieron sobrepasadas.

Comencé a tener migrañas y ataques isquémicos transitorios (AIT) debido al estrés constante, e incluso llegué a perder la habilidad para coordinar mi cuerpo. Intenté terminar esa relación cientos de veces, pero por más que lo deseaba, había una fuerza mayor que me obligaba a volver.

Esa fuerza —aunque no me di cuenta sino mucho después— era mi hambre, mi necesidad de tener esa fuente interminable de crisis.

Luego de que mi pareja de ese entonces terminara la relación, me retraje por completo, tanto en mi carrera como en mi vida social, y poco después comencé a tener problemas de salud serios e inexplicables (desmayos, pérdida de la memoria, ansiedad, depresión, tensión en el pecho, latidos acelerados e hipotiroidismo espontáneo).

Al principio creí que me estaba purgando de una situación tóxica, pero no tardé en darme cuenta de que estos síntomas intensos en realidad eran signos de abstinencia debido al estrés prolongado. Noté que los síntomas se aliviaban un poco cuando me involucraba en las crisis de otras personas: al escuchar sus chismes, al ver películas violentas y llenas de acción, o al desahogarme respecto a mi ex o a otras personas que me hubieran dañado. Fabricaba conflictos con quienes me rodeaban.

Es decir, *creaba las condiciones*, lo cual —ahora entiendo— es un aspecto de la adicción al drama: buscar sensaciones a través del conflicto inventando historias que generen una carga emocional, pues se siente extrañamente relajante debido a su familiaridad. De niño, para escapar de la realidad, me imaginaba compartiendo noticias terribles que no eran necesariamente ciertas. Imaginar que involucraba a otros en el drama me daba una extraña satisfacción, como si me tranquilizara.

Cuanto peor me sentía, más anhelaba una dosis dramática, hasta que mi cuerpo ya no lo resistió. Finalmente, en la cúspide de ese episodio, sufrí un ataque cardiaco que me dejó hospitalizado por una semana.

Esta crisis finalmente me abrió los ojos y supe que algo debía cambiar. En los meses posteriores al ataque cardiaco comencé a meditar y a practicar yoga todos los días, leí todos los libros de autoayuda que pude conseguir, reconocí mi deseo por el drama y viví con el malestar de no ceder ante las ansias, lo cual fue increíblemente difícil. Nunca me había dado cuenta de lo creativo que era con las infinitas formas en que me distraía con el drama. Perdí la cuenta de cuántas veces al día traté de generar conflictos y tuve que convencerme de no hacerlo. También fue demasiado aburrido. Fue como quitarle el azúcar a una dona o la sal a las palomitas del cine: insípido. Al quitarle el sabor a mi vida —el drama—, nada me resultaba emocionante ni inspirador.

Luego de meses arrastrándome por la peligrosa monotonía de la espaciosidad y el silencio, pude desenterrar el trauma histórico que en apariencia había sido protegido por el patrón dramático que creaba o en el que me encontraba constantemente.

Al *resistir las ansias por el drama y procesar el trauma subyacente,* todo comenzó a cambiar. Empecé a abrirme a una vida emocional más plena y multidimensional. La descripción más acertada sería que desperté poco a poco y me sentí más presente y receptivo. Me sentía vivo de una forma diferente a la que sentía al subirme a la montaña rusa de las crisis. Me impresionó la sutileza y rapidez con que mis emociones me atravesaban, en comparación a cuando intensificaba cada sentimiento y me aferraba a cada emoción, negándome a soltarlos, aunque se encimaran unos sobre otros. Por primera vez, no sentía que todo en la vida estaba mal, y si algo no funcionaba, no se volvía un problema. En ese entonces me preocupaba que mis amigos ya no me consideraran entretenido (o que le resultara aburrido a mi terapeuta), pero la verdad es que no importaba si ese era el caso, porque estaba emergiendo algo más saludable.

Durante este viaje de contacto con el pasado y con las formas en que negociaba con la vida para poder manejarla, entré en un estado más profundo de identidad. Desarrollé la habilidad de relacionarme con los demás sin que el drama fuera necesario para conectar, el conflicto ya no se sentía apasionante, y el que las situaciones fluyeran bien ya no significaba que algo malo estaba por suceder.

Luego de que el polvo se asentó y las ansias de volver a agitarlo se volvieron menos frecuentes, comencé a buscar libros o artículos que describieran la dependencia al caos y a las crisis. Me impresionó que, aunque la expresión «adicción al drama» se había popularizado, no hubiera suficiente ciencia, programas (como los de 12 pasos u otro tipo) ni libros sobre el tema para guiar a las personas, de modo que pudieran entender lo que abarca este vicio, cómo se produce y cómo sanarlo, no solo para quienes lo padecen, sino también para la gente a su alrededor. En ese momento decidí que me dedicaría a encontrar los eslabones perdidos, a investigar y a llenar los vacíos entre la experiencia directa de una adicción al drama y su aspecto científico y psicológico.

Espero que este libro sea una fuente de comprensión profunda y un camino para sanar la adicción al drama, así como una forma de hacerle frente para aquellos que están en una relación con alguien que la padece.

PRIMERA PARTE

QUÉ ES LA ADICCIÓN AL DRAMA

CAPÍTULO 1

El cazador de tormentas; el creador de tormentas: identificación del adicto al drama

La adicción al drama es mucho más compleja y dominante que un simple grito extravagante para llamar la atención, y también tiene más capas. Es el intento de existir en un mundo con el que casi nunca se está en sintonía, persiguiendo sensaciones que te hagan sentir vivo y buscando crisis para validar un malestar difícil de identificar e imposible de saciar. Ser adicto al drama es como si manejaras por la carretera de la vida en busca de un lugar pacífico mientras te acompaña una fuerza invisible que se apodera del volante y nunca te permite tomar la salida correcta. En vez de avanzar hacia la paz, te aleja de ella y deja destrucción a su paso. Vivir en el drama es como estar atrapado en una tormenta que busca un pararrayos y, en consecuencia, arrastra todo hacia su vórtice mientras destruye el terreno en el que desesperadamente quiere aterrizar. Este complejo fenómeno, que nos tiene atrapados a muchos, no es muy diferente a la dependencia a alguna droga que podrías ingerir, inhalar o inyectarte, excepto porque la «droga», o sea el drama, no es algo tangible, sino algo que puedes buscar o fabricar.

El drama es la agitación, la emoción, la exageración, la erupción, la inquietud y la batalla por sentirte vivo con respecto al adormecimiento del mundo interno y externo.

PERSIGUIENDO LA TORMENTA

La historia está repleta de personas que prosperaron en situaciones extremas. Harry Houdini al escapar de sus cadenas dentro de una ballena embalsamada. Amelia Earhart al circunnavegar el planeta en uno de los primeros aeroplanos. Evel Knievel al saltar el cañón del río Snake en una motocicleta propulsada por cohetes. Equilibristas, atletas de alto rendimiento, pilotos de carreras, soldados en campos de batalla; cualquiera que sea su motivación, algunas personas se sienten más inclinadas que otras a ir adonde seguramente encontrarán emociones.

A mediados de los años cincuenta, luego de una tormenta particularmente fuerte que dejó un rastro de destrucción en Bismarck, Dakota del Norte (mi ciudad natal), David Hoadley se convirtió en uno de los pioneros del mundo de los cazadores de tormentas. La cacería de tormentas fue alguna vez dominio de las personas que buscaban entender los fenómenos meteorológicos, quienes, sin duda, también terminaron envueltas por la emoción y lo imprevisible. Los cazadores de tormentas requieren sentidos agudos, intuición para encontrar el epicentro del caos meteorológico y la voluntad de abandonar los aspectos más seguros y mundanos de la vida. Desde los días de Hoadley, la popularidad de las cacerías de tormentas ha crecido, pero los riesgos superan los beneficios. Todos los veranos hay historias de gente que termina herida de gravedad o muerta porque se acerca demasiado a la impredecible mano de tormentas eléctricas, inundaciones repentinas y tornados.

No es difícil imaginar el drama como un tipo de tormenta. El daño que puede causar varía enormemente y su costo no siempre se puede saber sino hasta después de que ocurre un incidente. Alguien puede quedar atrapado en una tormenta por mero azar, pero al igual que Hoadley y sus contemporáneos, los adictos al drama también las buscan, se involucran en ellas y las persiguen. Así como es posible que llueva donde estamos o que vayamos adonde esté lloviendo, una persona que sufre adicción al drama siempre puede encontrar o *crear* dramas.

Hay muchas personas que dicen «sentirse vivas» durante una tormenta eléctrica. En la novela *Solo quedó nuestra historia,* de Adam Silvera, uno de los personajes dice:

> Las tormentas son un asco cuando interrumpen el servicio eléctrico y hacen pedazos tu casa, no hay duda de ello. Pero hay ocasiones en que el trueno es la música que acompaña algo impredecible, algo que acelera nuestro corazón y nos despierta. Si alguien me hubiera advertido sobre el clima, me habría atemorizado y refugiado.
>
> Pero no lo hice.

No es de sorprender que las personas se sientan «vivas» con el drama porque, de momento, el resto de las preocupaciones parece insignificante en comparación. ¿Quién podría preocuparse por lo mundano cuando la posibilidad de una catástrofe absoluta está tan cerca? Para algunas personas, este escape puede darse mirando grabaciones de tormentas (en videos, documentales o películas como *Tornado*), pero otras necesitan experimentarlas de primera mano y, como Hoadley, salen al mundo en busca de ellas.

Lo mismo pasa con los adictos al drama. «Tienes que estar en crisis todo el tiempo o te vuelves complaciente», dice Marline, una mujer que se identifica a sí misma como adicta al drama. «Las crisis son el lugar donde ocurre la acción. El drama es un resorte interno que debe mantenerse presionado para poder reaccionar».

IDENTIFICACIÓN DE PATRONES Y CARACTERÍSTICAS

«¿Cuántos de ustedes conocen a alguien adicto al drama?».

Hago esta pregunta cada vez que doy conferencias sobre el tema y casi todos los asistentes levantan una mano. Algunos, incluso, alzan ambas.

«¿Y cuántos de ustedes son adictos al drama?». Con esta pregunta, muy pocos o ninguno levantan la mano. Este fue un patrón continuo tanto al dar conferencias a grupos grandes como en entrevistas personales. La mayoría de las personas con quienes hablo puede identificar a otras como adictas al drama, pero muy pocas se identifican a sí mismas de esta forma. Lo mismo pasa con la mayoría de las adicciones: los adictos son los últimos en identificarse como tales. Con frecuencia, los adictos al drama no son capaces de reconocerse como el origen del conflicto que buscan o crean inconscientemente.

Para poder identificar patrones en la expresión del drama, reuní historias y observaciones a partir de un amplio grupo de personas y busqué los puntos en común entre ellas. Esto incluyó anécdotas de adictos al drama, de las personas a su alrededor y de los profesionales de la salud mental que trabajaron con ellas. A través de mis funciones como investigador, psicólogo clínico y facilitador de talleres terapéuticos, he podido trabajar con miles de individuos para evolucionar y desarrollar la autoexploración inicial. Si bien sus historias son subjetivas y no es posible presentar una imagen completa de su dependencia al drama —se deben cubrir muchos matices y cada individuo es diferente—, la información me permitió crear un perfil del adicto al drama. Esta adicción consiste en un patrón de múltiples capas con ciclos de retroalimentación alrededor de una experiencia central interna que a menudo se manifiesta de las siguientes formas:

- Sensación de pérdida del control, tanto de uno mismo como del entorno (la velocidad, la presión y los retos del mundo exterior).

- Percepción del mundo en términos extremos o intensos y, en ocasiones, involucramiento en actividades extremas.
- Vivir con una sensación generalizada de aislamiento, traición, abandono e intranquilidad.
- Sensación de adormecimiento la mayoría del tiempo, e intentos por remediarlo buscando la sensación de estar vivo.
- Fluctuación y dispersión del sentido de identidad, sintiéndose frecuentemente desarraigado.
- Exagerar una situación más allá de lo que las circunstancias indican.
- Falta o exageración de autoestima.
- Dificultad para interactuar con otras personas y comunicar necesidades y sentimientos.
- Sensación de una corriente subyacente de agitación o de que algo «anda mal».
- Hipersensibilidad a factores de estrés que resulta en reacciones impulsivas y extremas.
- Visión de túnel con tendencia a enfocarse en lo negativo y poca habilidad para cambiar de enfoque.
- Sensación profunda de no ser visto o escuchado.
- Intolerancia e incapacidad de reconocer conexiones interpersonales y ofrecer o aceptar empatía.
- Buscar, crear o encontrar crisis de las cuales ser víctima.

En vez de enfocarse en sus sentimientos y necesidades no satisfechas, las personas que sufren de adicción al drama se concentran en estímulos externos (por ejemplo, situaciones, eventos o personas). Manifiestan ansiedad o aburrimiento cuando todo está en calma, y se sienten más vivas y prósperas cuando están bajo presión, por lo que se colman de actividades y terminan abrumadas. Además, arrastran a otros en sus torbellinos y repiten escenarios o interacciones una y otra vez, generando variaciones de la situación original. También es posible que vivan en el pasado y el futuro en lugar del presente mediante preocupaciones compulsivas, pensamientos repetitivos, historias, recreaciones del pasado o proyecciones del futuro; asimismo, que guarden rencores y les resulte difícil perdonar.

Por cierto, si esto parece aplicar a cualquier persona, el capítulo 9 habla básicamente sobre lo que podría considerarse una epidemia dramática. Exploraremos cómo en esta cultura que demanda actividades urgentes, así como en el mundo de las redes sociales donde siempre estamos expuestos, la adicción al drama es un suceso cotidiano para muchos de nosotros.

El adicto al drama tiene fijación por arreglar los problemas o alejarse, su atención divaga durante las conversaciones, percibe una sensación de dominio o control durante situaciones intensas y parece «apropiarse del escenario».

Se vuelve reactivo o siente emociones exageradas sin motivos claros, y cree que otras personas o todo el mundo conspira contra él y se pregunta: «¿Por qué a mí?». Siente que los demás no lo entienden o validan y se vuelve más crítico conforme las personas se acercan a él. Puede que repita la misma historia emocional frente a diferentes públicos —al punto de convertirla en un chisme— para desahogarse continuamente. Lo que ocurre en la vida de otros lo consume, y explora de manera constante las redes sociales en busca de noticias e información.

Por último, el adicto al drama expresa su amor o afecto a través de la intensidad, por lo que a menudo reemplaza la intimidad con extremismos, como experimentar conexiones a través de debates, discusiones, grandes aventuras o enamoramientos fugaces y frenéticos.

Algunas de estas características —las reacciones intensas, emociones exageradas, intranquilidad, agitación, adormecimiento y disociación—

también están asociadas con el estrés crónico, una pista del costo real y oculto de la adicción al drama.

UN VISTAZO AL MONSTRUO EN EL CLÓSET

El drama es el monstruo en el clóset que todos conocen, pero que pocos pueden definir con precisión.

Al entrevistar a individuos que se identifican a sí mismos como adictos al drama, a aquellos que identifican a otros en su vida como propensos a la adicción al drama, y a psicólogos clínicos que han trabajado con este tipo de personas, comencé a notar comentarios y temas comunes:

- El drama puede definirse como la confusión y el caos innecesarios en la vida del individuo o en el mundo.
- Es fácil reconocer las conductas dramáticas, pero no es tan fácil *definir* el drama.
- El drama es la disonancia entre un estímulo recibido y la respuesta que produce; la discrepancia y exageración entre las circunstancias externas y las reacciones internas.

El *drama*, cuando se usa como adjetivo *(dramático)*, es descrito como un torbellino interno para la persona dramática y externo para aquellos que la rodean. La persona que ansía o crea dramas percibe una sensación de intensidad que parece una guerra interna. Tanto el torbellino como la guerra interna son el mundo en el que la gente dramática vive y la forma en que percibe e interactúa con el exterior. Es una experiencia interna y una necesidad de experiencias extremistas. Las cosas deben ser calientes o frías, negras o blancas. *No existen los puntos medios*.

El *drama*, como sustantivo, es más amorfo y su definición no es clara. Se le concibe como las circunstancias externas, interacciones interpersonales y tanto la percepción como la respuesta a la combinación de ambas. Uno de los participantes en mi estudio de investigación definió el drama como «las cosas que alteran mi vida y con las que tengo que lidiar yo solo». Para otra persona, es el conjunto de «cosas importantes que han ocurrido en mi vida, donde todos avientan todo y se gritan entre sí».

Todos reaccionamos a las situaciones estresantes o difíciles, entonces, ¿cómo determinamos la línea entre una respuesta normal y una reacción dramática que podría sugerir una adicción al drama? Los humanos evolucionamos para responder a estímulos internos y externos, pero si la intensidad dramática es habitual en lugar de darse a corto plazo o ser adaptativa, y si el caos y las crisis parecen dominar la vida de una persona, lo más probable es que haya una afinidad por el drama.

APAGAR LA VELITA DEL PASTEL CON UNA MANGUERA CONTRA INCENDIOS

El drama es la disonancia entre lo que ocurre y tu respuesta, y también puede ser una forma de evitarte a ti mismo. Veamos el ejemplo de Shawn. Para él, la vida es generalmente abrumadora y está repleta de demandas interminables que crean demasiada presión, como si fueran pesados troncos sobre sus hombros y su pecho. El calendario de Shawn está atiborrado: su día laboral comienza a las ocho de la mañana y termina a las seis o siete de la tarde mientras que sus noches están repletas de llamadas telefónicas y eventos sociales. Tampoco descansa en sus días libres porque los ocupa con deberes y quehaceres interminables, visita a sus familiares y amigos, y realiza el trabajo que no pudo terminar durante la semana; siempre hay algún proyecto en el horizonte antes de que pueda terminar el que ya está haciendo. Cuando logra liberarse de esas cargas temporalmente, siente tranquilidad... *y esa tranquilidad le produce un vacío desagradable,* por lo que de inmediato Shawn vuelve a saturarse de tareas hasta abrumarse lo suficiente otra vez. Tiene «hambre de que sus neuronas estén activas» o, siendo más honestos, ansía y necesita estar sobrecargado para evitar el vacío que yace bajo la superficie.

Las personas intoxicadas por el drama muestran una intensidad emocional en aumento que, por lo general, excede lo que consideramos una respuesta «normal» o esperada, como correr a un refugio contra huracanes durante una leve llovizna o apagar la velita de un pastel con una manguera contra incendios. Por ejemplo, Jen estaba esperando en una fila en la farmacia, pero cuando el empleado se retiró para ir a tomar un breve descanso justo antes de atenderla, ella básicamente «estalló». Pasó de cero a cien en un parpadeo, exigiendo hablar con el gerente sobre la falta de respeto a su tiempo y el desprecio en su contra pese a ser una paciente.

Cuando una persona experimenta la necesidad de drama, gravita hacia pensamientos, frases, hábitos, conductas, expresiones o sentimientos, e incluso a relaciones extremistas. A su alrededor nada es insípido o aburrido, su vida emocional está marcada por una volatilidad incesante que va más allá de los cambios repentinos, la sorpresa o las emociones inesperadas (y, al principio, esto puede parecerles atractivo a los demás).

El drama habitual es un mecanismo de defensa para no experimentar nuestros sentimientos: es una forma de supresión y automedicación. Aunque Liz, por ejemplo, no se daba cuenta en ese entonces, siempre analizaba a los demás en busca de acciones o errores que le permitieran no sentir sus propios sentimientos, como tristeza o rechazo. No obstante, lo que esta estrategia hacía era crear un adormecimiento de lo que ocurría en su interior y en el mundo a su alrededor ante la experiencia más sutil, profunda y enriquecedora.

Entonces, ¿quiénes son estas personas? Antes de responder esta pregunta, me gustaría dirigir mi atención a ti. ¿Quiénes son estas personas en tu vida? ¿Tu mamá? ¿Tu papá? ¿Tu hermana? ¿Tu hermano? ¿Tu pareja? ¿Un amigo? ¿Algún desconocido en la tienda? ¿Tú mismo?

Al final de este capítulo encontrarás una sección que te ayudará a identificar a los adictos al drama, ya sea que se trate de otras personas o de ti.

ENTONCES, ¿AHORA QUÉ?

Quizás estés leyendo este libro porque te has involucrado directamente con adictos al drama y puede que en ocasiones te pareciera emocionante o interesante estar con ellos. Pero con el tiempo (si no es que de inmediato) te resultaron agotadores, como si fueran una aspiradora que te succiona constantemente hacia su torbellino emocional, yendo de una crisis a otra sin nada que puedas hacer para reducir la intensidad.

O puede que lo estés haciendo porque alguien asumió que eres un adicto al drama y te compró este libro. Si ese es el caso, te aliento a tomarlo con humor y con la mente abierta. Tal vez, solo tal vez, haya algo que puedas extraer de este libro, incluso si nunca llegas a estar de acuerdo con la persona que te lo dio.

También puede ser que lo estés leyendo porque tú mismo te cuestionas si eres adicto al drama. El estrés siempre parece encontrarte, todo se siente más grande de lo que en realidad es, todo el tiempo estás en medio de una crisis y en algún momento te diste cuenta de que un hogar o un ambiente laboral tumultuosos te alimentan; o quizá fue un amigo o un ser querido quien te lo hizo notar. Aunque desees paz o tranquilidad, la falta de «ruido» de cualquier tipo te produce una sensación de incomodidad o ansiedad.

Dices que quieres paz y tranquilidad, pero cuando las obtienes, el silencio resulta incómodo, ajeno o extraño y, al reflexionar, descubres que tu vida ha girado en torno a un ritmo arduo y repetitivo de subidas y bajadas intensas que con el tiempo se convirtieron en la base de tu compás. Cuando no igualas la intensidad de ese ritmo, te sientes solo en el mundo, como si no estuvieras en sintonía con él.

Para cuando llegues al final de este libro, es probable que te hayas reconocido en las tres categorías, por lo que te recomiendo responder los siguientes cuestionarios, incluso si crees que ya sabes las respuestas. Te sugiero responderlos ahora, mientras lees el libro, y que lo vuelvas a hacer al menos una semana después de haberlo terminado, de haber aprendido a identificar las señales de adicción al drama y observado cuán presentes están en tu vida, en la de un amigo o en la de un familiar. Te sorprenderá cuánto llegaste a aprender.

Si los resultados te hacen sentir molesto o perturbado, sé valiente. Todos podemos cambiar y sanar, y ser conscientes de nosotros mismos es el primer paso en el camino hacia la libertad. La parte final de este libro te ofrece prácticas de sanación independientemente del momento en el que te encuentres y cómo te identifiques dentro del espectro del dramatismo.

¿ALGUNO DE TUS CONOCIDOS ES ADICTO AL DRAMA?

Aquí encontrarás dos grupos de preguntas. El primero te ayudará a reconocer estas características en alguien más, mientras que el segundo te guiará para saber si tú eres adicto al drama.

Si alguna de estas preguntas es similar a algo que has experimentado por tu cuenta o que otra persona ha dicho sobre ti (ya sea que estés o no de acuerdo), o si estas preguntas te hacen pensar en una o más personas en tu vida... entonces este libro es para ti.

Cuestionario 1
¿Alguien que conozco es adicto al drama?

Lee las siguientes oraciones y califícalas de acuerdo con la precisión con que representan tu experiencia: Nunca / Casi nunca / A veces / Con frecuencia / Siempre.

Si bien este cuestionario no pretende dar un diagnóstico formal de adicción al drama, sí puede ilustrar qué tan presentes están sus características y comportamientos en la vida de alguien. Insisto, te sugiero responderlo ahora, mientras lees el libro, y repetirlo en una semana, tras haber conocido estas características y observado cuán presentes podrían estar en la vida de alguno de tus amigos. Cuenta el número de veces que marcaste «A veces», «Con frecuencia» y «Siempre». Si marcas estas respuestas 16 veces o más, tu amigo forma parte de la gran cantidad de personas con cierta tendencia al drama. Si respondes «A veces» repetidamente, la propensión es menor; y si respondes «Con frecuencia» o «Siempre», entonces la adicción al drama es más predominante.

Si es evidente que tu amigo tiene tendencia al drama, te hago un amable recordatorio que estará presente a lo largo del libro: tu amigo sigue siendo un increíble ser humano que, por muchas razones, se adaptó a sobrevivir así.

1. Siente ansiedad o aburrimiento cuando todo está en calma.

   Nunca / Casi nunca / A veces / Con frecuencia / Siempre

2. Su lenguaje de amor es la intensidad.

   Nunca / Casi nunca / A veces / Con frecuencia / Siempre

3. Parece necesitar dolor, placer o sensaciones intensas para relacionarse con su cuerpo.

   Nunca / Casi nunca / A veces / Con frecuencia / Siempre

4. Le resulta difícil recibir halagos o validación.

   Nunca / Casi nunca / A veces / Con frecuencia / Siempre

5. Se siente más vivo o prospera mejor bajo presión.

   Nunca / Casi nunca / A veces / Con frecuencia / Siempre

6. Incluye a otros en su estado emocional, succionándolos hacia su torbellino.

   Nunca / Casi nunca / A veces / Con frecuencia / Siempre

7. Siente preocupación por arreglar las cosas.

   Nunca / Casi nunca / A veces / Con frecuencia / Siempre

8. Repite escenarios o interacciones una y otra vez, al punto de solo generar variaciones de la situación original.

   Nunca / Casi nunca / A veces / Con frecuencia / Siempre

9. Tiene dificultades para perdonar.

   Nunca / Casi nunca / A veces / Con frecuencia / Siempre

10. Guarda rencores.

    Nunca / Casi nunca / A veces / Con frecuencia / Siempre

11. Suele disociarse o pierde la atención al conversar.

    Nunca / Casi nunca / A veces / Con frecuencia / Siempre

12. Durante situaciones intensas, percibe una sensación de dominio o control.

    Nunca / Casi nunca / A veces / Con frecuencia / Siempre

13. Vive en el pasado y en el futuro y no en el presente, a través de preocupaciones compulsivas, pensamientos repetitivos, historias y proyecciones de problemas futuros.

    Nunca / Casi nunca / A veces / Con frecuencia / Siempre

14. Siente que otras personas, o el mundo, conspiran en su contra, y se pregunta: «¿Por qué a mí?».

Nunca / Casi nunca / A veces / Con frecuencia / Siempre

15. Expresa que los demás no lo entienden o no lo validan.

Nunca / Casi nunca / A veces / Con frecuencia / Siempre

16. Siente incomodidad o intranquilidad cuando hay silencio, calma o paz en una situación.

Nunca / Casi nunca / A veces / Con frecuencia / Siempre

17. Satura su calendario de actividades y eso lo abruma.

Nunca / Casi nunca / A veces / Con frecuencia / Siempre

18. Lo que pasa en la vida de otros lo consume, y explora constantemente las redes sociales en busca de noticias o información.

Nunca / Casi nunca / A veces / Con frecuencia / Siempre

19. Disfruta de ser provocador.

Nunca / Casi nunca / A veces / Con frecuencia / Siempre

20. Parece querer que las situaciones salgan mal para tener algo de qué hablar después.

Nunca / Casi nunca / A veces / Con frecuencia / Siempre

21. Repite la misma historia emocional frente a públicos diferentes —al grado de volverse un chisme— para poder desahogarse continuamente.

Nunca / Casi nunca / A veces / Con frecuencia / Siempre

22. Es reactivo o siente emociones exageradas sin una razón clara.

Nunca / Casi nunca / A veces / Con frecuencia / Siempre

23. Es más crítico respecto a alguien conforme más cercano se vuelve.

Nunca / Casi nunca / A veces / Con frecuencia / Siempre

24. Se siente abandonado por los demás.

Nunca / Casi nunca / A veces / Con frecuencia / Siempre

25. Se siente más cercano a los demás cuando ocurre algo emocionante.

Nunca / Casi nunca / A veces / Con frecuencia / Siempre

26. Cuando algo marcha bien, se enfoca en lo negativo y encuentra algo que lo haga sentir perturbado.

Nunca / Casi nunca / A veces / Con frecuencia / Siempre

27. Piensa cíclicamente en conversaciones o eventos pasados, repitiéndolos como si pudiera decir o hacer algo diferente.

Nunca / Casi nunca / A veces / Con frecuencia / Siempre

28. Le resulta difícil sentarse sin hacer nada o tener tiempo libre; al estar quieto, se siente inquieto.

Nunca / Casi nunca / A veces / Con frecuencia / Siempre

29. En ocasiones, su presencia se roba el escenario; no hay espacio para que los demás hablen, compartan o reciban atención.

Nunca / Casi nunca / A veces / Con frecuencia / Siempre

30. Su respuesta a una situación es más grande que la situación.

Nunca / Casi nunca / A veces / Con frecuencia / Siempre

31. Incluso si todo va bien, se enfoca en los problemas.

Nunca / Casi nunca / A veces / Con frecuencia / Siempre

32. «Va tras las crisis», enfocándose o saltando de un desafío al siguiente.

Nunca / Casi nunca / A veces / Con frecuencia / Siempre

Cuestionario 2
¿Soy propenso al drama?

Revisa y califica las siguientes oraciones de acuerdo con la precisión con que representan tu experiencia: Nunca / Casi nunca / A veces / Con frecuencia / Siempre.

Este cuestionario, al igual que el primero, no tiene la intención de dar un diagnóstico formal de adicción al drama, pero sí puede ilustrar lo presentes que están en tu vida sus características y comportamientos. Aunque quieras decir «Lo responderé después» o evitar este autoanálisis, te sugiero responderlo ahora, mientras lees este libro, y que lo vuelvas a hacer dentro de una semana, una vez que hayas conocido estas características y observado qué tan presentes están en tu vida. Cuenta el número de veces que marcas «A veces», «Con frecuencia» y «Siempre». Si marcas estas respuestas 16 veces o más, formas parte de la gran cantidad de personas que tienen cierta propensión al drama. Si respondiste «A veces» repetidamente, la propensión es menor; y si respondiste en más ocasiones «Con frecuencia» o «Siempre», entonces la adicción al drama es más predominante.

El mismo recordatorio es cierto para ti. Aunque sea evidente que eres propenso al drama, no dejas de ser un increíble ser humano que, por muchas razones, se adaptó a ese modo de supervivencia, como verás a lo largo del libro.

1. Siento ansiedad o aburrimiento cuando todo está en calma.

   Nunca / Casi nunca / A veces / Con frecuencia / Siempre

2. Mi lenguaje de amor es la intensidad.

   Nunca / Casi nunca / A veces / Con frecuencia / Siempre

3. Parezco necesitar dolor, placer o sensaciones intensas para relacionarme con mi cuerpo.

   Nunca / Casi nunca / A veces / Con frecuencia / Siempre

4. Me resulta difícil recibir halagos o validación.

   Nunca / Casi nunca / A veces / Con frecuencia / Siempre

5. Me siento más vivo o prospero mejor bajo presión.

   Nunca / Casi nunca / A veces / Con frecuencia / Siempre

6. Incluyo a otros en mi estado emocional, succionándolos hacia mi torbellino.

   Nunca / Casi nunca / A veces / Con frecuencia / Siempre

7. Siento preocupación por arreglar las cosas.

   Nunca / Casi nunca / A veces / Con frecuencia / Siempre

8. Repito escenarios o interacciones una y otra vez, al punto de solo generar variaciones de la situación original.

   Nunca / Casi nunca / A veces / Con frecuencia / Siempre

9. Tengo dificultades para perdonar.

Nunca / Casi nunca / A veces / Con frecuencia / Siempre

10. Guardo rencores.

Nunca / Casi nunca / A veces / Con frecuencia / Siempre

11. Con frecuencia me disocio o pierdo la atención al conversar.

Nunca / Casi nunca / A veces / Con frecuencia / Siempre

12. Durante situaciones intensas, percibo una sensación de dominio o control.

Nunca / Casi nunca / A veces / Con frecuencia / Siempre

13. Vivo en el pasado y en el futuro y no en el presente, a través de preocupaciones compulsivas, pensamientos repetitivos, historias y proyecciones de problemas futuros.

Nunca / Casi nunca / A veces / Con frecuencia / Siempre

14. Siento que otras personas o el mundo conspiran en mi contra, y me pregunto: «¿Por qué a mí?».

Nunca / Casi nunca / A veces / Con frecuencia / Siempre

15. Los demás no me entienden o no me validan.

Nunca / Casi nunca / A veces / Con frecuencia / Siempre

16. Siento incomodidad o intranquilidad cuando hay silencio, calma o paz en una situación.

Nunca / Casi nunca / A veces / Con frecuencia / Siempre

17. Saturo mi calendario de actividades y eso me abruma.

Nunca / Casi nunca / A veces / Con frecuencia / Siempre

18. Termino atrapado en un torbellino emocional y después me siento agotado.

Nunca / Casi nunca / A veces / Con frecuencia / Siempre

19. Lo que pasa en la vida de otros me consume, y exploro constantemente las redes sociales en busca de noticias o información.

Nunca / Casi nunca / A veces / Con frecuencia / Siempre

20. Disfruto de ser provocador.

Nunca / Casi nunca / A veces / Con frecuencia / Siempre

21. En secreto, no quiero que las situaciones salgan bien para poder hablar de ellas más tarde.

Nunca / Casi nunca / A veces / Con frecuencia / Siempre

22. Repito la misma historia emocional ante públicos diferentes —al grado de hacerla un chisme— para poder desahogarme continuamente.

Nunca / Casi nunca / A veces / Con frecuencia / Siempre

23. Soy reactivo o siento emociones exageradas sin una razón clara.

Nunca / Casi nunca / A veces / Con frecuencia / Siempre

24. Soy más crítico respecto a alguien entre más cercano se vuelve.

Nunca / Casi nunca / A veces / Con frecuencia / Siempre

25. Me siento abandonado por los demás.

Nunca / Casi nunca / A veces / Con frecuencia / Siempre

26. Me siento más cercano a los demás cuando ocurre algo emocionante.

Nunca / Casi nunca / A veces / Con frecuencia / Siempre

27. Cuando algo marcha bien, me enfoco en lo negativo y encuentro algo que me haga sentir perturbado.

Nunca / Casi nunca / A veces / Con frecuencia / Siempre

28. Pienso cíclicamente en conversaciones o eventos pasados, repitiéndolos como si pudiera decir o hacer algo diferente.

Nunca / Casi nunca / A veces / Con frecuencia / Siempre

29. Me resulta difícil sentarme sin hacer nada o tener tiempo libre; al estar quieto me siento inquieto.

Nunca / Casi nunca / A veces / Con frecuencia / Siempre

30. Prefiero ser el centro de atención en situaciones sociales.

Nunca / Casi nunca / A veces / Con frecuencia / Siempre

31. Mi respuesta a una situación es más grande que la situación.

Nunca / Casi nunca / A veces / Con frecuencia / Siempre

32. Incluso si todo va bien, me enfoco en los problemas.

Nunca / Casi nunca / A veces / Con frecuencia / Siempre

33. «Voy tras las crisis», enfocándome o saltando de un desafío al siguiente.

Nunca / Casi nunca / A veces / Con frecuencia / Siempre

PUNTOS CLAVE

- El drama puede definirse como el alboroto y el caos innecesarios en uno mismo o en el mundo. Se presenta en las respuestas, conductas e interacciones de una persona, o en los eventos que la rodean.
- La adicción al drama es mucho más que el deseo de «atención». Refleja un intento de sortear el mundo a través de capas de adormecimiento, malestar y caos internalizado.
- El drama no es algo que las personas quieran, sino algo que necesitan; y puede encontrarse o crearse.
- Para los adictos al drama, la intensidad, el agobio y los sentimientos intensos, como la ansiedad, son herramientas que alejan su atención del vacío interno y las emociones que yacen debajo de este.

CAPÍTULO 2

Los dos lados de la moneda: cómo vemos a los adictos al drama, y cómo se ven a sí mismos

Es probable que los cuestionarios del capítulo anterior confirmaran lo que ya sospechabas y hayas reconocido al instante a un familiar o a un amigo; o bien, fuiste repentinamente consciente de algo sobre ti mismo y lo comprobaste. Muchos conocemos a alguien que parece crear dramas, ansiar atención o causar problemas donde no parecía haberlos.

Para tener una perspectiva ajena a un adicto al drama, les hice tres preguntas a varios grupos pequeños de personas:

- ¿Conoces a una persona adicta al drama?
- ¿Cómo describirías a una persona adicta al drama?
- ¿Cómo es estar cerca de esa persona o qué efecto tiene sobre ti?

Todos los participantes respondieron *sí* a la primera pregunta; es decir, todos conocían a un adicto al drama, por lo general, alguien en su círculo de amigos o familiares, pero en ocasiones eran figuras públicas.

DESGLOSE: LA PERSPECTIVA AJENA AL ADICTO AL DRAMA

Las personas con las que hablé me compartieron sus historias sin titubeos, y al escucharlas confirmé lo que había pensado y formulado respecto a los temas y características comunes (algunas de las cuales ya vimos en el capítulo 1): reacciones exageradas a sucesos, necesidad de ser el centro de atención, preocupación por la historia personal y un estado perpetuo de crisis. Echemos un vistazo más amplio a cómo las personas más cercanas a los adictos al drama perciben su comportamiento.

1. «Su mundo parece doloroso»: reacciones exageradas a sucesos

Los adictos al drama lo exageran todo. Uno de mis entrevistados observó que ellos tienden a usar el lenguaje extremista. «Nunca oirás salir de su boca las palabras "bueno", "correcto" o "bien"», dijo. Otra de las personas a las que entrevisté, un astrólogo, dijo que un adicto al drama no puede decir simplemente «Estoy enfermo» o «Me siento mal», sino «Me estoy muriendo». Y, según su observación: «Para asegurarse de que estás prestando atención, realizan expresiones y gestos dramáticos. Es como si siempre estuvieran sobre un escenario».

La historia de Tesha

Tesha conoce a varios adictos al drama y vive con uno, y con frecuencia debe gestionar la relación con tal de rescatar su propia cordura.

—Siempre tengo que traducir su lenguaje en un tono más tranquilo. Cuando me dice que siente un dolor tremendo, pienso: «Ah, está lastimado». Cuando es una emergencia, pienso: «Bueno, lo que para él es una emergencia, es un problema leve o un reto pequeño para los demás».

Tesha admite que a veces responde, aunque sepa que el problema es una exageración.

—Si se queja por estar desesperadamente enfermo, le digo: «Bueno, quizás debas ir al hospital». Por lo general, eso lo detiene, porque en realidad no quiere ver las consecuencias de su dramatismo, no quiere ponerlo en el contexto de cómo se sienten los demás.

Tesha piensa que el mundo en el que viven los adictos al drama «parece bastante doloroso».

—Las emergencias pierden todo significado —señala— porque el drama es crónico y constante. Si todo es urgente, entonces nada lo es. Y eso conlleva un peligro real, porque si todos alrededor del adicto al drama dejan de tomarse sus quejas con seriedad, ¿qué pasará cuando de verdad haya una emergencia y realmente tenga que ir al hospital?

2. «Es como estar en un culto»: necesidad de ser el centro de atención

Quienes tienden al drama rara vez se quedan tras bambalinas o en la banca y, en caso de que lleguen a reprimir la necesidad de ser el centro de atención, lo hacen por poco tiempo. Ser el protagonista de acciones grandiosas parece conferir importancia o significado, lo que, como dijo uno de los participantes de mis entrevistas, «es mejor que ser una partícula insignificante en el universo».

La historia de Belinda

Belinda dice que su amiga, quien parece ser adicta al drama, siempre convierte todo en una crisis para poder ser el centro de atención. Pareciera que siempre tiene algún problema físico: acné, lesiones o dolor, en los que se enfoca y a menudo exagera ante los demás para que, en apariencia, siempre se interesen por ella. Lo que los demás calificarían como un 3 en la escala de urgencia, ella lo trata como un 10. Belinda cree que los adictos al drama son inseguros y necesitan mucha atención, y reciben lo que necesitan actuando y exagerando historias para que suenen más interesantes. Ser amiga de alguien así, concluye Belinda, es como estar en un culto con esa persona, quien espera que siempre estés de acuerdo con ella para evitar más dramas.

3. «Es agotador estar cerca de ellos»: preocupación y obsesión con su historia personal

Como si fueran las estrellas del *espectáculo*, los adictos al drama necesitan la interacción unidireccional que dan las audiencias, es decir, las personas cuya única intervención es ser testigos del drama. Claro, con la excepción de aquellos que deben desempeñar el papel de coprotagonistas silenciosos. A la estrella del espectáculo también le gusta asignar papeles al resto del elenco, y si los miembros del reparto no recitan los diálogos apropiados cuando se les indica, hay problemas. Sin embargo, como observó uno de mis entrevistados, «no tienen ningún interés en tu historia», especialmente si ellos no están involucrados.

La historia de Carter

Carter era capaz de identificar a muchos adictos al drama con facilidad.

—Algunos son figuras públicas, pero también conozco personas así en mi propio círculo.

Según Carter, estas personas tienen una «percepción elevada de la realidad», y el drama es una profecía autocumplida debido a su propio ciclo continuo.

—El ciclo nunca termina, siempre agregan algo nuevo a la máquina del dramatismo para ponerse dramáticos.

Él asume que estos individuos «se sienten más vivos y valiosos de cierto modo», pero le resulta agotador estar cerca de alguien con este problema, y es difícil no quedar atrapado, por lo que se pregunta cómo podría «desprenderse o separarse sin parecer desapegado», y al mismo tiempo mantener algo parecido a una amistad.

—Es difícil averiguar cómo mantener una relación sin volverte parte de sus dramas —agrega, y admite que a veces es demasiado esfuerzo. Carter ha terminado por lo menos una amistad debido a esto.

4. «Siempre están al acecho»: crisis o caos perpetuos

Los adictos al drama siempre parecen estar en crisis, aunque muchas personas creen que estas son mayoritariamente fabricadas o exageradas. Algunos de los entrevistados hicieron las siguientes observaciones:

- «Siempre hay algo malo en su vida, y rara vez son capaces de ver las cosas de manera diferente o positiva».
- «Es una profecía autocumplida».
- «Siempre están ocupados y se saturan de actividades, y luego se quejan por tener tantas obligaciones».
- «El drama es como rodar por una pendiente cada vez más rápido sin poder parar o siquiera reducir la intensidad debido al impulso continuo de las historias que cuentan, a sus pensamientos extremistas (en especial los negativos), y a la enormidad de sus sentimientos. Si se cayeron o ellos mismos se arrojaron es menos relevante que el hecho de que, una vez que están rodando por la pendiente del drama, no pueden detenerse».

Quizás el tema más reportado es que ser arrastrado a la tormenta del adicto al drama se siente horrible y puede ser difícil empatizar con la persona que la creó. Los entrevistados reconocen que estas personas sienten que el caos en su vida es real, pero se vuelve difícil mostrarles simpatía debido a que el costo emocional es cada vez mayor.

La historia de Zack

Zack dice que le tomó menos de cinco segundos pensar en alguien a quien considerara adicto al drama, y con la misma rapidez pudo pensar en otros. También dice que esta adicción no equivale a tener fuertes sentimientos o emociones intensas, que, según observa, todos pueden sentir de vez en cuando. La diferencia clave es que «el adicto siempre está al acecho, en busca de material». Él describe a esta persona como alguien que está feliz «cuando hay movimiento, de preferencia, movimiento caótico», el cual, si no existe, lo crea. Zack la compara con la adicción a la adrenalina y también asegura que saturarse de actividades puede ser «otra forma de quejarse sobre su vida».

EL ESTIGMA

Si le preguntas a alguien sobre un adicto al drama, es probable que las reacciones que recibas varíen desde un estremecimiento hasta el pleno disgusto, y estas reacciones son usualmente instantáneas y bastante viscerales. Las personas no saben con exactitud qué es la adicción al drama o qué hace que alguien la padezca, pero tienen claro lo que sienten al respecto y, en general, no es algo positivo.

Todo esto sugiere un estigma evidente respecto a un fenómeno más bien confuso, y los estigmas generan barreras: son pocos los que buscan informarse respecto al fenómeno, y todavía menos los que están dispuestos a identificarse con él o a buscar ayuda.

Estas barreras crean un desafío para entender el elusivo, complejo y bastante extendido fenómeno de la adicción al drama. El estigma también evita que reconozcamos cómo la estrategia de supervivencia dramática interfiere con una vida sana.

Mi trabajo se enfoca en remover este estigma definiendo, desmitificando y arrojando luz sobre nuestra adicción personal al drama, así como sobre su escala global.

EL OTRO LADO DE LA MONEDA: CÓMO ES SER UN ADICTO AL DRAMA

Aunque hemos escuchado lo que dicen aquellos que interactúan regularmente con adictos al drama, nada transmite la realidad emocional, mental y física de *serlo* tan bien como escucharlo de alguien que lo vive. Como veremos, esta conducta a menudo echa raíces como una estrategia de supervivencia (en la segunda parte del libro nos dedicaremos a entender las principales causas de esta adicción). Echemos un vistazo a lo que se siente ser alguien con esta predilección: la perspectiva interna.

Melissa: no puede dejar de revivir un pasado traumático

Melissa es una mujer de 57 años con un historial de trauma familiar. Ella creció en un hogar abusivo e inestable y experimentó una gran cantidad de traumas, incluidos abusos por parte de sus padres, fibromialgia, abuso sexual, la muerte de uno de sus hermanos por cáncer cerebral, una lesión que le impide caminar, enfermedades que le causaron discapacidades, la pérdida temporal de su hogar, la muerte de un primo y la pérdida de sus amigos cercanos. Es una lista sobrecogedora.

Para Melissa, estos traumas son un ciclo constante en su mente; los revive una y otra vez. Ella describe que la necesidad de escapar de este exceso de energía emocional fue el motivo que la llevó a ser cantante y actriz profesional. Como la enorme intensidad que siente sobre el escenario la ayuda a canalizar sus tendencias dramáticas, le preocupa el daño adicional que podrían causar las constantes repeticiones de sus traumas si no tuviera esa salida.

Muchas de las personas propensas al drama son sobrevivientes de sucesos extremos o dramáticos que incluyen enfermedades, abusos, accidentes y lesiones que sufrieron ellas mismas o sus familiares inmediatos. Pero para algunos, como Melissa, el incidente no ocurre una sola vez; los recuerdos no ceden y el incidente ocurre reiteradamente, como un ruido constante que debe ser silenciado, en un esfuerzo por controlar el mundo interior y, en consecuencia, son incapaces de sanar.

Del mismo modo que no sentirse cómodo en el propio cuerpo refuerza la sensación de no estar a gusto en el mundo, no sentirse en control de los propios pensamientos, emociones y acciones alimenta la sensación de que el mundo está fuera de control. Simultáneamente, es casi imposible tener la sensación de control interno cuando el mundo a nuestro alrededor parece estar en caos.

Helen: tomar el control del espacio como mecanismo de defensa

Los adictos al drama también pueden ejercer control en un intento por compensar su falta, apropiándose de los espacios y siendo, en palabras de los entrevistados, atrevidos, intensos y exagerados.

Helen se describe a sí misma como «una persona extrovertida y sensible», y dice que vuelve interesante la vida de los demás.

—Puedo hacer muchos chistes —asegura—, pero lo hago de una forma un tanto dramática y sé reaccionar exageradamente ante muchas situaciones. —También acepta su tendencia al drama y a apropiarse de los espacios—. Cuando cuento una historia, la exagero con mis palabras y también con mi cuerpo. Aunque yo no se lo pido, mi cuerpo tiende a dramatizar con las posturas y expresiones faciales. Cuando formo parte del drama, puedo sentirlo físicamente en mi estómago y en mi corazón; mi cuerpo toma el control y es como si se apoderara de mis emociones y reacciones; se siente más vivo.

Helen dice que odia el drama, pero se pregunta si lo busca de manera inconsciente. Se considera a sí misma divertida, pero asegura que no fabrica dramas por entretenimiento. Al reflexionar más sobre el efecto que podría tener sobre los demás, Helen dijo:

—No soy una persona malvada, la mayor parte del tiempo lo hago sin darme cuenta. —Ella ve su tendencia al drama como una forma de evitar conflictos—. No comunico lo que siento en el momento —afirma. Retiene sus sentimientos durante largos periodos, al punto de sentirse incómoda—. Las situaciones que me molestan se acumulan hasta que exploto, y la situación se vuelve más grande de lo que debería ser en realidad.

Para Helen, el drama es la manera en que lidia con la vida, pero es consciente de que «en ese momento no [es] capaz de lidiar realmente con lo que ocurre o con la inquietud». Como resultado, todo empeora en vez de mejorar, y reconoce que su propensión al drama no tiene sentido.

—Me quejo por estar estresada todo el tiempo, pero luego fabrico más situaciones estresantes, y a una parte de mí le gusta eso.

El mundo interno del adicto al drama está lleno de tales paradojas dolorosas.

Rafe: cuando la intensidad se transforma en ira

Rafe describe que la ira que experimenta cuando no se siente visto o comprendido es algo tan palpable que se manifiesta físicamente.

—Es ira o histeria absoluta. En su versión más extrema, azoto puertas o rompo vasos. —Admite que necesita llegar a los extremos del enojo para poder liberarse. Rafe creció en un hogar repleto de agitaciones y una sensación constante de intranquilidad—. Había mucha ira y energía maniática —asegura. Para él, eso era lo normal—. Todos interrumpían a los demás. Teníamos que decir y hacer cosas escandalosas solo para ser escuchados o reconocidos. No me di cuenta de que se había vuelto una tendencia tan familiar que comencé a buscarla en cada aspecto de mi vida: en mi carrera, en mis relaciones románticas, en mis amistades, en los sucesos mundiales (noticias) y en los lugares donde vivía, como Nueva York. Esta tensión omnipresente en la ciudad es como la corriente que siento en mi vida.

Rafe se sorprendió al descubrir que sus parejas y amigos lo describían como alguien intenso.

—Tuve que esforzarme mucho para salir de mi normalidad y poder observarla —dice—, y tuve que dar pasos adicionales para ser consciente de que era posible vivir de forma diferente.

Incluir yoga, meditación y terapia en su vida le permitió contener el caos, algo que antes le resultaba imposible, y se ha esforzado por ser consciente de su propia necesidad de drama y la de los demás.

—He adquirido la capacidad de ver lo que realmente ocurre tras el exterior falso que las personas exponen para convencerse a sí mismas de que controlan aspectos de su vida que en realidad no controlan —asegura—. Intento ver debajo de las capas para entender de dónde surge la necesidad de drama y cómo se volvió parte de mí. Ha sido un proceso basado en reconfortarme o permitirme ser reconfortado en estados que están por debajo del umbral del drama.

Aunque Rafe puede ver su propensión al drama con más claridad y puede elegir cuándo y en qué medida la permite, siempre puede sentir la atracción hacia la intensidad y los extremos:

—Ciertas personas o experiencias hacen que crezca esa atracción, y hay momentos —comenta— donde la intensidad es nostálgica y sentimental debido a su familiaridad.

Expresar su lado dramático se parece a una liberación o desahogo. Rafe concluye:

—A veces está bien comerse la comida chatarra del drama y recibir lo que no es tan bueno para mí. He aprendido a aceptar la intensidad; de cualquier forma, no me gustaría ser plano.

Este comentario sobre «ser plano» coincide con la autopercepción que tienen otros adictos al drama. A menudo se ven a sí mismos como personas interesantes que hacen más emocionante la vida de sus familiares y amigos. Por ejemplo, Rafe se describe a sí mismo como un «provocador» que «sacude el panal» y disfruta ver que alguien se sienta incómodo o reaccione a sus palabras o acciones. Él cree que este comportamiento implica «ser verdaderamente honesto con las personas, ser alguien que dice la verdad», y admite que expresa «lo que otros no quieren decir o no siempre quieren escuchar».

Tanto los adictos al drama como quienes conviven con ellos o están a su alrededor reconocen que la vida del adicto es intensa y tiende a los extremos y a la preocupación por las fuentes de estrés. Si bien los «observadores externos» notan la necesidad de atención y dominio, quienes padecen la adicción describen una experiencia continua de no sentirse vistos ni en control. Los observadores externos reconocen que siempre hay algo mal en la vida de estas personas, ya sea una distorsión o una fabricación; el adicto experimenta una sensación constante de intranquilidad, como si la mala suerte fuera una compañera constante: las situaciones desafortunadas los persiguen y les ocurren. Los observadores externos se sienten fatigados cuando son arrastrados a las crisis de estos individuos; los adictos se sienten solos, abandonados y aislados.

PUNTOS CLAVE

- Si conoces a un adicto al drama, es probable que hayas observado alguna de estas características, o todas: siempre hay una sensación de urgencia, así como expresiones y palabras exageradas; manifiestan necesidad de ser el centro de atención; reviven y recuentan historias con intensidad innecesaria; adornan cualquier cosa neutra; son inflexibles con cualquier verdad salvo la propia; y siempre hay algo que va mal, ya que se enfocan principalmente en los elementos negativos, impactantes o estimulantes en su vida y la de los demás.
- Quienes atestiguan el drama a menudo se sienten controlados, agotados y arrastrados hacia él.
- Si sufres o sospechas que sufres de adicción al drama, puede que reconozcas alguna de estas características, o todas: las penas del pasado impactan tu percepción del mundo en el presente; sientes la mayoría de los ámbitos de la vida como una lucha o dificultad; estás incómodo o en desconfianza con tu cuerpo; experimentas falta de control (por ejemplo, en relación con el tamaño de tus emociones o de las crisis en las que

te encuentras) y susceptibilidad a no ser visto o comprendido; y el drama te proporciona la sensación de ser relevante.

- Las intensidades del pasado que has internalizado pueden volver a la vida en el presente, buscando y haciendo que coincidan los lugares en los que vives, los trabajos que realizas y las personas con las que te asocias.

CAPÍTULO 3

Síntomas y efectos comunes de la adicción al drama

Luego de pasar años alternando entre vivir en el drama y observarlo como terapeuta e investigador, pude determinar siete temas centrales (síntomas) en los adictos al drama. Es probable que, de haber sabido cuán comunes eran mientras vivía mi adicción, me habría sentido menos solo y más esperanzado.

—A veces ansío el drama —cuenta Helen—. Hace poco sentí que llevaba tiempo sin hacer nada imprudente o espontáneo, así que me tatué. Las ansias vienen como de una necesidad de darle sabor a mi vida. También invento mis historias (que no necesariamente se basan en la realidad) para enojarme con otras personas, como mi novio. Siento que el único momento en que él comparte sus sentimientos conmigo es cuando discutimos, así que fabrico estas situaciones para saber que le importo. La pelea crea ese sabor y yo recibo más atención de él. Ocurre lo mismo con mi mamá y el tatuaje. Pienso que el drama surge de mis inseguridades y mis celos, y que es una necesidad de atención. Cuando siento ansiedad, me involucro en situaciones más dramáticas para dirigirla hacia otra parte.

La historia de Helen es solo un ejemplo de cómo un adicto al drama funciona en su vida diaria. Todos los adictos tienen manifestaciones similares; estos síntomas internos acompañan al individuo a todas partes y están presentes en toda situación. Es como caminar con un abrigo pesado sin importar la temporada o el clima, solo que, en vez de un abrigo, los adictos llevan sobre sus hombros la apremiante experiencia de vida generalizada de estar fuera de control, repletos de intensidades y extremismos, y sintiéndose solos, intranquilos y adormecidos, como mencioné brevemente en el capítulo 1.

Como podrás imaginar —o como ya sabes, si es tu caso—, no es sencillo vivir así. Echemos un vistazo más de cerca a estas formas comunes en que el drama puede manifestarse para entender el costo que sufren las relaciones y el bienestar físico y mental del adicto.

«SIENTO QUE NO PUEDO DIRIGIR MI PROPIA REALIDAD»: FALTA DE CONTROL

Muchos adictos al drama tienden a sentirse —o a estar— fuera de control; ya sea respecto a su entorno o que tanto ellos como sus respuestas mentales y emocionales a las situaciones lo están. Sienten que la vida no les ofrece opciones, que todo en el mundo está en su contra y que están enterrados bajo diez metros de arena, y su reacción a ello es tan «automática» que parece estar predeterminada por una fuerza exterior.

Desde luego, todos experimentamos cierta falta de control en muchos de los eventos o situaciones en nuestra vida, pero para los adictos al drama suele ser mayor. Imagina uno de esos muñecos inflables que bailan con el viento afuera de las agencias de autos u otros negocios. Sus extremidades se doblan y flexionan erráticamente porque están a merced del compresor de aire que los infla y del viento que los empuja de un lado a otro.

Así es como se siente el adicto al drama; a menudo su mundo interno es doloroso y abrumador. «No siento que pueda dirigir mi propia realidad», me explicó un paciente. Otro me dijo: «Quienes tienen mejor suerte reciben la posibilidad de elegir, pero a mí siempre me están ocurriendo cosas difíciles».

La incapacidad de controlar (o predecir) el mundo exterior produce la sensación de sobrecogimiento, indefensión y victimización, algo que todos llegamos a sentir en ocasiones, pero que es más agudo para los propensos al drama. Para una persona, tomar la salida equivocada en una carretera puede ser un error menor o un simple inconveniente, pero otra puede sentir que esto ocurrió «en su contra» y que es una catástrofe injusta y un fracaso.

Todo en el exterior parece estar siendo manipulado, medido y controlado. Por dentro, sin embargo, el adicto lucha con todas las fuerzas abrumadoras que simultáneamente bombardean su vida. Intenta componer música a partir de la cacofonía.

«COMO UNA TETERA A PUNTO DE ESTALLAR»: INTENSIDAD CONSTANTE

Para los adictos al drama, la vida es intensa. Esta intensidad varía, pero nunca desaparece del todo.

—Es una corriente que se encuentra por debajo de todo —comenta Lisa—, pero en algunas ocasiones se acerca más a la superficie. Siempre reconozco cuando está a punto de surgir o estallar.

Otra paciente usa la metáfora del agua hirviendo para describir la intensidad de su ira cuando discute con su pareja o con sus padres, en particular cuando se siente «agraviada de algún modo»:

—La ira es tan palpable —dice—, que me siento como una tetera a punto de estallar.

Para ella, el agua siempre está hirviendo.

Para los adictos al drama, la intensidad a menudo se traduce en una sensación implacable de urgencia, y sin ella se sienten extraños. Para reforzarla, crean una vida repleta de compromisos, proyectos y fechas límite que compiten los unos con los otros. Incluso lo mundano está lleno de intensidad y, por lo tanto, hasta las tareas más simples parecen pesadas y molestas.

Por fuera, parece que están arrasando con todo y sometiendo a todos con su velocidad y energía frenéticas. Por dentro, la intensidad es como una fuerza conductora que avanza pese a todo, una energía caótica de alta aceleración que se transfiere a cada palabra y acción. Los adictos sienten que, si quitan el pie del acelerador y reducen la velocidad, se van a morir.

«NUNCA, LO MEJOR, LO PEOR, PERFECTO»: TENDENCIA A LA EXAGERACIÓN

Los adictos al drama perciben todo a través de una lupa. El pensamiento extremista, la creación de grandes historias y lo que significan, y las emociones asociadas a ellas producen exageraciones.

Por lo general, los adictos se sienten ahogados en algo más grande de lo que pueden manejar. Los incidentes cotidianos se sienten de gran magnitud y el lenguaje que usan refleja estos extremismos con palabras como *siempre, nunca, fracaso, absoluto, lo mejor, lo peor, perfecto, desastre, arruinado, imposible, todo,* etc. Encontrar y crear situaciones extremas puede justificar la enormidad de sus sentimientos, como si encontraran un recipiente lo bastante grande para contenerlos y validarlos.

Desde afuera, la enormidad de la respuesta puede parecer fabricada a propósito, es decir, una expresión de su personalidad y una actuación que tiende hacia los extremos. Sin embargo, por dentro no es así. El volumen y la magnitud en que se expresan y realizan las acciones está a la par del volumen con que las experimentan.

«NADIE ME APOYA»: SENSACIÓN DE SOLEDAD, AISLAMIENTO Y ABANDONO

Muchos adictos al drama sienten que están solos en el mundo. Helen dice que su lado dramático «es muy vulnerable y delicado, y anhela ser entendido y escuchado».

La falta de confianza en que alguien pueda o quiera brindar apoyo o estar presente es inherente a sentirse abandonados y solos, la cual se activa fácilmente con las acciones de las personas, que a menudo son interpretadas como abandono.

—Mucha de mi necesidad de drama —dice Karine— surge de no tener a nadie que me apoye. Estoy completamente sola, por mi cuenta, y tengo que encontrar el modo de hacer las cosas yo misma.

Esta experiencia común produce una pena continua, que se conoce como dolor por aislamiento.

Desde el exterior, parece que estos individuos buscan atención de manera constante y no aceptan los consejos o las conexiones que se les ofrecen. Por dentro, todo mundo les parece lejano y las conexiones profundas los aterran porque expondrían demasiado sus vulnerabilidades.

«DEBE DE HABER ALGO MALO ACECHANDO EN EL HORIZONTE»: SENSACIÓN CONSTANTE DE INTRANQUILIDAD

Una de las características de vivir con la adicción al drama es el malestar o la intranquilidad constante, como si algo malo estuviera por ocurrir.

—Es como si presintiera el malestar en mi vida —afirma Martin—. Siempre hay algo que sale mal o que debo arreglar.

No obstante, la comodidad y la tranquilidad detonan una sensación de peligro.

Frank, un productor de eventos de 32 años, comenta:

—Es como una sensación constante de peligro inminente, incluso si no ocurre nada. Cuando me siento bien, mi primer pensamiento es «debe haber algo malo acechando en el horizonte».

Esto crea una necesidad de vigilancia frecuente; los adictos al drama están siempre atentos, en busca de fuerzas de ansiedad desconocidas. Muchos de ellos sienten un malestar que acecha como un buitre hambriento volando en círculos. Sin importar a dónde vayan o qué hagan, esa sensación de intranquilidad o angustia los persigue. Un paciente menciona lo siguiente:

—La vida siempre se siente como si tuviera que empujar una roca cuesta arriba, sin importar que el camino frente a mí sea plano y simple.

Desde el exterior, esta intranquilidad es palpable, ocupa el espacio y se apropia del escenario. En su interior, los adictos al drama le asignan un significado a la sensación de intranquilidad, tratan de darle sentido y luchan por encontrar un lugar entre el malestar inminente y los peligros percibidos de estar en calma, pues sentirse cómodos va de la mano con sentirse indefensos, lo que podría significar que no están preparados para el suceso negativo que se avecina.

«NO SENTIR NADA Y SENTIR DEMASIADO»: ADORMECIMIENTO Y SOBRECARGA SENSORIAL

Quizás uno de los problemas más abrumadores e incluso paralizantes de la adicción al drama es la sensación de adormecimiento y sobrecarga sensorial. El adormecimiento o desconexión es más evidente cuando hay espacio entre la intensidad de las respuestas al mundo, los asuntos de la vida o una preocupación por lo que hacen los demás. Todos sabemos cómo se siente tener un pie «dormido»; pues, bien, los adictos al drama lo sienten en todo el cuerpo.

Continuamente perciben demasiado o que no es suficiente, en especial en lo que respecta a las emociones. Por un lado, son personas muy sensibles o, como muchos aseguran, «empáticos extremos». Es como si estuvieran llenos de bolitas de algodón que absorben todo, pero por otra parte, como indica Trina: «Las bolitas de algodón también son como un amortiguador ante el mundo, como si fueran una capa familiar de adormecimiento».

Los adictos al drama frecuentemente se refieren al adormecimiento y a la desconexión como «aburrimiento» (yo mismo reconozco esto: cuando era niño, entre más cerca me sentía de algún tipo de calma, más me aburría). El aburrimiento y el agobio bailan en conjunto, turnándose el control del baile.

Felice, una paciente de poco menos de 30 años, describe esta experiencia de la siguiente manera:

—La vida es como tener muchas pestañas abiertas en el explorador de tu computadora y, como no puedes prestarle atención a ninguna, minimizas la ventana y te quedas viendo la pantalla vacía.

Esto da como resultado una sensación de indefensión y de victimización ante las condiciones del mundo, intensificando la falta de control que describí antes en este capítulo. Michael, otro paciente, relató:

—No sé qué hacer con todas estas sensaciones y sentimientos, así que solo me congelo, y entonces no siento nada. De niño, tenía que ser una estatua y tragarme todo el dolor.

Desde afuera, los adictos al drama parecen carecer de empatía y ser tan emocionales que actúan en consecuencia, involucrándose solo en sus dramas y sus narrativas. Pero en su interior sienten demasiado y, con tal de sobrevivir, pueden no sentir nada.

«ES COMO SI EL AIRE ME ATRAVESARA»: DISOCIACIÓN Y FALTA DE ARRAIGO

Además de una sensación persistente de adormecimiento e intranquilidad, muchos adictos al drama experimentan varios tipos de disociación o se sienten desarraigados, separados de sí mismos, como si no estuvieran sobre suelo firme y carecieran de estabilidad. Un paciente aseguró:

«Es como si el aire me atravesara». Se sienten como una vela sin mecha, o como un bote sin ancla o muelle. Sin esta solidez, los adictos al drama se sienten del todo impotentes y a merced de su entorno.

El desarraigo produce la sensación de estar perdidos, y donde debería haber un sentido de propósito o significado, solo hay confusión. Pareciera que están en todo y en nada a la vez. Con frecuencia siguen una dirección para luego abandonarla y desviarse hacia otra. Incluso si tienen logros importantes, pareciera que no hay nadie presente para reconocerlos.

Ya que la autoestima y el valor propio surgen cuando alguien es capaz de sentirse seguro y presente en su cuerpo, los adictos al drama creen que siempre hay algo que les falta o que está mal.

Si alguien no se sitúa en su propio cuerpo, es difícil que esté presente en lo que de verdad ocurre y que pueda juzgar la proporción o el tipo de respuesta que merece una determinada situación. Su percepción sobre esta se distorsiona porque la ven a través de su propia tormenta interior. Un buen amigo dijo:

—Cuando mi terapeuta me guio de regreso a mi cuerpo, me di cuenta de que todo era como en *Alicia en el País de las Maravillas*, totalmente desproporcionado en relación con cómo lo sentía en esos momentos (de drama).

Para un observador externo, los adictos al drama parecen ser endebles, inconsistentes, incapaces de mantenerse atentos y siempre llegan tarde. No obstante, los adictos buscan en su interior un sentido fundamental de identidad y a menudo lo confunden con las crisis a su alrededor.

COSTOS FÍSICOS Y MENTALES DE LA ADICCIÓN AL DRAMA

Sin importar de qué lado de la moneda te encuentres, las investigaciones señalan que la adicción al drama conlleva muchos costos: puede afectar relaciones, empleos y prácticamente cualquier otro aspecto en la vida de una persona. También puede generar toda una variedad de problemas físicos y emocionales. Estos resultados posibles pueden incluir fatiga crónica, trastornos autoinmunes, fibromialgia, inmunosupresión, dolores en articulaciones y músculos, incapacidad para mantener la atención, así como aislamiento interpersonal y trastornos del ánimo. También puede afectar la salud de la piel, el páncreas, el estómago, el corazón, los intestinos y las funciones reproductivas.[1]

Investigadores como Bessel van der Kolk han demostrado que los síntomas físicos y emocionales a menudo van de la mano,[2] así como problemas básicos en la calidad de vida. Si te atrae el estímulo del drama, puede ser que disminuya tu capacidad de prestar atención a momentos importantes en la vida. Cuando estás en la montaña rusa de los extremos, puedes perderte fácilmente de la intimidad y los sabores sutiles del día a día, y tu tolerancia a los estímulos normales también se ve mermada. En última instancia, esto puede afectar negativamente tu voluntad y tu resiliencia, así como tu habilidad para estar presente, prever opciones y sentirte capacitado para tomar decisiones informadas. Todo esto impide tu capacidad de abordar retos significativos y tener el tipo de respuestas adaptativas que estimulan el crecimiento personal.

Además, al igual que con otros comportamientos adictivos, el drama habitual —en esencia, la adicción a la intensidad y el caos— puede causar síntomas de abstinencia cuando no están presentes sus detonantes, y así como los adictos a las drogas necesitan consumir dosis con mayor frecuencia y potencia para seguir sintiendo los efectos, los adictos al drama deben hacer lo mismo. Se acostumbran al volumen o intensidad de las situaciones dramáticas y el caos interno, y necesitan cada vez más de ello.

Cuando un factor estresante que calificaríamos con un 10 se convierte en la nueva normalidad, puede que comencemos a buscar estresantes de nivel 11 o 12 para satisfacer esa hambre. De esta forma, el drama pasa de ser una elección, una respuesta posible a una situación, a convertirse en una característica de nuestra identidad.

Esta adicción también puede afectar profundamente a las personas cercanas al adicto creando estrés, caos o desorden. Diversos estudios muestran que las personas expuestas al drama experimentan efectos psicológicos y físicos similares a los del adicto.[3] Tan solo estar cerca de la situación dramática y exagerada crea una respuesta secundaria de estrés transmitida por el adicto. A diferencia de casi todas las demás adicciones, esta afecta directamente a quienes se encuentran cerca e incluso puede ser contagiosa; se podría visualizar como algo similar a los peligros del humo de cigarro de segunda mano. Otra analogía podría ser imaginar que escuchas una historia evocadora y que el tono, ritmo, lenguaje y emocionalidad del narrador te sumergen en la historia como si de pronto fueras parte de ella. El drama es parecido. Al igual que un conductor disminuye la velocidad al divisar un accidente y el resto de los conductores hace lo mismo, las personas alrededor del drama pueden verse involucradas sin tomar la decisión consciente de hacerlo, lo que a menudo resulta en un accidente múltiple.

Más allá de estos efectos sobre el cuerpo y la mente, la adicción al drama crea tensiones importantes en las relaciones, a tal punto que debemos analizarlos en un capítulo aparte. Echemos un vistazo.

PUNTOS CLAVE

- Hay seis características básicas que experimentan los adictos al drama:
  - Falta de control.
  - Intensidad tanto en la fuerza como en la magnitud de sus actos, así como una corriente subyacente y una urgencia con la que sienten.
  - Una sensación familiar de estar solos, abandonados y aislados, así como una susceptibilidad ante esta sensación.

- Una sensación constante de intranquilidad y malestar, y una sensación permanente de que algo no marcha o no marchará bien.
- Hipersensibilidad y adormecimiento, lo que crea una experiencia de vida donde todo es demasiado o insuficiente.
- Un tema común de desconexión consigo mismos; disociación.

- Reducir la velocidad o relajarse detona la ansiedad subyacente.
- El costo de la adicción al drama es psicológico, emocional y físico.
- Como con la mayoría de las adicciones, se crea tolerancia, por lo que se requiere de más dramatismo para mantener vivo el ciclo y evitar los síntomas de abstinencia.
- Al igual que la mayoría de las adicciones, esta tiene un impacto en las personas que rodean al adicto, lo que termina por crear en los demás retos físicos y psicológicos similares.

CAPÍTULO 4

El ciclo de creación y destrucción: el drama y las relaciones

Alicia, quien se identifica a sí misma como adicta al drama, describe su relación con su novio de la siguiente manera:

—Cuando todo está bien, ¡es más que maravilloso! Pero luego puede ser muy doloroso y quiero acabar con todo. Me puedo sentir muy frustrada. A veces mis emociones son tan extremas o fuertes que pierdo de vista lo que en principio me había frustrado. A menudo me siento afectada o insatisfecha, pero, siendo honesta, para empezar, es difícil conectarme con lo que quiero o lo que necesito.

Alicia piensa que si su novio satisficiera todas sus necesidades, todo estaría bien, pero ella misma no siempre sabe cuáles son. Una de las características —y consecuencias— de la adicción al drama es que las relaciones son un proceso constante de creación y destrucción.

Los humanos somos una especie social y estamos programados para formar conexiones y lazos sociales. Las relaciones ayudan a regular nuestro humor y a adaptarnos, fortalecen el sistema inmune e incluso reducen nuestro dolor. Pero para los adictos al drama, las relaciones son más complejas. Sienten peligro en la intimidad y las relaciones pueden convertirse en un lugar donde proyectan sentimientos que no han expresado o procesado. Las altas y bajas se vuelven la dosis que satisface las implacables ansias de dramatismo, que puede manifestarse como celos, culpa, retraimiento, espionaje, infidelidad, peleas intensas, aventuras emocionales, reconciliaciones apasionadas y falta de límites, es decir, una versión real de un *talk show* sensacionalista o de un *reality show*.

La palabra *relación* no siempre significa un lazo con una pareja, un amigo, un familiar o un colega, también puede ser la capacidad de conectar. La disrupción en las conexiones puede extenderse al trabajo, a espacios, a proyectos o incluso a objetos. No obstante, en este capítulo nos enfocaremos en cómo la conexión y la desconexión se presentan en las relaciones con otras personas.

RELACIONES A TRAVÉS DEL ESPEJO

Las relaciones en todos los niveles, incluso contigo mismo, sirven a un propósito evolutivo: la supervivencia. La tensión entre *querer y rechazar lazos sociales (conexión)* simultáneamente es lo que crea muchas de las conductas del adicto al drama.

No todas las relaciones que se forman a partir del caos son negativas, al menos no al principio. Las personas propensas al drama pueden parecer bastante atractivas y emocionantes porque hay algo magnético en su personalidad, y como un actor o un narrador habilidoso, son capaces de atraerte a su mundo para vivir, de forma indirecta, una existencia más animada. Daniel dice:

—Al principio es emocionante, te sientes atraído, como si fueras especial, como si fueras parte de algo más interesante que la vida diaria mundana. Es algo similar a la forma en que te atrae una buena película o una buena actuación, y tu corazón se acelera; es emocionante, fresco, nuevo, te confirma que estás vivo. Las historias que comparten parecen tener vida, y te sientes arrastrado e involucrado.

Este nivel de validación en la relación no es sostenible, pero es difícil alejarse.

—Para ser completamente honesto —explica Daniel—, una vez que recibes una dosis de emociones es como si ya no pudieras dejarlas. Así que lo único que puedes hacer es desapegarte... pero entonces surge el miedo a la reacción de volverte la causa o el objetivo de sus dramas.

EL CICLO DE CREACIÓN Y DESTRUCCIÓN

La adicción al drama es un ciclo de creación y destrucción de relaciones, y de la tensión que surge entre ellas. Si alguna vez interactuaste con un adicto al drama, conoces esta tensión; se siente como la sacudida de un choque del que no puedes escapar. Si esta situación no te resulta familiar, intenta esto: imagina que con una de tus manos jalas algo o a alguien hacia ti, mientras que con la otra lo empujas para alejarlo. Deja que una de tus manos tome el control (ya sea para jalar o empujar) y luego dale el control a la otra. Esta es la danza de las relaciones de los adictos al drama.

La persona que recibe esta tensión siente como si la estuvieran sacudiendo de un lado al otro sin poder aferrarse a nada, por lo que queda totalmente desorientada. Esta dinámica de jalar y empujar ocurre en todos los vínculos de los adictos al drama.

Más adelante en el libro hablaremos sobre la teoría del apego, es decir, cómo las experiencias de seguridad, conexión o desconexión en etapas tempranas de la vida forman patrones de conducta que repetimos dentro de nuestras relaciones, algo que recibe el nombre de representación (capítulo 7). Antes de profundizar más en *por qué* los dramas surgen en ellas (segunda parte), vamos a explorar *cómo* se manifiestan a través del ciclo de creación y destrucción.

EL AGUA SIEMPRE ESTÁ HIRVIENDO: PRINCIPIO DE LA RELACIÓN

Los adictos al drama no comienzan a interactuar con los demás a partir de la neutralidad. Con frecuencia digo que su punto de inicio es un hervidero. Para entender lo que quiero decir, imagina que cada vez que encendieras la estufa de inmediato hirviera el agua, en lugar de estar fría o tibia. Al pensar en usar —abordar— el agua, ya sea para beberla, para bañarte o para cualquier otra necesidad, asumirías que sería algo difícil o incluso peligroso, y buscarías cómo resolver la situación. Para los adictos, el agua siempre está hirviendo, así que ese es su punto de inicio.

Imaginemos a una mujer joven que creció con una familia impredecible, por lo que nunca tenía certeza de cuándo le gritarían, la ignorarían, le harían sentir culpa u ocurriría otra gran tormenta. Su respuesta intuitiva ante el miedo y el terror era encogerse, hacerse tan pequeña como pudiera, y esconderse. Si ese terror tuviera voz, le diría: «Encuentra un lugar dónde esconderte dentro de ti misma y no dejes que nadie entre». Así que eso era exactamente lo que hacía.

Con el tiempo, la niña desarrolló una táctica defensiva ante tener que hacerse pequeña y esconderse: como *Alicia en el País de las Maravillas*, creó una versión tan grande de sí misma que era capaz de defenderse sola y no podía ser ignorada; una versión tan descomunal que sería imposible no verla.

Desde el exterior, estas dos versiones se manifiestan como grandes reacciones que no parecen requeridas, y como una reacción a sentirse provocada capaz de transformarse en un berrinche para culpar a otros, una perpetua repetición de los mismos problemas o la incapacidad de soltar el elemento detonante, seguida por un colapso de lo que se siente como la energía de una niña herida.

Pero estas estrategias de supervivencia, es decir, ocultarse y tener un tamaño exagerado simultáneamente, evitan que reciba lo que en verdad desea: ser vista y escuchada, expresarse con autenticidad en su proporción verdadera, y sentirse rodeada por conexiones reales.

Los síntomas comunes descritos en el capítulo anterior constituyen el punto de inicio para los adictos al drama e influyen en la manera en que abordan las relaciones. Del mismo modo en que relajarse detona una sensación de alarma, intimar también la genera, al compartir su verdadero ser a través de la cercanía y la conexión. Como mencioné, el adicto superpone capas de adormecimiento y desensibilización. Tener intimidad involucraría soltar este entumecimiento protector, pero el miedo de hacerlo es que el «derretimiento» de ese profundo hielo duela más que aquello que lo causó.

LA INTIMIDAD ES UNA CARRETERA DE DOBLE SENTIDO

La intimidad, sentida a través de la conexión y el vínculo, es una carretera de doble sentido. Esto quiere decir que recibimos a los demás a la vez que ellos nos reciben. Para los adictos al drama, esta carretera bidireccional de la conexión se cierra con el fin de filtrar los ambientes caóticos e impredecibles o de mitigar el dolor. Una vez que la carretera bloqueada se convierte en la nueva normalidad, no es fácil volver a abrirla.

Al compartir algo íntimo con un adicto, a menudo pareciera que están preocupados, pero no son realmente capaces de comprender lo que dices. Es frecuente que los pacientes que exhiben este bloqueo en la carretera de la conexión requieran de mucho esfuerzo y paciencia para poder reestablecer vínculos vulnerables. Por ejemplo, la mirada de Martina, una de mis pacientes, se volvía vidriosa y vacía cada vez que le decía lo bien que estaba progresando, lo esencial que era para otra persona, o cuando había cualquier conexión íntima directa. Me compartió una carta que le escribió su hija mayor donde le expresaba que era una mamá maravillosa, y de inmediato comentó con desdén que su hija debió sentirse presionada a hacerlo por el Día de la Madre. En cuanto la invité a hacer una pausa y asimilar las importantes palabras en la carta de su hija, comenzó a juguetear con los dedos y cambió el tema.

Para describir esta incapacidad de recibir, a menudo uso la metáfora de acercar una taza con té a los labios, sin beberlo o percibir los sabores. La incapacidad de sentir, recibir, absorber o probar los sabores resalta la sensación de ausencia perpetua en la vida de estas personas. Una práctica simple para resaltar la bidireccionalidad de una relación es sentarse en una silla. Mantén tu cuerpo muy rígido y tenso, casi como si trataras de separarte de la silla. Ahora, libera la tensión y enfócate en los puntos en los que tu cuerpo hace contacto con la superficie en la que estás apoyado. Deja que tu respiración viaje a esos puntos de contacto. Trata de notar los lugares donde la silla recibe el peso de tu cuerpo, y dónde puedes permitirte ser recibido por la silla.

Este flujo simultáneo de permitirte recibir y ser recibido es la carretera de la conexión bidireccional. Alejarte, volverte rígido e incapaz de recibir el apoyo o el contacto de la silla es como se siente vivir con adicción al drama (si este ejercicio te resultó útil —¡y espero que así sea!— no olvides leer el apéndice al final del libro, que ofrece muchas otras prácticas y meditaciones útiles).

El adicto al drama en realidad no hace contacto con el mundo a su alrededor. Quienes lo observan, pueden percibirlo como «El Show de [insertar nombre]»; es como si todo se tratara sobre esa persona, contando historias sobre sí misma que la relacionan con todo para apoderarse de la conversación. Pero lo que podría parecer narcisismo es causado por la falta de conexión bidireccional. Al no poder asimilar el mundo exterior, las personas son incapaces de sentir una pertenencia o una conexión genuinas, de modo que quedan atrapadas en sí mismas, donde ellas son el mundo entero.

- - - - - - - - -

CREACIÓN: FORJAR UNA CONEXIÓN MEDIANTE UN TORBELLINO

En caso de que te hayas perdido el nacimiento del universo, permíteme ponerte al corriente: fue caótico. Mientras se estaba creando a sí mismo, expandiéndose y contrayéndose simultáneamente, hubo pequeños cambios que tuvieron efectos a una escala desproporcionadamente grande, como si una mariposa que agita sus alas en México causara un tornado en Canadá. Para los adictos al drama, el proceso de crear relaciones es como el caos del Big Bang; con frecuencia, las conexiones son rápidas, emocionantes, llenas de energía, creativas e intensas. En esta etapa, quienes tienen afinidad por el drama tienden a volverse su propio centro de gravedad, atrayendo todo y a todos hacia su caótica órbita.

El reto para los adictos al drama es la manera en que buscan y permiten las conexiones. Expresamos y recibimos amor a través de nuestro lenguaje de amor, un concepto desarrollado por el doctor Gary Chapman en su libro *Los cinco lenguajes del amor*. Chapman explica que para algunas personas su lenguaje de amor principal está entre los actos de servicio, los obsequios, el contacto físico, el tiempo de calidad y las palabras de afirmación. Con base en el trabajo que he realizado con mis pacientes y entrevistados, agregaría que, para otros, su lenguaje de amor es el caos y las crisis.

Si alguien creció con tutores que principalmente mostraban atención cuando algo estaba exaltado, era negativo o se sentía intenso, es probable que esa persona comenzara a adoptar eso como su lenguaje de amor. La intensidad se convierte en su moneda de cambio para el amor y se vuelve sinónimo de lo que para ella significa, lo que podría incluir comenzar peleas sin motivo aparente, involucrarse en chismes o en los conflictos de otras personas, o solo sentir cercanía cuando las personas tratan de alejarse. Es frecuente que confundan la intensidad de estas relaciones con profundidad, pero la realidad es que las conexiones son más bien superficiales. Estar en una relación o tan solo en las cercanías del drama se siente como ser arrastrado por la tormenta perfecta: el «torbellino».

Para el adicto, arrastrar a otros al torbellino dramático es, en apariencia, la única manera «segura» y familiar de acercarse a ellos. Cuando alguien más es arrastrado o se involucra con el drama, iguala la frecuencia del caos de la persona que agita la crisis con el fin de formar un torbellino, y desde la perspectiva de esta última, se siente como si por fin su radio se sintonizara en su estación y fuera vista y escuchada, con un momento de conexión. El adicto agita el torbellino para fomentar conexiones de las siguientes maneras:

Elevar situaciones a un nivel «cómodo» de caos

Cuando tus primeras relaciones se forman presentándote en un nivel más alto para ser visto o escuchado, o crees que una conexión estable debe ser caótica, eso se reflejará en cualquier relación interpersonal futura. Agitar las cosas recrea los vínculos familiares y, como resultado, puede surgir una sensación de accesibilidad a la conexión. Elizabeth, una paciente, me compartió que sabía que su hijo quería atención, pero parecía como si él mantuviera «un micrófono silenciado» hasta que el caos o las crisis a su alrededor alcanzaran cierto nivel. De pronto, cuando los gritos y las acciones de su hijo alcanzaban un grado elevado de intensidad, podía escucharlo, entrar en acción y satisfacer sus necesidades. Antes de eso, se sentía ignorado, lo que generalmente le hacía subir al nivel de activación en el que ella debía involucrarse. Este ciclo de retroalimentación negativa es justo lo que hacía falta para conectar. Según Elizabeth: «No es que quiera pelear con él, solo siento mayor familiaridad y es más fácil cuando está a mi nivel».

Formar lazos a través del trauma

Provocar a las personas a su alrededor y alterarlas al grado de arrastrarlas hacia sus crisis es una habilidad aprendida de los adictos al drama. Sin embargo, descubren con rapidez que es más sencillo arrastrar a alguien que ya esté listo para ello. El adicto busca conexiones a través de lazos de afinidad —vinculándose a través de traumas compartidos— con personas que pueden ser fácilmente alteradas en presencia de eventos similares. Candace, cuya hermana es adicta al drama, me confesó:

—Es como si mi hermana pudiera intuir cuando estoy molesta con alguien. Apenas el otro día me sentía frustrada con nuestro cuñado y, de inmediato, comenzó a compartir historias y chismes sobre él hasta que terminé sintiéndome furiosa. Al principio me sentí validada, pero luego fue como si perdiera el paso y quedé totalmente inmersa en algo más grande que yo.

Cuando no hay un vínculo de afinidad, quienes crean el torbellino se esfuerzan más por atraer a otros. No obstante, la recompensa percibida al hacerlo se extiende más allá de una sensación de pertenencia y una conexión momentáneas. Cuando los demás son arrastrados al drama es fácil confirmar y justificar que este ciclo es «correcto», porque te convences de tus historias cuando ves que otras personas también están convencidas. Atraer a otros le permite al creador del torbellino alimentarse de la alteración ajena; es como conseguir baterías externas para mantener el ciclo.

Convertir la empatía en un arma

Otra característica de los adictos es crear conexiones usando la empatía como arma. Por lo general, acompañan esta estrategia con frases como: «Solo quiero que sientan lo que siento... el estrés, el dolor, las heridas». La incapacidad de tener relaciones bidireccionales significa la imposibilidad de verdaderamente recibir empatía, validación o incluso disculpas, y así es como la empatía se convierte en un arma.

Esta transformación significa crear o forzar las condiciones en las que crees que alguien sentirá o experimentará lo mismo que tú. Esto puede parecer como un castigo en contra de alguien: mencionar continuamente las «faltas» que cometió en el pasado, usar un lenguaje hiriente, culpar, contar historias intensas o extremistas, o interrumpir para hablar de lo que la otra persona hizo o dijo (o no hizo y no dijo), así como hacer que otros se pongan en su contra.

Si bien esto pareciera ser un instrumento para alejar a los demás, para el adicto al drama el conflicto intensificado es un modo de conectar. La creencia internalizada es: «Si los demás conocen mi dolor, ya no tengo que vivirlo solo». O: «Mi sufrimiento tiene que estar en un volumen lo bastante alto como para que los demás lo escuchen de verdad». Sin embargo, la incapacidad de ser validado y de validar a los demás hace imposible sentir conexiones y empatía verdaderas. Los adictos están atrapados en un ciclo de sentirse agraviados o victimizados, con rupturas de relaciones constantes, lo cual también se manifiesta demonizando, envileciendo y atacando a otros.

Para los adictos, arrastrar a otros a su torbellino crea una relación «segura», donde por fin están en sintonía con los demás, sin embargo, ya sea por su intolerancia a la intimidad o porque los involucrados comienzan a volver a su estado inicial, ese breve momento de conexión y pertenencia se vuelve insostenible.

MEJORAR EL NIVEL: VINCULACIÓN POR AFINIDAD

Recientemente, Lucy, la sobrina adolescente de un amigo, llegó de la escuela y me dijo que había tenido un día difícil con uno de sus maestros. La animé a que me contara lo que sucedió, y escuché y validé su experiencia; la situación típica de tratar a un amigo adulto como psicólogo. Después de hablar conmigo, Lucy parecía bastante tranquila, pero enseguida hizo una videollamada con sus amigas. En cuestión de segundos, luego de contarles sobre su día, todas comenzaron a echar leña al fuego proverbial: gritaron, imaginaron planes de venganza, etc. Como todas conocían a ese maestro en particular y experimentaban la misma «secundaria de pesadilla», hizo falta muy poco esfuerzo para que este grupo tomara una chispa y encendiera una gigantesca hoguera de drama.

Luego de la interacción con sus amigas, Lucy sintió más agitación y molestia en todo su cuerpo que justo después del incidente. En una escala del 1 al 10, cuando llegó a casa estaba en un nivel 5 de agitación, pero luego de la «vinculación por afinidad» con sus compañeras, alcanzó el 10. Tras la llamada estaba inconsolable, y ninguna de mis habilidades de psicólogo pudo ayudarla a tranquilizarse y a reconectar consigo misma.

Mi madre, quien también estaba presente, se acercó y me dijo:

—No intentes tranquilizarla, solo lo empeorarás. En algún momento quemará toda su energía, pero primero tiene que hablar con sus amigas un par de veces más para hacerles saber a todas lo mucho que su vida apesta y cómo es una víctima, y luego es probable que haga algo irracional.

Cuando le pregunté cómo podía predecir ese proceso con tanta facilidad, respondió:

—Los adolescentes inventaron la adicción al drama... ¿por qué no escribes un capítulo en tu libro que hable al respecto?

Nos reímos bastante y observamos cómo, al pasar las horas, la predicción de mi mamá se hacía realidad tal y como la había descrito.

DESTRUCCIÓN: RUPTURA DE RELACIONES

Todas las criaturas vivientes tienen un impulso fundamental por las conexiones y la cercanía. Sin embargo, una vez que se formó un vínculo al arrastrar a alguien más a su torbellino, el adicto al drama tiene muy poco tiempo antes de comenzar a sentirse abrumado por la conexión y necesitar alejarse de la vulnerabilidad que surge con el contacto constante. Es un círculo vicioso: el adicto usa respuestas defensivas que solían protegerlo (de sentirse herido o lastimado), pero que ahora evitan la intimidad o crean rupturas en sus relaciones. En otras palabras, estas estrategias de seguridad históricas se convierten en mecanismos automáticos para interrumpir y afectar los vínculos.

Veamos más de cerca las cuatro estrategias defensivas más comunes: desvío, retroflexión, proyección y confluencia. Estas provocan que el adicto use las mentiras, la culpa, la manipulación, la creación de historias y otras acciones destructivas para cortar temporalmente una conexión.

- **El desvío** consiste en llevar la atención a alguien más. Esta estrategia crea una barrera —no entra nada desde el mundo exterior— y, como tal, produce la incapacidad de absorber, asimilar o ser afectado por las experiencias de los demás. Por lo general se asocia con tácticas de negación y *gaslighting*. Con la estrategia del desvío, el adicto pude decir cosas como: «Eso no es lo que pasó», «Estás exagerando mi respuesta», «Lo estás inventando» o «En realidad esto tiene que ver contigo». Un ejemplo en un nivel menos extremista sería preguntarle a un amigo cómo está y que él responda con otra pregunta sobre ti, lo que desvía la atención hacia ti. Desviar es una defensiva para no recibir información nueva que podría desafiar sus creencias o su realidad.
- **La retroflexión** es retraer una situación hacia uno mismo cuando las personas son incapaces de expresar sus sentimientos con alguien. Esta estrategia surge normalmente cuando la persona tiene un historial de no ser escuchada, acogida o no se le permite expresar sus pensamientos y sentimientos. Al aplicarla, la persona se vuelve fría, rígida y distante; su mandíbula se tensa, al igual que los músculos de su pecho, diafragma y brazos, formando una barrera física con la otra persona o con el mundo a su alrededor. En esencia, se cierran emocionalmente, ya que están usando su energía para blindarse, lo que a su vez crea la sensación de estar atrapadas dentro de sí mismas,

incapaces de expresar lo que de verdad quieren y de lograr que las personas o su entorno satisfagan sus requerimientos. El dolor autoinfligido refuerza el valor —y la necesidad— de interrumpir las conexiones con los demás. Aplicar esta estrategia sonaría como si dijeran: «Nadie podrá satisfacer mis necesidades o entenderme jamás, así que lo haré yo mismo». Por ejemplo, Alex está molesto con su pareja por algo que dijo, pero en vez de expresarle su enojo, tiene ideas crueles e hirientes sobre sí mismo, se vuelve frío y distante, y luego resiente a su pareja por no hacer las paces, incluso si ella ya intentó hacerlo.

- **La proyección** implica traspasar todas las percepciones, sentimientos y pensamientos sobre uno mismo a otra persona o al entorno. Una característica de la proyección es no «ver» o «sentir» a las personas alrededor o los eventos que ocurren, sino solo percibirlos como traumas no resueltos, historias y problemas que se proyectan sobre ellos. Como resultado suelen surgir culpas y paranoias, y el adicto llevará sus sentimientos al otro, con frases como: «Me decepcionaste / desilusionaste» y «Te interpusiste en mi camino», o al sentir ira interna, dirá: «Tú eres el que está muy enojado». Un ejemplo lo representa la amiga de María, quien acusa a las personas de acosarla y cree que siempre la maltratan: «Siempre es víctima de injusticias y maltratos, pero es la que causa las peleas, intentando poner a algunos amigos en contra de otros para crear conflictos y dramas entre ellos», dice María. «En un momento es tu amiga, pero si llegas dos minutos tarde o no le respondes un mensaje lo bastante rápido, destruye la conexión contigo y después te culpa». A menudo la proyección se hace asignando historias a los demás o a ciertas situaciones con el fin de crear las condiciones que generen o justifiquen los sentimientos o conductas extremistas que forman parte del ciclo del drama.

- **La confluencia** es lo opuesto al desvío. La persona, en esencia, se *mezcla* con lo que ocurre a su alrededor, como si las crisis del mundo fueran personales. Cuando se emplea esta estrategia, es frecuente que el individuo sea percibido, o se perciba a sí mismo, como alguien muy sensible o un mártir. El diálogo de la confluencia puede sonar como «Tu dolor es mi dolor», ya que no hay límites o filtros entre el mundo y la persona. Los adictos pueden ver noticias sobre una crisis que ocurre en otro país y sentir que son parte de ella, sienten el dolor de una celebridad que se está divorciando, o solo pueden sentirse felices en presencia de la felicidad de otra persona. Estas respuestas van más allá de la empatía normal; más bien, es como si el dolor de los demás o del mundo sirviera de combustible para su propio incendio. Cuando alguien usa la confluencia es como si se apropiara del escenario. Marcus me compartió lo siguiente: «Estuve casado con una adicta al drama. Recuerdo que cuando le dije que mi madre había sido diagnosticada con cáncer, se puso histérica y me dijo lo aterrador que era para ella y que había conocido a personas que murieron de cáncer. Luego comenzó a llorar por todos ellos... no tuve espacio para vivir mi experiencia, fue como si me la hubiera arrebatado».

La adicción al drama es única porque no hay una estrategia estable para interrumpir las conexiones, sino una oscilación continua entre las estrategias... y las personas que las sufren sienten como si las arrojaran de un lado al otro. Cada uno de estos mecanismos de defensa ayuda a llevar a cabo y validar la ruptura de cualquier relación, o el distanciamiento continuo necesario para sentirse a salvo. En esencia, estos mecanismos de defensa son herramientas para perturbar la conexión y el contacto con los demás, consigo mismos y con el mundo a su alrededor.

EL TRIÁNGULO DEL DRAMA

El doctor Stephen Karpman desarrolló el «triángulo» del drama en 1961, usado en psicología para describir tres roles o personificaciones rotatorios que una persona asume en un conflicto con los demás o con situaciones. El trabajo del doctor Karpman es una guía sencilla para reconocer características básicas de los adictos al drama, quienes cambian una y otra vez de rol, dejando un rastro de confusión e inestabilidad en quienes los rodean. Karpman describe estas personificaciones de la siguiente manera:

- El «Perseguidor» encuentra errores y acusa a los demás; se atribuye superioridad y culpa, amenaza o recrimina a los demás desde un contexto de injusticia.
- El «Rescatador» siempre intenta ser «útil», se entromete, siente culpa si no actúa, expresa de manera perpetua todo lo que hace, y habilita las conductas de los demás (una representación muy clásica de la codependencia y de la evitación de autoconectarse).
- La «Víctima» se siente oprimida y victimizada, y cuando no hay condiciones para justificar ese sentimiento, busca o crea las condiciones. Como resultado del cambio inmediato entre estas estrategias de defensa, se percibe un latigueo y la destrucción de cualquier conexión que se haya formado.

Este es el ciclo de roles por el que los adictos al drama transitan, o que proyectan en los demás.

RECAPITULACIÓN DE LA RELACIÓN

En este ciclo de las relaciones, la conexión suele ser tan intensa y extrema como la destrucción. Los adictos atraen a las personas a sus vórtices caóticos (torbellinos), lo que les permite sentirse en sincronía con el caos de los demás para tener una especie de conexión, y cuando comienzan a experimentar vulnerabilidad debido a la intimidad, la persona comienza a buscar o crear fricciones para interrumpir esa conexión, lo que puede resultar en rupturas más grandes. Estas parecen iniciar con algo aparentemente inocuo, por lo que resultan confusas para los involucrados. El adicto creará y compartirá historias para justificar sus acciones, su victimización y la culpabilidad de los demás, lo que los aleja cada vez más de la intimidad que provocó la ruptura.

Es la tendencia de jalar y empujar simultáneamente que describí con anterioridad. Los patrones dramáticos de relacionarse son un modo de protegerse de más daño o abandono *al mantener a las personas a cierta distancia,* usando el drama para sentir poder y control en la relación. La disfunción y el caos crean condiciones predecibles que calman la ansiedad subyacente, ya que terminar una relación o mantener a los demás a cierta distancia mediante el dramatismo resulta menos doloroso que si la otra persona se retirara por cuenta propia. Susan, una paciente, admite que ver a alguien alejarse es más duro que si es ella quien se aleja:

—El drama surge de la necesidad de ser escuchado y reconocido —agrega—, actúas para asegurarte de que así sea, y a veces terminas perdiendo a esa persona debido a ello.

En las relaciones, se llevan a cabo libretos internos y externos:

- ¡¿Cómo se atrevió a hacerlo?!
- ¡Nunca debí confiar!
- ¿Por qué siempre me atacan a mí? ¿Por qué yo?

Estas historias internas se usan para justificar la profunda sensación de soledad y como combustible para los torbellinos, lo que lleva a los adictos de vuelta a la intimidad. Y el ciclo de creación y destrucción continúa una y otra vez.

Para este punto, ya tienes una percepción clara de la adicción al drama y sus efectos en quienes la padecen y en quienes los rodean. Ahora profundizaremos nuestra comprensión analizando las causas de este vicio. Como ya mencioné brevemente, con frecuencia estas conductas comienzan como tácticas de supervivencia, y reconocer de dónde surgen y por qué permanecen es el siguiente paso en nuestra misión de interrumpir el ciclo del drama para alcanzar la sanación.

PUNTOS CLAVE

- Estamos diseñados evolutivamente para las relaciones y conexiones. Para los adictos al drama, la conexión, la intimidad y las relaciones son al mismo tiempo lo que desean y lo que detona el drama.
- La intimidad es un flujo de conexión con uno mismo o entre dos o más personas. Los adictos al drama bloquean esta conexión bidireccional como mecanismo de supervivencia.
- Los adictos desarrollan patrones de compensación únicos para sentirse menos solos. El método primario es crear un torbellino de caos para arrastrar a los demás a su interior.
- Con el tiempo, una conexión de cualquier nivel comenzará a activar dolores históricos. Esto, a su vez, desencadena los patrones de supervivencia del aniquilamiento de relaciones, lo que en última instancia causa un ciclo de creación y destrucción.

SEGUNDA PARTE

ENTENDER LAS CAUSAS DE LA ADICCIÓN AL DRAMA

CAPÍTULO 5

Creando la tormenta perfecta: la base de la adicción al drama

María es un pez betta que creció luchando contra las implacables corrientes del gélido océano Ártico. Sus escamas se endurecieron para mantener su temperatura corporal y proporcionarle protección adicional contra la constante amenaza de los depredadores; la dureza de aquellas le posibilita atravesar los cambios impredecibles de corrientes turbulentas y el azote de las tormentas. Su nivel de atención y su habilidad para actuar con rapidez le permitieron mantenerse con vida en un ambiente extremo.

Luego de ser atrapada, María fue trasladada a tierra y colocada en un estanque tranquilo sin depredadores y tormentas peligrosas. Podrías pensar: «Oh, el estanque es un lugar seguro, con un ambiente más predecible y pacífico, así que con certeza el pez betta ártico se sentirá feliz». Pero este estanque cálido y placentero contrastaba tanto con los ritmos a los que María estaba acostumbrada, que se sentía fuera de sincronía. Aunque ninguno de los peligros del Ártico estaba presente, no podía adaptarse a la ausencia de los estímulos que conocía.

En poco tiempo asumió el papel de protectora de otros peces, lo que después la llevó a comenzar peleas con los peces pasivos. Con frecuencia,

María iba al centro del estanque y nadaba en círculos con tanta rapidez que creaba potentes torbellinos y, al causar estragos, alteraba el balance del ecosistema y todo el estanque se salía de control. La ansiedad y la cacofonía resultantes en el estanque le eran más familiares y, por fin, se sentía cómoda, desde sus duras escamas hasta sus huesos. María podía entrar en acción de nuevo, al sentir que había recuperado su propósito. Era lo que necesitaba.

A primera vista, la mayoría de las personas asumiría que María —o el adicto al drama— busca atención o es inherentemente disruptivo. Sin embargo, la búsqueda de atención y la disrupción son medios para un fin. En la primera parte de este libro, mencioné que la adicción al drama tiende a surgir como un mecanismo de defensa, por lo que ahora comenzaremos a entender lo que eso significa.

Sin importar dónde coloques a María, el pez betta, ya sea en el peligroso Ártico o en un placentero estanque, ella tiene un estado base, un *statu quo,* una forma de comportarse y existir en el mundo que es inherente a su ser. El estado base es el punto de inicio a partir del cual interactúas con el mundo y desde el cual operas. Nuestras experiencias acumuladas proveen información sobre el estado base de nuestra existencia.

Las muñecas rusas *matryoska* son una serie de muñecas de madera, cada una más pequeña que la anterior, que se colocan una dentro de la otra. Cuando abres la más grande, encuentras otra de menor tamaño adentro, y así una y otra vez hasta llegar a la figura más pequeña. Si las cortaras por la mitad verías capas, como las de una cebolla o como los anillos en el tronco de un árbol.

Del mismo modo, el estado base de la adicción al drama está conformado por capas de mecanismos de defensa que rodean otras más profundas de adormecimiento y dolor:

La capa más profunda: la necesidad primaria no satisfecha de ser visto y escuchado.

La segunda capa: dolor por aislamiento que lleva a un sentido de identidad no desarrollado; es decir, una falta de identidad personal o de sentido de quién eres.

La tercera capa: adormecimiento, que evita sentir el dolor.

La cuarta capa: búsqueda de sensaciones, la respuesta al adormecimiento.

Cuando estas capas se cruzan debido al estrés constante, la experiencia se normaliza hasta alcanzar un estado de caos interior perpetuo. *El desorden emocional, mental e incluso físico se convierte en la norma.*

Para entender cómo ocurre esto, echemos un vistazo a cada capa de adentro hacia afuera.

Figura 5.1. Estado base de la adicción al drama

CAPA 1: NO SER VISTO O ESCUCHADO

El origen de la adicción al drama es la necesidad insatisfecha de ser visto y escuchado (el círculo más pequeño en la figura 5.1).

Casi todas las personas que entrevisté para este libro describieron una falta de presencia, conexión y apoyo en su vida. A menudo los adictos al drama hablan sobre los retos y crisis que ocurrieron dentro de sus familias y los roles que les fueron asignados. Algunos se volvieron el centro de una dificultad, mientras que otros son los mediadores de la familia. Algunos cuentan sobre padres que se aprovecharon de su dolor para atraer la atención a sí mismos en vez de reparar en sus hijos, y algunos más dicen que la única forma en que son vistos o escuchados consiste en hacer algo lo bastante grande o malo como para ser atendido. Un amigo me dijo en una ocasión:

—Solía creer que mi mamá solo me amaba cuando estaba enfermo o en problemas, de lo contrario, no recibía mucha atención.

Ser vistos y escuchados, conectar y poder expresarnos de manera auténtica son necesidades primarias. Cuando se satisfacen, nos sentimos seguros y amados; cuando no, nos sentimos desprotegidos y aislados. Esta necesidad primaria de sentirnos conectados puede verse afectada por la presencia o ausencia de confianza, responsabilidad, seguridad, respeto, expresión, honestidad, consistencia, paciencia, protección y cooperación.

Ya que sus procesos emocionales y expresivos, así como su presencia fundamental, pasaron desapercibidos o desatendidos, los adictos al drama sienten una profunda sensación de pérdida. El sentimiento de no ser escuchados o vistos se vuelve una experiencia básica perteneciente a los cimientos de su personalidad, como si fuera la tierra en la que crece todo lo demás. En particular, tienden a echar raíces las sensaciones de aislamiento y desconexión —tanto del mundo emocional interno como del mundo exterior— y esta desconexión se convierte en un dolor invisible y generalizado que controla tanto la vida de la persona como sus estrategias para lidiar con él.

CAPA 2: RUPTURA DE LÍMITES Y PÉRDIDA DE IDENTIDAD

La segunda capa que crea el estado base involucra los límites personales, el desarrollo personal fundamental y el dolor por aislamiento.

En esencia, los límites son nuestros lineamientos personales y nos dan una idea clara de dónde comenzamos y terminamos. Pueden ser fronteras físicas o límites simbólicos, nos dan espacio y nos permiten tomar decisiones entre los estímulos y sus respuestas, es decir, entre lo que entra a nuestro territorio y cómo nos expresamos en consecuencia. La funcionalidad de nuestros límites establece los precedentes para aquello que seremos capaces de aceptar o rechazar. Los siguientes son algunos tipos de límites:

- **Límites físicos/espaciales,** que involucran nuestro espacio personal, nuestras necesidades físicas y nuestra comodidad con el contacto; nos permiten expresar nuestro deseo de intimar o distanciarnos de las cosas (sucesos, fuentes de estrés o personas). Por ejemplo, dar y recibir consentimiento para ser tocados es un límite físico importante.
- **Límites emocionales/energéticos,** que son, probablemente, la forma más básica de distinguir entre *yo, tú* y *nosotros.* Tienen que ver en específico con el respeto a los sentimientos, lo que significa conectar con otras personas, internalizar las emociones de los demás (¡o no hacerlo!), y saber cuándo compartir y cuando contenerse. Tener límites emocionales involucra ser conscientes de cómo nos expresamos y el nivel de conexión que necesitamos en momentos específicos.
- **Límites de recursos,** que involucran la conciencia de cuántos recursos —ya sean de tiempo, energía, financieros o materiales— tienes disponibles en una situación específica. Esto incluye poder elegir cómo se distribuirán, usarán y compartirán

esos recursos, y asegurarte de tener el espacio para reabastecerlos si se agotan.

- **Límites mentales,** que son la claridad, elección y expresión de ideas, creencias, valores y opiniones, e incluyen la habilidad de decidir a dónde dirigir tu atención. También involucran el respeto a los pensamientos e ideas de los demás.

Durante nuestra vida, en especial en la niñez, nuestros límites tienen un efecto profundo en el desarrollo de la identidad y en nuestra habilidad para identificar y regular sentimientos, necesidades y valores. Podemos expresar nuestros límites de manera consciente o inconsciente, y revelamos cuán funcionales y sanos son mediante nuestras palabras, acciones, pensamientos, conductas, energía e incluso con nuestra postura corporal, es decir, con la forma en que nos movemos a través del mundo.

Los límites sanos representan la habilidad de sentirnos estables, claros dentro de nosotros mismos y capaces de articular sentimientos y expresar necesidades, sin que ello signifique tratar de controlar a alguien más. Los límites sanos no son absolutos; deben poder adaptarse con integridad. Con ellos sabemos la cantidad de «síes» y de «noes» que requiere cada momento específico, de este modo, la adaptabilidad y la salud de nuestros límites reflejan nuestra capacidad de estar presentes en el momento, en el aquí y el ahora. Para tener una representación visual simple de un límite sano, imagina un globo con agua. El globo crea un límite que retiene el agua y le permite permanecer intacta, pero también le da cierta libertad para cambiar de forma. En esta analogía, el agua representa el sentido de identidad fundamental que nuestros límites contienen y protegen. El primero es el sentido desarrollado de quienes somos, que influye en nuestras formas de pensar, sentir y actuar. Una persona con un sentido de identidad vibrante es alguien motivado, equilibrado y consciente de sí mismo, y está preparado para «leer» las situaciones con agudeza y elegir una respuesta saludable ante ellas.[1] Nuestro sentido de identidad crece y evoluciona gracias a nuestras interacciones con otras personas y con los entornos, las cuales son moduladas por nuestros límites. A través de ellos afirmamos nuestro sentido de seguridad, lo que nos permite tener intimidad tanto con nosotros mismos como con los demás.

Los retos y violaciones a nuestros límites son una experiencia diaria mucho más común, por ejemplo, un padre que llama demasiado y hace muchas preguntas, un *roomie* que se pone una de tus camisas sin preguntar, o un jefe que te escribe durante el fin de semana. Imagina que el globo de agua es atravesado por una aguja. El límite se mantiene intacto, pero su funcionalidad saludable puede suspenderse momentáneamente.

Por otro lado, las rupturas de los límites representan las rasgaduras no reparadas en la tela de la confianza, la protección y la seguridad. Piensa en lo que le ocurre a un globo con agua que se rasga. Las rupturas de los límites y sus consecuencias tienen una presencia fundamental en la adicción al drama. Los límites pueden quebrarse de dos formas básicas: la sobreestimulación (como violaciones al espacio personal, entornos abrumadores e impredecibles, o incluso cuando nos alimentamos del caos) y la falta de estimulación. Esta última ocurre cuando una persona no se siente vista, escuchada o atendida, y no percibe muchas oportunidades para expresar de manera auténtica sus pensamientos y emociones más profundos; es decir, la capa 1 de nuestro estado base.

Cuando los límites de la identidad se rompen, nuestra vitalidad e integridad personal corre peligro. Como ejemplo, te presento a Melissa, una de mis pacientes que se describe a sí misma como «adicta al drama de segunda generación», ya que pasó toda su niñez lidiando con padres que la arrastraban a sus propios dramas. Cuando eres hijo de adictos al drama tienes dos opciones: sobrevivir sumándote a las peleas, o silenciarte por completo, adormeciéndote ante ti mismo y ante el mundo. En nuestras sesiones, Melissa bromeaba con frecuencia diciendo: «¿Límites? ¡¿Cuáles límites?!». Ella tenía dificultades para identificar sus necesidades y sentimientos, y la idea de no anteponer a los demás le resultaba insoportable. Tanto de niña como de adulta, nunca fue dueña de su espacio ni de su sentido de seguridad; constantemente era arrastrada hacia la dirección que orquestaran sus padres u otras personas a su alrededor.

Para adaptarse luego de una ruptura, las personas modifican el resto de sus límites; intentan cambiar o controlar el entorno o a sí mismos, o se congelan. En esencia, pierden la habilidad de ser flexibles y de adaptarse al momento presente. Algunas lo compensan formando límites rígidos e inflexibles, mientras otras colapsan en un estado de límites prácticamente inexistentes. Cuando estos son demasiado rígidos, dejamos de percibir señales sociales y emocionales importantes. Las personas con límites demasiado rígidos forman relaciones rígidas y, cuando comienzan a desarrollar cercanía o intimidad, es común que inicien peleas, proyecten historias para crear distancia, o desciendan por una espiral que aleja a la otra persona.

Los adictos tienden a tener límites que a la vez son rígidos y permeables, y los desafíos diarios a sus límites se sienten como rupturas monumentales. Eugene, un paciente que luego de algún tiempo se identificó como adicto al drama, solía describir sus límites como quesos suizos: llenos de agujeros. Además, se describía a sí mismo como alguien tan sensible que terminaba abrumado por el dolor de los demás. Hasta donde podía recordar, al comienzo de sus relaciones no ponía ningún límite, pero de la noche a la mañana se volvía rígido, y describía esto como la apertura de una cámara: o estaba tan abierta que sus sentidos quedaban abrumados, o totalmente cerrada, por lo que se quedaba solo. Irónicamente, Eugene podía sentirse agobiado por el mundo y al mismo tiempo solo en la oscuridad, una experiencia familiar para todos los adictos al drama.

Una persona cuyos límites han sido rotos intentará compensarlos lo mejor que pueda, pero a menudo se volverá hiperreactiva o no reactiva, retraída, disociada y desarraigada, con un sentido de identidad atrofiado.

Una identidad fundamental bien desarrollada proporciona un sentido del yo sólido y afianzado, que en general puede tolerar los altibajos de la vida ordinaria sin sentirse abrumado o victimizado. Por ejemplo, al enfrentar retos o fuentes de estrés, es capaz de mantenerse presente y estable dentro de sí mismo —siendo consciente de sus deseos, valores, fortalezas y propósitos, y manteniéndolos—, y lidia con esa situación. Un sentido claro de identidad fundamental nos permite estar presentes con otras personas o en un entorno, mientras tenemos claro lo que ocurre en nuestro interior.

No tener un núcleo fuerte es como ser una hoja arrastrada por el viento. Un joven emprendedor describe la ausencia de esta ancla como «sentir que no puedes dirigir tu realidad o estar en contacto con lo que quieres o necesitas». Los adictos al drama tienen una sensación constante de aislamiento. Este puede manifestarse como la ausencia de otras personas a nuestro alrededor, la ausencia de la capacidad de recibir conexiones, o también la ausencia del sentido de identidad, que incluye la habilidad de percibir las sutilezas de nuestras propias sensaciones, emociones, necesidades, deseos e intuiciones, y el resultado de este conjunto de fuentes de aislamiento es el dolor (durante la pandemia de COVID-19, muchas personas experimentaron aislamiento social y pueden dar fe del dolor que provoca este nivel de soledad).

Las investigaciones sobre la relación mente-cuerpo sugieren que la experiencia del dolor físico y la del psicológico son prácticamente indistinguibles.[2] Los lazos sociales fuertes están en el centro de nuestra supervivencia como humanos, por lo que estamos diseñados para experimentar dolor como respuesta al rechazo social y al aislamiento. Hay estudios que demuestran que la disrupción de los lazos sociales en la infancia —la incapacidad de formar relaciones cálidas y seguras con personas importantes— está asociada con el dolor crónico generalizado.[3]

Estos lazos sociales también se interrumpen cuando una relación adulta termina. Las personas sugieren que las rupturas románticas son las más difíciles, en parte debido a la reacción física y mental inesperada. Mientras crecía, mi modelo del amor se basó en las películas de Disney así que, para mí, fue una sorpresa radical cuando por primera vez sentí amor y todos los sentimientos complejos que lo acompañan —tanto la alegría como las náuseas, los nervios y la torpeza— y fue muy diferente al paseo sobre una alfombra mágica que había aprendido a esperar. Lo mismo pasa con las rupturas: los sentimientos pueden ser impactantes. La primera vez que me rompieron el corazón, el dolor en mi cuerpo estuvo al mismo nivel que cuando me rompí una pierna jugando futbol... con la excepción de que duró más tiempo y lo sentí en todas partes: en el pecho, el estómago e incluso en los brazos. ¿Cómo es eso posible? ¿Por qué la separación de otro ser humano puede convertirse en dolor físico?

El propósito del dolor es evitar que hagamos cosas que podrían causar más dolor, es decir, es una forma de protección. El dolor puede ser físico y emocional, pero independientemente de su origen, es natural que nos encojamos, nos aferremos a nosotros mismos y nos congelemos hasta que nos sintamos seguros y la herida haya sanado.

Como mencioné en la primera parte, a menudo los adictos al drama describen una sensación constante de intranquilidad y malestar, como un dolor elusivo imposible de identificar. El dolor prolongado que se vuelve parte del estado base se convierte en la sensación generalizada de una «corriente subyacente» de malestar e intranquilidad. Mi paciente Ismar lo expresó con las siguientes palabras:

—El dolor ha estado ahí desde que tengo memoria. Es como lo describen las personas que tienen una vieja herida cuando hace frío. Quizás sea dolor o quizás sea un anhelo, o tal vez sea la misma cosa. Con frecuencia siento que el dolor quiere crecer, que quiere ser alimentado, así que me meto a más relaciones de mierda o a situaciones dolorosas. Y entonces, ¡bum!, el dolor interno se alimenta, ¡y crece! Creo que quiere alimentarse con el fin de volverse lo bastante grande para que lo encuentren, o para que ya no pueda ser ignorado.

Cualquiera que sea la fuente del dolor por aislamiento, ya sea que provenga de no ser visto y escuchado al principio de la infancia, o debido a la ruptura de un lazo más adelante en la vida, el mecanismo de defensa es el mismo: la formación de una capa de adormecimiento para evitar que el dolor emocional, físico y social llegue a la superficie. Lo cual nos lleva a la tercera capa de nuestro estado base.

VERGÜENZA

La vergüenza es un derivado de la violación o ruptura de un límite. Es probable que todos hayamos sentido algún tipo de vergüenza: quizás dijimos o hicimos algo de lo que más tarde nos arrepentimos o por lo que nos sentimos humillados, o puede que te hayas encogido por algo que alguien más te haya dicho o hecho.

La vergüenza sana debe ser temporal. A nivel psicológico, como el dolor, tiene la intención de inmovilizar nuestros procesos biológicos, aunque solo sea por un momento, con el fin de tener una pausa para reflexionar y evaluar el daño potencial que causamos a los demás o a nosotros mismos y, así, podamos repararlo. En la vergüenza sana, la atención está en la conducta y no en la persona, y en última instancia, es posible recuperar la conexión y la pertenencia. Este es un ejemplo de vergüenza sana; mientras juega, una niña corre hacia la calle persiguiendo una pelota, un acto que sus padres le habían prohibido. Los padres corren tras ella, la llevan de vuelta al patio y comienzan a regañarla, diciendo que su acción fue muy mala y peligrosa, ¿y todo por qué?, ¡¿por una pelota?! La relación de los padres y la hija tiene una ruptura temporal, esto permite que haya una pausa para evaluar y aprender de lo que está ocurriendo, y luego se presenta la oportunidad para que los padres reparen la ruptura y digan: «Te amamos mucho, nos asusta que puedas estar en peligro. Si levantamos la voz fue porque de verdad necesitamos que sepas lo importante que es que te mantengas a salvo. Te amamos muchísimo». Entonces se dan un abrazo y el ciclo de la vergüenza sana (ruptura y reparación) se completa.

Los humanos no están diseñados para la vergüenza prolongada, es decir, la vergüenza tóxica. Este tipo de vergüenza es generalizado y el acto de la ruptura continúa más allá de un momento singular; la persona se considera a sí misma como el problema (describiéndose mala, arriesgada, problemática, intensa, etc.) y lo internaliza como la etiqueta que la define (consciente o inconscientemente). En la vergüenza tóxica, el individuo permanece en la ruptura. En el mismo ejemplo, los padres de la niña la regañan y le dicen lo estúpida que es por arriesgar su vida por una pelota, que no piensa antes de actuar, y la mandan a su cuarto como castigo para que piense en su error. Cuando la niña sale de ahí para disculparse, sus padres le responden que debe comenzar a pensar antes de actuar o habrá serias consecuencias. No hubo reparación de la ruptura, y la vergüenza comienza a anidar en el cuerpo y la mente de la niña pequeña.

La madre de Ángela solía avergonzarla por amar a su padre más que a ella. Sin importar lo que lograra musical o académicamente, la madre lo percibía como un intento por impresionar a su padre. Con el tiempo, Ángela comenzó a creer que opacaba a otras mujeres y las hacía sentir pequeñas, por lo que se esforzó mucho en tratar de reducirse en su presencia y se negaba a aceptar halagos por parte de ellas. Al absorber e identificarse con el dolor de la vergüenza dañina por tanto tiempo, Ángela se enfocó en exceso en él, y con frecuencia lo usaba como excusa para desviarse de sus sentimientos. Ninguna de las terapias físicas que intentó le sirvieron, y no fue sino hasta que comenzó a atender la vergüenza internalizada que pudo sentir alivio físico.

Cuando somos niños, nuestros padres o tutores, incluso si tienen las mejores intenciones, pueden crearnos una sensación confusa de rechazo y vergüenza. Hay estudios que demuestran que los hijos de padres deprimidos y que muestran poco afecto internalizan la falta de retroalimentación de los padres como rechazo, lo que genera vergüenza tóxica.[4] Esta vergüenza provoca miedo al rechazo y al aislamiento para evitar mayores rechazos y, en última instancia, se vuelve parte de su estado base.

La vergüenza tóxica produce la sensación de no merecer conexiones, lazos o pertenecer, y crea una idea fuertemente arraigada de ser defectuoso o no tener valor. Estas creencias se integran a las que ya conforman la identidad, sellando en su interior el momento original de vergüenza, es decir, la ruptura original. Ya que esta ruptura o trauma es retenida en el cuerpo como un recuerdo implícito, la persona la experimenta como si todavía estuviera ocurriendo en el momento presente y queda atrapada en una espiral de vergüenza.

La vergüenza constante produce un adormecimiento prolongado y se vuelve más difícil manejar los retos y la información sensorial de las relaciones, y nuestra respuesta fundamental al estrés queda deteriorada.

CAPA 3: ADIÓS, SENTIMIENTOS; ADIÓS, SENSACIONES… HOLA, ADORMECIMIENTO

Tras muchos meses de esfuerzo para tolerar la sensación de una emoción no exagerada, Ian, un paciente, me dijo: «Vaya, podemos ser conscientes de nosotros mismos y aun así no estar en contacto con nosotros mismos».

Él se refería al grado de adormecimiento que se había vuelto su estado base, es decir, la distancia en la forma en que se experimentaba a sí mismo y al mundo. Para los adictos al drama, luego del dolor viene el adormecimiento.

El adormecimiento adquiere numerosas formas, pero en esencia es un mecanismo de defensa para sobrevivir cuando las sensaciones y sentimientos exceden el umbral de la tolerancia. La taza proverbial que retiene la experiencia se desborda o se rompe, y en consecuencia pone a la persona en modo de conservación de energía, es decir, una respuesta de congelamiento. Morgan, una paciente joven, afirma: «Me siento congelada en vida, como si no pudiera moverme y con frecuencia, debido a eso, siento como si estuviera a merced del mundo».

El adormecimiento está asociado con la disociación psicológica, donde una persona, en esencia, se toma unas vacaciones de su propio cuerpo. Cuando el adormecimiento se vuelve un hábito y parte del funcionamiento base crea dificultades. A menudo esta es la razón por la que los adictos parecen «actuar»: hay una distancia palpable entre la enormidad de sus emociones y conductas, y lo que ocurre en su interior. Los adictos presentan una versión de disociación en donde una parte de ellos permanece separada del resto. Una persona lo describió como si «todo el tiempo tuvieras un pie dentro de la puerta de tu propio ser, mientras el otro está afuera».

En los entornos caóticos, las personas aprenden a filtrar los estímulos. Los profesionales médicos a menudo experimentan «fatiga por alarmas o alertas» en respuesta a la frecuente exposición a estados de urgencia, por lo que quedan desensibilizados a las alarmas y pueden ignorarlas por completo. De forma similar, los doctores, enfermeras y paramédicos en salas de emergencias se vuelven cada vez menos sensibles a la intensidad y severidad de lo que ocurre dentro de ellas.

La desensibilización es imperativa en ciertas situaciones, pero afecta la habilidad de conectar emocionalmente con uno mismo y con los demás. Cuando la estrategia adaptativa y necesaria de la desensibilización se generaliza y se usa en otras circunstancias, se crean dificultades para adaptarse y responder a lo que ocurre en el presente. Lo mismo pasa con las emociones reprimidas debido a la falta de un espacio seguro, permiso o apoyo. Las personas no pueden evitar una sola sensación o emoción sin afectar a todas las demás porque son parte de un sistema global y, por lo tanto, las estrategias de supresión y adormecimiento tienen un efecto total.

Durante nuestra primera sesión, Melinda me dijo que buscó tratamiento porque todos sus amigos decían que era una reina del drama. Le pregunté qué emociones tenía permitido albergar.

—Todas —respondió de inmediato.

—¿Cuáles de todas esas emociones sientes? —Cuando le pregunté esto, me miró como si le hablara en otro idioma, y se tomó unos segundos para responder.

—Cuando tengo estos enormes sentimientos es como si me ahogara en ellos, y supongo que no siento aquello en lo que me ahogo.

Después le indiqué que levantara y sostuviera una manzana que ella había llevado.

—¿Cómo fue tu reacción a la manzana?

—Neutral —afirmó. Entonces la invité a darle una mordida y observar su respuesta.

»Neutral —dijo de nuevo. La invité a describir las cualidades y características de la manzana: el sabor, el peso, etc., y, mientras lo hacía, expresó—: Es extraño. De pronto me siento más conectada con ella... como si antes estuviera distante y ahora estuviera más cerca de ella.

Le pedí que recordara algo de lo que habíamos hablado antes en la sesión y nos tomamos el tiempo para que percibiera sus emociones como lo hizo con la manzana, y fue capaz de hacerlo por un momento previo a sentir que algo en su interior se cerraba.

—¡Guau! Pude sentir la textura de la emoción como con la manzana —dijo—, y de pronto fue como si chocara con un muro y me sacaran de mi propio cuerpo de una patada.

En ese momento, Melinda fue capaz de reconocer lo distante y adormecida que se había vuelto, y vio el muro que protegía sus sensaciones y sentimientos internos pese a las enormes explosiones emocionales que hacían que sus amigos la llamaran una reina del drama.

Si bien los sentimientos, reacciones y conductas extremistas son una característica de la adicción al drama, la intensidad no es parte real del estado base de una persona, sino su respuesta.

La confusión entre cómo un individuo puede estar adormecido y distante de sus sensaciones y sentimientos, y a la vez exhibir emociones grandes y mal reguladas, puede responderse con facilidad. En esencia, estos individuos responden de manera emocional a los recuerdos del pasado y a las historias futuras que crean, en oposición a estar en contacto con lo que ocurre en el presente. El pasado y el futuro sirven como un escape de los sentimientos y sensaciones subyacentes del ahora. Así, son bastante responsivos con grandes sentimientos, pero se sienten desconectados de las circunstancias del momento actual. A su vez, vivir fuera de este se vuelve parte del estado base.

GRANDES SENTIMIENTOS, GRANDES DISTRACCIONES

Una vez me reuní con una mujer que, sentada frente a una mesa, hizo chocar su tenedor contra el plato, sonrió por el sonido y dijo:

—Supongo que me estaba muriendo de hambre.

—¿No te diste cuenta de que estabas hambrienta antes, cuando la comida desapareció de tu plato tan rápido? —pregunté.

—¡Supongo que no! —respondió.

Con frecuencia buscamos señales externas o periféricas de gran tamaño que nos indiquen qué y de qué manera ocurre algo en nuestro cuerpo y mente. Lo cierto es que, entre más nos alejamos de las señales sutiles de las sensaciones y emociones, más nos valemos de señales externas y, en consecuencia, más nos distanciamos de nosotros mismos.

Otro ejemplo lo encontramos al tomar una clase de yoga: asumimos que no lo estamos haciendo bien a menos que sintamos un fuerte estiramiento de nuestro cuerpo. En realidad, los efectos profundos de esta práctica surgen de un estado en el que la conciencia y los sentimientos se mezclan, y experimentamos las sensaciones más sutiles del cuerpo —emociones, intuiciones y seguridad— como una guía interior. Podemos recibir esa información en un estado de mayor calma e introspección, sin embargo, las sensaciones como el estiramiento, el ardor y el dolor llegan más rápido al cerebro y ocupan nuestro espacio mental y nuestra atención, superando, a base de velocidad y volumen, otras más sutiles del cuerpo.

No obstante, los adictos tienen dificultades para ubicar y sentir estas respuestas —u otras emociones, como la tristeza o la decepción— en el cuerpo. El enorme e intenso estado global toma el control, mientras las emociones más pequeñas y aisladas se vuelven pasajeros silenciosos. Cuando mis pacientes entran en contacto con la verdadera tristeza, de inmediato buscan otra sensación para evitar sentirla. Así, los estados emocionales extremistas, frecuentemente asociados con la adicción al drama son, de hecho, distracciones ruidosas para no entrar en contacto con las emociones subyacentes más sutiles.

Los adictos al drama tienden a usar estos sentimientos en particular, como la ira y la frustración, como una expresión del resto de sus emociones. Este escenario puede describirse de la siguiente manera: «Si no puedo sentir tristeza o alegría, echaré eso en el único contenedor que tengo para expresarme, que puede ser la ira, y la única manera en que puedo sentirla es creando un escenario en el que me han agraviado o abandonado. La sensación de ira también confirma mi sentido de vitalidad. Me siento vivo y real cuando estoy enojado».

Al recordar su primera experiencia disociativa cuando era niña, mi clienta Verónica dijo:

—Fue como si estuviera dividida en dos mitades, con una en mi cuerpo mientras la otra trataba de escapar de él, como si pudiera verme desde el exterior. —La emoción de la ira la ayudó a anclarse—. Mi ira me permite permanecer en mi cuerpo. Puedo sentirlo. Me ayuda a sentirme en mi centro.

Los adictos al drama también revelan que a menudo usan la ira explosiva como una vía para dejar de sentirse disociados. De este modo, los sentimientos más grandes y extremos son a la vez un ancla y una distracción.

CAPA 4: SENTIRSE VIVO (BÚSQUEDA DE SENSACIONES)

Una forma de confirmar que estamos vivos es a través de lo que sentimos: siento, por lo tanto, existo y significo. Así, debido al adormecimiento y al deseo de ser parte de algo o alguien, comenzamos a buscar sensaciones grandes de forma deliberada.

Esta búsqueda corresponde a la voluntad de tomar cualquier riesgo social o físico en un intento por hallar o crear una experiencia que produzca una respuesta que supere el umbral del adormecimiento y confirme la sensación de estar vivo, sin importar el costo.

Las investigaciones demuestran que quienes se encuentran en un nivel alto en la escala de la adicción también lo están en la escala de búsqueda de sensaciones, por lo que es más fácil que se aburran.[5] De hecho, esta y la propensión a tomar riesgos predisponen a las personas al abuso de sustancias y otras adicciones.[6]

¿Alguna vez se te durmió un pie y, para intentar despertarlo, le diste algunos golpecitos o diste varios pisotones en el suelo, y luego fuiste aumentando la cantidad de estos? Ahora imagina que, en vez de tu pie, la perturbadora sensación de adormecimiento se extiende por todo tu cuerpo y lo único que sientes es malestar e incomodidad. En respuesta al adormecimiento, las personas buscan sensaciones para sentirse más vivas involucrándose en dramas, lo que momentáneamente rectifica el adormecimiento. De esta forma, se trata de encontrar el volumen apropiado de estímulos, un volumen lo bastante alto como para confirmar que se está vivo.

Cuando Charlie, mi perro, comenzó a quedarse sordo, solía aullar sin motivo aparente. Presentaba numerosos síntomas de ansiedad, como si el mundo que conocía estuviera desapareciendo, dejándolo en un vacío y, para tranquilizarlo, le ponía una radio junto a su cama. Con el paso de los meses, la sordera de Charlie empeoró y comenzó a aullar otra vez, lo cual fue la señal para subir el volumen de su radio, incrementando el nivel de decibeles para hacerle compañía y mitigar su sensación de soledad.

Para el adicto al drama, el ansia de sensaciones se vuelve parte de su estado base. **El drama no sirve para tener sentido, sino para crear sensaciones.** El fuego del drama ofrece una sensación falsa de liberación y finalización, a la vez que proporciona distracción e incluso satisfacción. Es una respuesta adaptativa al trauma y a la pérdida emocional.

La complicación es que, al buscar sensaciones, también nos inundamos de ellas y nos volvemos inmunes, por lo que, al final, como en la fase de tolerancia de cualquier adicción, requerimos cada vez más del estímulo y dependemos del estrés para sentir algo, lo que sea. Eso es lo que produce la dependencia al drama, como veremos en el siguiente capítulo.

LA LUCHA POR SENTIRNOS VIVOS

Las sensaciones de la situación dramática ayudan a los adictos a sentir que existen y están vivos. O, en palabras de cierta persona: «¿Quién soy sin mis problemas?». Las sensaciones físicas, mentales y emocionales que derivan de las situaciones extremas les dan «algo» que sentir, y ese algo les proporciona más vitalidad. Así es como algunas personas buscan sentirse más vivas:

- «Tengo que superar el umbral del adormecimiento para sentirme conectada y viva», comenta Karine, pero su intensidad termina por alejar a los demás, por lo que se siente abandonada.
- Ciertas emociones hacen que Miki se sienta viva o, más bien, hacen que no se congele, se adormezca o se bloquee: «Puedo sentir ira o vergüenza sin bloquearme, así que evoco esos sentimientos. Sentir algo, lo que sea, me ayuda a saber que estoy viva».
- Kyle dice: «Hay adormecimiento, pero también hay otra parte de mí que hace todo esto para tratar de sentir algo. Entonces, si consumirme o tomar alguna droga es lo que de verdad va a cambiar mi experiencia de manera sobresaliente... [entonces] eso es sentir algo. Quizás el adormecimiento esté ahí primero, pero luego es como una explosión de autodestrucción y reacciones violentas».

La vida ordinaria con sus aspectos rutinarios puede parecer amenazante para el adicto al drama. La normalidad es incómoda en lugar de tranquila y pacífica, lo que el adicto al drama percibe como la nada o la inexistencia.

PUNTOS CLAVE

- El estado base es el punto de inicio de la forma en que un adicto al drama interactúa con el mundo. Este nivel se compone por cuatro capas primarias de experiencia:
  - La necesidad insatisfecha de ser visto y escuchado.
  - Límites rotos. Los adictos al drama forman límites extremos que oscilan entre la rigidez y la permeabilidad, lo que en última instancia produce emociones no moduladas, valoraciones inexactas del momento presente y pérdida de conexiones, configurando un dolor por aislamiento permanente.
  - Adormecimiento, que toma diversas formas, entre las que se incluyen la disociación y la ausencia de capacidad para conectar y expresar sentimientos y necesidades del momento presente.
  - Búsqueda de sensaciones, que implica crear o encontrar las condiciones que las produzcan en proporciones lo bastante grandes como para superar el adormecimiento generalizado.

CAPÍTULO 6

Programado para el drama: el papel del estrés

TE VAS A MORIR.

Desde luego, todos moriremos, y en cierto nivel eres consciente de ello. Pero ese conocimiento no evitó que tus ojos se agrandaran, que tu ritmo cardiaco se acelerara o frenara por un segundo, que se te cortara la respiración o que tu mente enloqueciera al leer esas palabras.

Con una oración, creé un estímulo y un ciclo de respuesta, una agitación eléctrica de emociones... un momento de caos. Los humanos no disfrutamos que nos recuerden nuestra inevitable muerte (el estímulo), pero cuando eso pasa, experimentamos un pico de excitación psicológica que agudiza nuestra atención y crea una corriente emocionante de energía que nos atraviesa (la respuesta).[1] Así estamos programados; esta corriente es parte integral de la adaptación que le ha permitido al *Homo sapiens* sobrevivir y evolucionar durante millones de años. Nuestro cerebro recibe este torrente de sensaciones como recompensa y así, paradójicamente, el recuerdo de nuestra muerte también es una confirmación tangible de que estamos vivos.

Esa es una probadita de lo que el adicto al drama siente. Si tú mismo lo eres, espero que esto te ayude a seguir reconociendo y contextualizando lo que te ocurre. En el capítulo anterior, mencioné que cuando las capas que forman el estado base se cruzan debido al estrés permanente, la sensación constante de caos se normaliza, pero ¿qué tiene que ver el estrés con la adicción al drama? Bueno, su relación es la psicología y fisiología del estrés y nuestra capacidad para adaptarnos a él, y en este capítulo vamos a analizarlo todo.

Comencemos por analizar la adicción al drama considerando sus dos ingredientes principales: el *caos* y la *crisis.*

- *Caos* proviene de la palabra griega para *abismo* o *vacío*, es un estado de confusión, imprevisibilidad y desorden. En este libro, lo usaremos para definir la experiencia interna del drama.
- C*risis* es el suceso o condición de inestabilidad y peligro que afecta a un individuo. En este libro, la usaremos para definir experiencias externas que surgen a partir de las condiciones, relaciones y el entorno a nuestro alrededor.

Así como dividimos la adicción al drama en crisis y caos, el estrés conlleva dos elementos: la fuente y su respuesta. De forma simple, una fuente de estrés es un estímulo, mientras que la respuesta es el cambio interno correspondiente. Como vimos en el capítulo anterior, el adicto al drama sufre una dependencia tanto a las crisis como al caos, y debe valerse de las fuentes de estrés y sus respectivas respuestas.

Pero ¿qué *es* el estrés? ¿Entiendes lo que es y cómo afecta tu cuerpo? A la mayoría no nos enseñan la totalidad del concepto. Un profesor de ciencias en la preparatoria dijo en una ocasión: «Si no sufrieras estrés, te morirías». Esto tiene sentido porque, en cierta medida, todos necesitamos del estrés como estímulo (y es sano y necesario sentirlo en determinada cantidad). En otro nivel, en realidad no tiene ningún sentido: ¿por qué algo destructivo sería necesario para la supervivencia?

QUÉ ES Y QUÉ NO ES EL ESTRÉS

Anota una definición no académica de *estrés*, la que le darías a un niño de 9 años si te preguntara.

Ahora, escribe una oración o dos respecto a tu relación con el estrés.

A continuación, lee tu definición en voz alta un par de veces y observa lo que le ocurre a tu cuerpo mientras lees.

¿Notaste alguna rección en tu cuerpo, como un poco de calor o tensión? Quizás comenzó a faltarte la respiración o tu vista se volvió borrosa. Bueno, esa respuesta es parte de la reacción natural de tu cuerpo ante una fuente de estrés y, en este caso, es el estrés mismo (esta reacción también es una clave muy importante para entender la adicción al drama, como veremos más adelante en este capítulo; por el momento, sigamos con el estrés).

Este es el punto de la conversación donde, normalmente, las personas dicen o piensan: «El estrés es horrible, me pone mal y no me deja lidiar bien con las cosas». Esa frase, «el estrés me pone mal», es válida, pero no es del todo cierta. Entender los procesos del estrés puede traer a la luz su complejidad, que tiene más matices.

Contrario a lo que podrías pensar, el estrés no es un villano maligno que acecha en las esquinas y te pone ladrillos sobre el pecho. Más bien, es un proceso biológico de adaptación y supervivencia.

Aunque ahora conocemos bien la relación entre el estrés y las enfermedades, no siempre fue así. El endocrinólogo húngaro-canadiense Hans Selye (1907-1982) presentó el término *estrés* a principios de los años treinta, definiéndolo como «la respuesta no específica del cuerpo a cualquier demanda de cambio».[2] Y el estrés, en relación con el cuerpo, es en esencia nuestro método biológico de adaptación. En lugar de verlo como un villano, el doctor Selye lo explicó en *La tensión en la vida*, publicado en 1956, como la manera en que nos ajustamos a lo que ocurre a nuestro alrededor: «En general, la vida es un proceso de adaptación a las circunstancias en las que existimos».

Todos tenemos la capacidad interna de adaptarnos a los estresores de la vida, pero no las mismas capacidades adaptativas. El punto importante es que el estrés no es inherentemente bueno o malo, solo es la respuesta del conjunto cuerpo-mente a un suceso, situación o persona. Su objetivo es preparar a este conjunto para entrar en acción e, inevitablemente, adaptarse.

ADAPTÉMONOS: CICLO DE RESPUESTA AL ESTRÉS

Si alguien arroja una pelota de beisbol directo a tu cara y te quedas ahí parado, sería válido pensar que no te has adaptado a las circunstancias de la vida. Del mismo modo, si reaccionas ante una pelota que ni siquiera está cerca de ti o si inconscientemente corres en dirección a la ruta que lleva, también es probable que no estés teniendo la mejor adaptación. El ciclo de respuesta al estrés corresponde a tu proceso biológico de interacción con las fuentes de estrés (estímulos) del mundo y de adaptación a ellas.

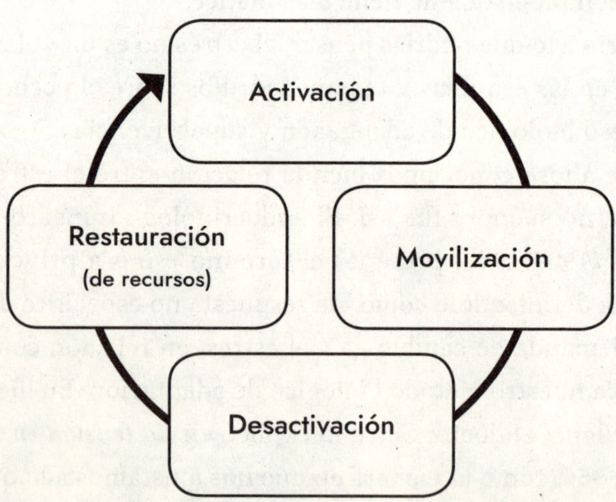

Figura 6.1. «Adaptémonos: ciclo de respuesta al estrés»

Al interactuar con un estresor, una serie de efectos nos preparan para abordarlo y recuperarnos. Ya sea que la fuente de estrés o el estímulo sea real o imaginario —vas tarde a una junta importante o crees que un palo en el suelo es una serpiente—, tu respuesta corporal será la misma.

Como muestra la figura 6.1, el ciclo tiene cuatro etapas, y tu sistema nervioso desempeña un papel importante en la forma en que reaccionas a los estresores.

La activación o estimulación, la primera etapa de la respuesta al estrés, es el estado de preparación para abordar al estresor y adaptarnos. Nuestros sistemas nervioso y endócrino responden liberando hormonas del estrés que dilatan nuestras pupilas, contraen nuestros vasos sanguíneos y suspenden las funciones no esenciales (por ejemplo, la digestión). Nuestro campo visual se estrecha para enfocarnos bien en la fuente de estrés, y todo lo demás se vuelve borroso y lo ignoramos. En este estado, experimentamos el mundo de manera diferente, como si pasáramos de una vista panorámica a un retrato. Normalmente nos referimos a esto como la etapa de «lucha o huida», y es con la que la mayoría estamos familiarizados: sentimos la tensión de los músculos, el fuerte latir del corazón y la acumulación de energía en nuestro interior, mientras el cuerpo se prepara para la acción.

La movilización consiste en usar la corriente de energía para correr, saltar, avanzar o alejarse, romper, empujar, etc. Las movilizaciones no tienen una naturaleza violenta, simplemente son las acciones de respuesta y adaptación. La parte del sistema nervioso que controla nuestros músculos esqueléticos entra en acción, dando lugar a una respuesta física.

La desactivación es como un proceso de descenso donde ocurre un reflejo de relajación que incluye cambios en la presión sanguínea, el ritmo cardiaco, la función digestiva, los niveles hormonales y la atención como respuesta contraria a la activación. Ya llegaste a la sala de juntas; ya te diste cuenta de que la serpiente en realidad es un palo. Tus músculos se relajan, la visión de túnel comienza a expandirse para incluir la periferia y estás más sintonizado con tus sentimientos y sensaciones subyacentes. Esta es la etapa de «descanso y digestión», donde procesas o «digieres» los sentimientos de activación y movilización.

La restauración es la etapa final. En ella te recuperas y restableces los recursos que usarás en el siguiente ciclo de respuesta al estrés. Si te ejercitas, sabes que debes tener un periodo de descanso entre cada serie de ejercicios para que puedas recuperarte y realizar la siguiente ronda con mayor efectividad. De manera similar, la restauración nos permite adaptarnos continuamente y avanzar por la danza de la vida.

Al menos, así es como debería suceder, sin embargo, es posible quedarse atascado en las etapas de activación o movilización (algo común para los adictos al drama), y es ahí donde surgen los problemas comúnmente asociados con el estrés.

RESPUESTA AL ESTRÉS FRUSTRADA: QUEDAR ATASCADO EN LAS ETAPAS 1 O 2

Es posible tener una respuesta de activación/estimulación fuerte (prepararse para la acción) sin la movilización (completar la acción); en este caso, decimos que la respuesta se frustró. Para ayudarte a entender la acción/adaptación frustrada, imagina que abres la llave del agua para llenar un vaso; cuando se llena, la cierras, bebes el agua y quedas satisfecho. Sin embargo, si nunca cierras la llave ni bebes el agua, esta se desbordará y seguirás sediento. Una persona incapaz de completar el ciclo de respuesta al estrés, y por lo tanto de adaptarse —ya sea por falta de tiempo, espacio o permiso—, en esencia, está desbordada por la respuesta de estimulación y no puede escapar.

El doctor Selye fue el primero en probar la existencia del *estrés biológico generalizado* (estrés continuo) como algo separado del *estrés agudo* (la respuesta a un estresor ocasional, del que nos podemos recuperar). Él observó quejas comunes entre pacientes diagnosticados con enfermedades distintas, que incluían fatiga, pérdida de apetito, pérdida de peso y pérdida de interés en el trabajo y la vida social. Inadvertidamente, su investigación probó una relación causa-efecto entre los entornos externos y los procesos físicos y psicológicos internos.[3]

Recuerda que en su libro el doctor Selye describió la vida como «un proceso de adaptación a las circunstancias en que existimos». A ello agregó: «Un dar y recibir permanente ha tenido lugar entre la materia viviente y sus entornos inanimados, entre un ser vivo y otro, desde los albores de la vida en los océanos prehistóricos. El secreto de la salud y la felicidad yace en ajustarse exitosamente a las condiciones siempre cambiantes en este planeta; *el castigo por fracasar en este gran proceso de adaptación es la enfermedad y la infelicidad*» [las cursivas son mías].[4] En esencia, como observó el doctor Selye, las condiciones que asociamos con el estrés son *derivadas* de las complicaciones o frustraciones de nuestro sistema biológico de adaptación (nuestra respuesta al estrés). Vale la pena repetirlo: cuando se arruina nuestro sistema de respuesta al estrés y el ciclo queda incompleto, se manifiesta como una enfermedad física (y, por lo tanto, el doctor Selye desafió la noción de que la mente es algo separado al cuerpo, una visión psicológica que prevaleció por 1 500 años).

Desde la época del doctor Selye, nuestro entendimiento del papel que el estrés desempeña en las enfermedades solo ha crecido, y ahora sabemos que una respuesta al estrés interrumpida puede llevar a la formación de neuronas que crean niveles más altos de ansiedad y desgastan y desgarran el hipotálamo (la parte de nuestro cerebro que mantiene los ciclos biológicos, la temperatura, el apetito y las respuestas fisiológicas y emocionales a los estímulos). Esto da como resultado una disminución en la habilidad para regular las hormonas; reducción de las funciones digestivas y sexuales; problemas en el sistema inmune, como la enfermedad de Graves, fibromialgia, fatiga crónica; y muchos otros síntomas.

No obstante, podemos reconsiderar estas enfermedades como señales con las que el cuerpo nos indica que algo está complicando nuestros procesos biológicos de adaptación.

Sabemos que una respuesta al estrés mal regulada o caótica puede causar caos en la fisiología interna, pero, en vez de intentar reducir el estrés, algunas personas también responden de tal modo que *aumentan* este o su respuesta. Habla al respecto con alguien así y te dirá que no quiere estresarse, que son el drama y el estrés los que lo buscan. Sin embargo, un observador podría notar que ocurre una de dos cosas: la persona proyecta crisis en su entorno, viendo (y experimentando) las que otros no ven, o ayuda a crearlas, empeorando una situación leve y relativamente poco dramática hasta volverla más severa. La crisis es su zona de confort «normal» (su estado base, como vimos en el capítulo anterior).

Como ejemplo, veamos a Francesca, una clienta que acudió a mi consultorio con una ansiedad enorme que se manifestaba como dolores de cabeza, desmayos, fatiga crónica y dolor generalizado en todo el cuerpo al levantarse por las mañanas. También tenía dolor de garganta crónico que, según describía, era como si el mundo tratara de ahogarla. Francesca reconoció tener una «relación íntima» con el drama, pero dijo que no era culpa suya. Si un doctor le decía que alguno de sus estudios había salido un poco mal, quedaba incapacitada por días, lo que desde luego empeoraba sus síntomas. Ella podía expresar con facilidad su preocupación por su salud, pero le resultaba muy difícil compartir sus sentimientos o confiar en ellos; durante su infancia le dijeron que no eran válidos, que expresaba demasiado y siempre exageraba. Al trabajar juntos, comenzó a confiar en sus propios sentimientos y sensaciones, y luego de explicarle qué es el estrés realmente, se abrió a la idea de que la reactividad de su cuerpo (activación) era la forma en que este se preparaba para responder a las dificultades (fuentes de estrés). Francesca pudo reconocer que sus síntomas físicos y su ansiedad se debían a una activación no resuelta atascada en su cuerpo y, cuando permitió que la activación no procesada se movilizara, comenzó a sentir mejoras importantes. Por ejemplo, aprender a expresar la palabra y el gesto de *no* liberó mucha de la tensión en su cuerpo, y sus síntomas físicos comenzaron a desaparecer.

Este puede ser un cambio un tanto radical en el entendimiento del estrés. El lenguaje y las nociones anticuadas posiblemente tienen mucho poder sobre la forma en que percibimos y experimentamos el estrés.

EL CICLO LENGUAJE-PERCEPCIÓN-REALIDAD

Es importante reconocer que también podemos crear nuestras fuentes de estrés y crisis sin que estas tengan que ser reales, en especial si una parte de nosotros ansía la respuesta al estrés y el caos interno.

A menudo hablamos del estrés con una idea vaga de lo que es, luego de leer algún libro de texto plano o un artículo en línea que intenta capturar nuestra atención con un lenguaje elevado, y decimos que estamos «muy estresados». No es de sorprender que el estrés se haya convertido en el gran monstruo malvado del que todos hablan, pero pocos se han tomado el tiempo para entenderlo por completo o incluso apreciarlo.

Anteriormente en este capítulo, te pedí que escribieras tu definición personal de estrés y tu relación con él. Espero que este ejercicio haya resaltado la perspectiva con la que miras el estrés, el cual afecta tu visión del mismo modo que un par de anteojos y, a su vez, tu percepción sobre este afecta la forma en que lo recibes y entiendes.

Si vamos un paso más allá, tus percepciones, es decir, la forma en que interpretas algo, crea tu experiencia y construye tu realidad. Tu experiencia, filtrada a través de tu percepción, es lo que llamamos realidad individual, un concepto fundamental para entender el mundo del adicto al drama, ya que su realidad construida puede ser bastante diferente a la de alguien que no sufre esa adicción.

Te daré un ejemplo tangible y divertido del ciclo entre el lenguaje, la percepción y la realidad. Cuando mi sobrino era muy joven, vino a visitarme y para la comida cociné algo de brócoli al vapor. Noté que no se lo estaba comiendo y le pregunté por qué, a lo que respondió: «No me los quiero comer porque son árboles bebé que nunca tuvieron la oportunidad de crecer».

Además de ser algo muy enternecedor, es un ejemplo perfecto del ciclo lenguaje-percepción-realidad. Su definición de brócoli —árboles bebé a los que les arrebataron la oportunidad de tener una vida completa— tuvo un efecto en lo que veía al mirar su plato, pero eso no fue todo.

Como mi sobrino veía árboles bebé sin vida, también experimentó un torrente de sentimientos (sensaciones) y emociones, dijo sentirse triste y confundido, y describió un peso sobre su pecho y estómago, una respuesta somática. Su reacción visceral a esa percepción y definición reforzadas se volvió su realidad. Ahora, cada vez que mi sobrino escucha la palabra *brócoli,* genera esa respuesta visceral, por lo general a nivel subconsciente.

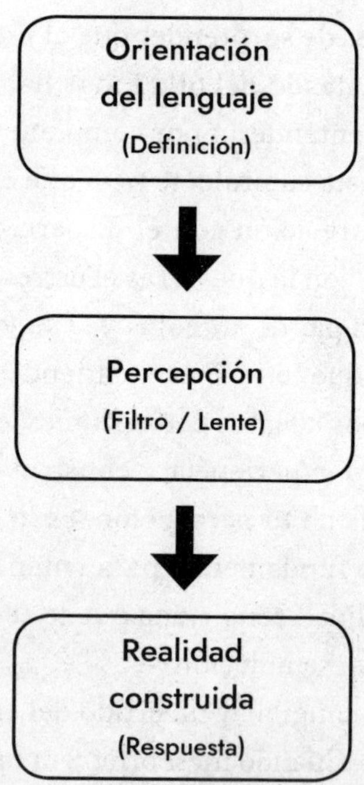

Figura 6.2. Diagrama de percepción del lenguaje

Del mismo modo, cada vez que escuchas o lees las palabras *estrés, drama* o *adicción,* la filtras a través de la definición, sentimientos, percepción y cualquier experiencia familiar (recuerdos) relacionados con ellas. También tienes, en algún grado, una respuesta fisiológica que crea y refuerza tu realidad sobre el concepto. Justo ahora, al leer estas palabras, aunque no sea obvio, estás depositando tu definición y tus sesgos sobre estos términos.

Entonces, si bien hay ciertos procesos fisiológicos universales que ocurren en el cuerpo —siendo la respuesta al estrés uno de ellos—, el «estrés» en realidad es tan único como el individuo que lo experimenta porque hay un componente subjetivo, pues la ecuación de dicha respuesta incluye la *relación* única que ese individuo tiene con el estrés, así como con el estresor al que responde y con la reacción de su cuerpo.

Si comenzamos a reconocer que no todos los estímulos (fuentes de estrés) son realmente una amenaza y nuestra respuesta al estrés no es hacia «las amenazas», sino una habilidad natural para adaptarnos y prosperar, entonces podemos comenzar a formular preguntas diferentes, como:

¿Qué pasa cuando alguien percibe que todas las fuentes de estrés son una crisis inevitable?

¿Qué pasa cuando esa persona está acostumbrada al desbordamiento del vaso y eso se vuelve su *statu quo?*

¿Qué pasa cuando la respuesta de estimulación se convierte en algo que la persona busca y crea? ¿Cómo beneficia esta respuesta a la persona?

Al trabajar con pacientes que sufren de adicción al drama, frecuentemente les pregunto: «¿El nivel de la respuesta de activación en tu cuerpo supera lo que sería útil para esta situación?» y «¿La forma en que movilizas tu energía te permite adaptarte en este momento?». Estas son preguntas engañosas porque, desde el punto de vista evolutivo, estamos diseñados para ser excesivamente responsivos; es mejor confundir un palo con una serpiente que pensar que una serpiente es solo un palo. Sin embargo, los adictos al drama llevan esa propensión evolutiva a un nivel extremo. Mucho de ello tiene que ver con la percepción personal del estrés y cierta parte se debe a la capacidad subjetiva de adaptación.

TODOS TENEMOS UNA CAPACIDAD DIFERENTE PARA ADAPTARNOS AL ESTRÉS

Todos los ecosistemas, ya sean humanos o naturales, interactúan constantemente con estresores. Algunos ecosistemas forman una relación con ellos y florecen; otros son desafiados y agotados, y aun así recuperan su equilibrio; y algunos más fracasan en prosperar cuando los enfrentan.

¿Qué hace que algunos ecosistemas florezcan y otros no? ¿Qué permite que ciertos sistemas tengan la capacidad de sortear los altibajos de la vida y otros no? En esencia, estas preguntas tienen que ver con la resiliencia y la adaptabilidad.

Para ilustrarlo, imagina que vas tarde al trabajo. Por alguna razón te quedaste dormido y solo despertaste cuando tu jefe te mandó un mensaje pidiéndote que le envíes la presentación por correo antes de la junta que comenzará en una hora. Tu activación interna salta para que puedas entrar en acción y adaptarte a las circunstancias. ¿Qué crees que harías? Estas son algunas formas en las que personas diferentes reaccionarían:

- Allison salta de la cama, se viste, se toma una taza de café de un trago y sale corriendo por la puerta.
- Lexi se siente abrumada por la enorme presión en su pecho, camina sin rumbo por el cuarto, se echa agua en la cara, considera llamar diciendo que está enferma, y luego llama a un amigo para preguntarle qué podría hacer. Al final llega desaliñada al trabajo, apenas unos minutos antes de que comience la reunión importante.
- Erik se congela por completo, no puede pensar ni moverse, y comienza a imaginar que lo despedirán, lo correrán de su casa

y lo obligarán a vivir en un albergue donde lo más probable es que muera joven y solo.

Misma situación; respuestas muy diferentes. Algunas personas son más resilientes a las fuentes de estrés, mientras que otras tienen una capacidad menor de adaptación y buscan en el exterior formas de seguir en pie ante el estrés. A menudo pensamos en la resiliencia como la habilidad de seguir adelante tras situaciones adversas. Imagina un saco de boxeo inflable con forma de payaso que puedes golpear una y otra vez. Visto desde el exterior, cada vez que lo golpeas regresa a su posición original..., así que debe ser resiliente, ¿verdad? Entre más fuerte lo golpeas, más rápido se levanta. Lo que no vemos si solo prestamos atención a cómo regresa a su posición es el impacto significativo que cada golpe tiene en el interior del saco de boxeo. Si imaginas que es una persona, experimentarás una respuesta visceral cuando lo golpean, incluso si vuelve a levantarse. Esa respuesta nos permite saber que algo no está bien.

Solo porque algo o alguien vuelve a levantarse no significa que no haya una huella duradera e invisible de ese golpe. Puedes superar el dolor y ponerte de pie... y de todas formas tener un sangrado interno. Desde luego, muchas heridas psicológicas y emocionales no pueden verse a simple vista, y es posible que la persona a la que pertenecen ni siquiera esté al tanto de ellas. No todos los golpes son «malos» o «negativos», incluso las experiencias positivas o las emociones «buenas» pueden derribar a alguien. La resiliencia no es la habilidad de ponernos de pie tras la adversidad, sino la capacidad de estar presentes, de habitar el momento conscientes y conectados con lo que ocurre en nuestro interior y en el entorno. La resiliencia nos permite responder y ser flexibles, ser capaces de cambiar, movernos y adaptarnos a lo que sea que una situación exija, y a cosechar significados y propósitos.

Volvamos a la imagen del saco de boxeo inflable: con cada golpe escapa algo de aire, a veces es una cantidad mínima y otras, es mayor. Podemos pensar en el aire como símbolo de vitalidad, conciencia y capacidad de tomar acción. Los humanos consumimos recursos y energía cuando experimentamos el impacto de los estresores, y luego nos recuperamos o nos reabastecemos. Así, mientras el aire sale lentamente, se produce un efecto global en la bolsa, que comienza a encorvarse y aflojarse conforme pierde integridad estructural y, para mantenerla de pie, debemos apoyarla en algo o alguien (si este soporte queda oculto por el inflable, podríamos pensar que este se sostiene por sí solo).

En las personas, ese apoyo es lo que llamamos dependencia, que por lo general es hacia personas o sustancias. Es fácil distraernos con lo que una persona usa para sostenerse en vez de prestar atención al problema real subyacente: el hecho de que está recibiendo golpes y desinflándose.

Si bien estamos programados para ser resilientes, hay situaciones, circunstancias e incluso disposiciones genéticas que nos inhabilitan para prosperar de manera óptima. Tu capacidad de adaptación y tu nivel de resiliencia ante las fuentes de estrés serán diferentes a los de alguien más de acuerdo con tus genes, dónde y cómo fuiste criado, y las condiciones del entorno.[5]

ESCALA DE LA RESPUESTA AL ESTRÉS

El estrés que sienten las personas se distribuye en una escala de reacciones que van desde el «estrés bueno» que te motiva (llamado eustrés); hasta el distrés, que es cuando te sientes abrumando y no puedes adaptarte; con un nivel «tolerable» en medio. Piensa en Allison, Lexi y Erik.

La respuesta de Allison es un ejemplo de *eustrés*. Al responder de esta forma, una persona puede sentirse rejuvenecida. El nivel *tolerable* describe la respuesta de Lexi tras quedarse dormida: tiene suficientes recursos para enfrentar el desafío y superar la tempestad. Y la reacción de Erik a despertarse tarde el día de la gran presentación —ser incapaz de lidiar con ello— es un ejemplo de *distrés*.

Es importante notar que el factor determinante clave es la persona, no la situación: exactamente la misma situación que le produce eustrés a una persona puede causarle distrés a otra. Es algo muy subjetivo; un ascenso en el trabajo podría producir una respuesta de eustrés en alguien, mientras que en otro la respuesta podría estar en la categoría de *tolerable*.

Algunas personas son más sensibles a los estresores; otras, viven saturadas por estos; hay quienes crecen sin los recursos vitales de apoyo, y quienes forman un vínculo con la respuesta al estrés.

Algunas características de las personas con un riesgo alto de estrés crónico y enfermedades relacionadas son:

- Menor flexibilidad para adaptarse a las fuentes de estrés. Esto puede manifestarse como exceso o falta de preparación para reaccionar.
- Catastrofización o, como se le dice coloquialmente, «ahogarse en un vaso de agua», y tener un punto de vista negativo.
- Hipersensibilidad fácilmente activada o reactiva. Similar a la catastrofización, es una tendencia a «ir de 0 a 100» sin una progresión en la respuesta.
- Estrés compuesto. Fuentes de estrés en la vida psicosocial que toman la forma de cambios importantes y problemas diarios, y con frecuencia ocurren en periodos breves.
- Sistemas sociales de apoyo y habilidades de afrontamiento carentes o insuficientes.

FACTORES QUE MOLDEAN NUESTRA RESPUESTA PERSONAL AL ESTRÉS

Allison, Lexi y Erik demuestran que la misma fuente de estrés puede tener una gran variedad de respuestas, las cuales indican el impacto de los estresores en su vida. Sus respuestas al estrés han sido programadas en sus sistemas nerviosos.

Hay muchos factores que contribuyen para dar forma a nuestro sistema nervioso y dirigir nuestros pensamientos y conductas, los cuales, además, pueden alterar nuestras capacidades y nuestra resiliencia. Por lo general, estos factores se presentan en la infancia. Los siguientes son algunos de los principales que determinan cómo respondemos al estrés:

- Adversidades en etapas tempranas de la vida.
- Experiencias transgeneracionales y predisposiciones hereditarias.
- Interacciones con el entorno.
- Estilos de apego.

Una vez que entendemos sus orígenes, podemos explorar las formas en que las personas lidian con estas condiciones y se adaptan a ellas, entre las que se encuentra (¡sorpresa!) la adicción al drama.

Adversidades en etapas tempranas de la vida

Los desafíos y traumas tempranos pueden dejar una huella que se prolonga hasta la adultez. Como ejemplo, considera el estudio exploratorio que evaluó las experiencias adversas en la infancia (ACE, por sus siglas en inglés) de un grupo de niñas chilenas en centros de adopción. Este estudio descubrió que las niñas expuestas a experiencias como negligencia emocional y física, abuso sexual o físico y disfunción familiar —que incluye familiares adictos a sustancias, convictos, con enfermedades mentales o suicidas— fueron más vulnerables a desarrollar problemas psicológicos y de conducta.[6] La exposición acumulada de tales experiencias adversas —traumas— también tuvo como resultado una mala calidad de vida, un bienestar físico y psicológico deficiente, complicaciones en la autonomía y las relaciones parentales, y malos pronósticos de vida.[7]

En otro estudio, los investigadores descubrieron que la probabilidad de intentos suicidas en las personas con al menos una ACE es de dos a cinco veces mayor. Además, se encontró una relación significativa entre las ACE y el alcoholismo, estados depresivos y uso de drogas ilícitas.[8] Una persona con cuatro o más ACE tiene una probabilidad 12 veces mayor de desarrollar comportamientos de riesgo y enfermedades en la adultez. En algunos casos, la persona con un historial de ACE elige conductas de riesgo de manera consciente, aunque muchos de los impulsos que llevan a estos comportamientos son subconscientes.

Muchas de estas experiencias en etapas tempranas de la vida crean un dolor profundo del que muchos quieren escapar, por lo que encuentran refugio en lo que sea que les ayude a evitarlo. Luego de experimentar traumas en la niñez, a menudo las personas desarrollan conductas adaptativas, como adicciones, adormecimiento y disociación (y como veremos en breve, estas conductas también pueden ser resultado de traumas transgeneracionales).[9]

Las fuentes de estrés en las primeras etapas de la niñez, tanto antes como después del nacimiento, afectan profundamente las respuestas al estrés en la adultez y tienen efectos duraderos en el sistema nervioso central y en el endocrino.[10] En 33 estudios de investigación que evaluaron la forma en que la adversidad influye en las respuestas a un estresor controlado en niños desde el embarazo hasta los 5 años, los resultados mostraron respuestas anormales al cortisol, la hormona del estrés. Incluso los niños demasiado pequeños para tener un lenguaje con el que pudieran describir lo que ocurría registraron fuentes de estrés en sus entornos tempranos y respondieron a ellos. Otras fuentes de estrés, como la desnutrición, la incertidumbre financiera y el miedo —y sus respuestas resultantes— generaron reacciones en los niveles de cortisol que se salieron de los parámetros.

Las personas que enfrentan adversidades severas antes o después de su nacimiento pueden tener un estado base que no es estable ni resiliente (y nunca lo ha sido). Para ellas, la toma de decisiones en la adultez sirve para mantener el estado base desregulado, porque la desregulación es familiar y normal. Justin, uno de mis pacientes, reportó: «Me gusta estar en situaciones con mucha tensión. Me gusta dejar los pendientes [hasta] el último minuto. No sé por qué. Es como si me colocara en una olla de presión. Me gusta tener ese estrés».

Traumas transgeneracionales y vulnerabilidad heredada

La epigenética estudia cómo el entorno y nuestras conductas pueden cambiar el funcionamiento de nuestros genes. Es por esta razón que ahora los científicos pueden decir: «Tus genes no son tu destino». Las variaciones epigenéticas no cambian la secuencia de tu ADN, pero sí afectan la forma en que tu cuerpo lee la secuencia del ADN para determinar qué genes son *expresados* (es decir, cuáles son activados o apagados) y la manera en que las células registran esa expresión.

Como ya mencioné, la investigación epigenética descubrió una correlación similar del estrés en la primera infancia y las respuestas alteradas al estrés *entre* generaciones. Por ejemplo, los hijos de sobrevivientes tanto del holocausto como del ataque terrorista del 11 de septiembre que sufrían de trastorno de estrés postraumático mostraron niveles base de cortisol más bajos que, en consecuencia, disminuyó su capacidad adaptativa, lo que resultó en niveles de ansiedad más altos. Otros estudios enfocados en sobrevivientes de traumas de guerra, refugiados y víctimas de tortura describen efectos transgeneracionales similares en el sistema de respuesta al estrés, ya que los hijos pueden heredar una «respuesta genética a los retos del entorno incluso si el niño no experimenta esos desafíos por sí mismo».[11] No es necesario que el hijo de un padre con un historial de traumas o sufrimiento tenga una experiencia adversa para mostrar una alteración en su respuesta al estrés.[12] Es como si las adversidades de los padres o los abuelos dejaran un recuerdo biológico de los traumas no procesados.[13] A esto podemos llamarle huella traumática.

El nivel de estrés de una madre durante el embarazo, y la presencia de ansiedad o depresión durante su vida (o durante el embarazo y después de este) puede crear niveles de cortisol más altos en sus hijos. Otras fuentes de estrés que elevan los niveles de cortisol de un niño incluyen la exposición prenatal al tabaco y al alcohol, interacciones negativas con sus padres o tutores, ansiedad y depresión en sus ascendientes, y la exposición a violencias o agresiones.[14]

Martina, que se identifica a sí misma como adicta al drama, dice que las personas serían más empáticas con su conducta si pudieran conocer a su madre y a su abuela: «Es como si el trauma de la Gran Depresión, las guerras y todo lo que vivieron corriera por mis venas».

¿Cómo se manifiesta el trauma transgeneracional? Las investigaciones sugieren que es altamente probable que las personas hereden una vulnerabilidad al estrés, lo que resulta en una persona hipervigilante, siempre alerta de los estresores en su entorno, como una presa que constantemente analiza el horizonte en busca de algún depredador. Una persona en busca de crisis para igualar su caos interior es una persona adicta al drama.

CUANDO EL TRAUMA OCURRE

Un trauma puede ocurrir cuando:

- Hay mucho que procesar demasiado pronto.
- Suceden numerosas situaciones durante un largo periodo.
- No sucede lo suficiente durante mucho tiempo.
- Se le quita el poder y la voluntad a una persona o a un grupo.

- Las fuentes de estrés sobrepasan los recursos disponibles para enfrentarlas.
- Se frustran nuestros instintos, intuiciones y respuestas de protección primarias.
- No hay suficiente tiempo, espacio o permiso para sanar.

Los traumas pueden causar sentimientos de impotencia, vulnerabilidad y desarraigo; interfieren con nuestra habilidad para sentirnos reales en cuerpo y mente; y alteran nuestro sentido mismo de existencia y nos alejan del momento presente.

El impacto del entorno

Piensa en tu niñez y en el ánimo que había en el ambiente. ¿Cómo describirías el entorno: tranquilo, frenético, divertido, peligroso...? Las relaciones fundamentales entre las personas en tu vida, tu entorno y tú dan forma a la experiencia de quién eres y cómo experimentas el mundo a tu alrededor a lo largo de toda tu vida.[15]

Jack, un amigo que se describe a sí mismo como adicto al drama, creció en un pequeño pueblo de Alaska. El clima siempre era extremo: −50 °C en invierno y sin luz del sol, 32 °C en verano con dos meses continuos sin noches.

—Siempre tenías que estar atento a lo que traían los frentes de tormenta —explicó Jack—. Eso se volvió mi estado base, el lugar donde los extremos se volvieron la principal normalidad. De niño y en mi juventud, siempre trataba de encontrar los extremos y poner a prueba los límites escalando montañas peligrosas.

Para Jack, el ambiente en su hogar también era intenso, con una casa inundada con las voces de sus padres peleando. Para recibir atención, dijo, tuvo que subir el volumen al máximo.

Pero hay quienes heredan la propensión al drama de padres que desarrollaron una respuesta habituada a las crisis a su alrededor, incluso si ellos no experimentaron por sí mismos dichos desafíos. Por ejemplo, Lincoln, un hombre joven al que entrevisté para este libro, contó que su madre es adicta al drama; los extremos e intensidades que aprendió provienen de su ejemplo y de cómo lo interpretó como la manera normal de existir en el mundo. Lincoln podía reconocer que, aunque para él esas conductas se sentían como algo aprendido, su madre dependía de ellas para sobrevivir a la semana.

Hay estudios que demuestran que los niños que crecen en entornos con caos físico y social —ruido; falta de orden, estructura y rutina; hacinamiento; estímulos y emociones impredecibles— tienen una menor capacidad de autorregulación, habilidades lingüísticas reducidas (incluida la de identificar y describir sus sentimientos), afecciones del aprendizaje y las funciones motrices, una mayor incidencia de conductas complicadas e indefensión aprendida.[16]

Todos desarrollamos creencias, pensamientos, funciones fisiológicas y ritmos fundamentales, e incluso capacidades físicas y posturas corporales como respuestas a nuestro entorno. Somos esponjas, absorbemos y filtramos el ambiente, y así como el entorno nos determina, también nos autodefinimos a causa de este. De acuerdo con Bernard J. Baars en su libro *In the Theater of Consciousness: The Workspace of the Mind* [En el teatro de la conciencia: El área de trabajo de la mente], la mayoría de las personas solo es consciente del 6 al 8% de todos los estímulos que captura.[17] Sin embargo, simultáneamente absorbemos y respondemos a mucho más que aquello de lo que somos conscientes, y todo tiene un efecto duradero.

Estilos de apego

Las personas en nuestro entorno también afectan nuestro sentido de identidad y ayudan a moldear nuestra trayectoria personal de desarrollo.[18] Un ejemplo simple de esto es que si los demás se ríen de tus chistes, recibes la confirmación de que eres gracioso y, por lo tanto, comenzarás a creer que eres una persona divertida. Lo mismo ocurre si recibes amor y cuidados. Los modos en que estas relaciones se forman (o no se forman) propician la creación del lente que guía las percepciones y acciones de alguien a lo largo de su vida. La calidad de estas relaciones —así como los mecanismos de defensa que la persona usa en su ausencia— influye en la conexión con los familiares en primer lugar, y más tarde, en la adultez, en el entorno general.[19] Nos referimos a estas conexiones en las etapas tempranas de la vida como *estilos de apego* relacional y de desarrollo social.

Cuando un padre o tutor está disponible y es paciente, consistente y responsivo, crea un entorno positivo en la infancia, caracterizado por una relación armoniosa. Esto se conoce como *apego seguro,* que tiene una enorme correlación con la autoestima, la competencia social, el autocontrol, la empatía, la resiliencia del ego y el afecto positivo. Los adultos con este tipo de apego tienden a ser atentos, sociales, cooperativos y capaces de dar y aceptar atenciones.[20] La autorregulación y la resiliencia surgen de la corregulación con un padre o tutor, que ocurre a través de un vínculo (apego) seguro con este. Cuando hay un vínculo seguro, resiliencia y autorregulación, los sentimientos angustiosos se vuelven manejables y el niño o adulto es capaz de superarlos.

Algunas experiencias en la infancia incluyen negligencia emocional, es decir, falta de calidez, atención y consistencia, que a su vez puede incluir la separación de un padre o tutor. Esto resulta en un *apego inseguro,* el cual modifica el sistema nervioso y la respuesta al estrés. Quienes crecen sin vínculos seguros a menudo no tienen la oportunidad de procesar las fuentes de estrés o los traumas y es probable que sufran de ansiedad, depresión, adicciones o dolor físico en la adultez, así como la incapacidad de lidiar con los estresores.[21] El apego inseguro, a su vez, produce uno de tres estilos de defensa generales para reducir o evitar el dolor de esta ruptura en el tejido de la vinculación social.[22]

Los tres estilos de apego inseguro son los siguientes:

1. **Inseguro-ansioso.** A menudo estas personas presentan un sistema nervioso hiperactivo y tienden a reaccionar con molestia a las fuentes de estrés y a perder su equilibrio emocional con facilidad. Son más propensas a pensar negativamente y a catastrofizar las situaciones. Quieren conectar con los demás, pero tienen dificultades para comunicar sus necesidades y asimilar esa conexión. Tienden a crear historias en las que no son amadas y buscan aprobación y garantías de que sí lo son.
2. **Inseguro-evitativo.** Las personas con un estilo de apego inseguro-evitativo presentan un sistema nervioso no responsivo, y se cierran, huyen, minimizan sus necesidades y reprimen las emociones para protegerse de la vulnerabilidad. Reducen la importancia de las relaciones, evitan las conexiones y aparentan poder valerse de sí mismas en extremo, por lo que no ven a los demás como fuentes de seguridad o comodidad.
3. **Inseguro-temeroso.** Quienes tienen un estilo inseguro-temeroso sienten un profundo miedo al rechazo y se vuelven dependientes de las relaciones. Están en una lucha constante entre querer intimidad y temerle. Experimentaron con frecuencia señales confusas de sus padres o tutores, como «Acércate» y «¡Lárgate!». A menudo se ven a sí mismos y a los demás a través de una perspectiva negativa.

Recientemente, Danny, un paciente que muestra muchos elementos de adicción al drama, me recordó que un lazo dañado entre hermanos puede manifestarse de manera similar a una herida causada por un padre o tutor. Él es el más joven de tres hijos, y sus hermanos son mucho mayores.

—Lo que más quería era tener cercanía con ellos —dijo—. Aunque mi mamá era demasiado atenta y mi papá, desdeñoso, el amor que ansiaba era el de mis hermanos, y por lo general intentaba recibirlo a través de actos de servicio. Hay un sentimiento que se aferró a mí y nunca he podido sacudírmelo. Es un dolor en el estómago y la sensación de que me cubre una capa de oscuridad y estoy solo dentro de ella. De vez en cuando, alguna voz o acción atraviesa la oscuridad, pero no puedo escapar de ella.

Las adversidades en las etapas iniciales de la vida, los traumas transgeneracionales y las interacciones complicadas en el entorno influyen en la resiliencia y la capacidad de sortear las fuentes de estrés de las personas. Como resultado de estas heridas y desafíos continuos, crean respuestas defensivas que afectan la manera en que toman decisiones, perciben su realidad y actúan en el mundo, y es en este punto donde nuestras estrategias de supervivencia pueden convertirse en una adicción.

PUNTOS CLAVE

- El drama puede ser deconstruido para formar caos (experiencia interna de drama) y crisis (condiciones externas), del mismo modo en que el estrés puede ser deconstruido para formar un estresor (estímulo) y respuestas al estrés (respuesta interna al estímulo).
- El estrés es nuestro proceso de adaptación, y nuestro ciclo de respuesta hacia él constituye los pasos hacia la adaptación y el bienestar. El ciclo incluye cuatro etapas primarias: activación, movilización, desactivación y restauración.
- Las respuestas al estrés son únicas en cada persona. La misma fuente de estrés puede recibir diferentes reacciones y capacidades adaptativas; esto también se refleja en cuán resiliente es una persona.

- Algunos factores que pueden afectar la adaptabilidad de una persona incluyen traumas en la infancia, factores genéticos, entornos adversos y estilos de apego (proyecciones de relaciones de seguridad y protección en la infancia con padres o tutores).

CAPÍTULO 7

Aferrado y atrapado: cuando una estrategia de supervivencia se convierte en una adicción

SIN IMPORTAR NADA, LOS HUMANOS SIEMPRE BUSCAMOS MANTENER O recuperar el balance. Para conservar un estado interno de estabilidad nos adaptamos a las fuentes de estrés que lo afectan mediante procesos cognitivos, emocionales, conductuales y fisiológicos. Como un termostato que hace ajustes para mantener la temperatura ideal, o como alguien que busca un suéter cuando hace frío, estamos en esencia impulsados a encontrar el equilibrio para la supervivencia.

Los humanos somos tan maravillosamente complejos que usamos estrategias tanto conscientes como inconscientes para abordar las condiciones de nuestro entorno y nuestras experiencias internas con el fin de mantener este equilibrio, a las cuales se les llama *mecanismos defensivos* o *estrategias adaptativas (de supervivencia).*

De acuerdo con un artículo de 2001 titulado «Coping with Stress During Childhood and Adolescence» [«Lidiar con el estrés durante la infancia y la adolescencia»], hay tres tipos de mecanismos de defensa:

- **Control primario,** que «tiene la intención de influir sobre condiciones o eventos *objetivos*».
- **Control secundario,** que se refiere a las defensas que buscan abordar condiciones *internas* actuales.
- **Abandono del control,** que es «la ausencia de cualquier intento defensivo».[1]

Intentamos cambiar las condiciones o el entorno, cambiarnos a nosotros mismos, o no hacemos nada como respuesta. Quizás recuerdes que a menudo los adictos al drama experimentan dolores y entornos caóticos en la infancia a los cuales, como todos, debieron adaptarse, incluso si para lidiar con ello adoptaron el caos como su estado de estabilidad.

Es importante darnos cuenta de que, en general, los mecanismos de defensa son neutrales; solo son modos en que las personas dirigen sus esfuerzos para «mantener, aumentar o alterar el control sobre uno mismo y el entorno», de acuerdo con los autores del artículo.[2] Inherentemente, mediante ellos cada persona intenta dar su mejor esfuerzo en la danza de la vida para transitarla, ajustarse, sobrevivir y prevalecer. Si la respuesta defensiva parece útil para un objetivo a corto plazo, entonces es recomenzada y repetida.

No obstante, si bien las intenciones de todas las estrategias defensivas y adaptativas son positivas, a largo plazo pueden tener un impacto negativo en el bienestar de una persona, como el uso de sustancias o conductas que, con el paso del tiempo, generan un patrón, es decir, una manera predeterminada de pensar, responder y ser. Los adictos al drama buscan sensaciones como mecanismos de defensa y como una forma de mantener la normalidad (piensa en María, el pez del capítulo 5). En consecuencia, pueden encontrarse en situaciones —ya sean relaciones, empleos o lugares físicos— que reflejen experiencias previas intensas, inestables e impredecibles. En resumen, al buscar las condiciones a las que se adaptaron con el fin de mantener un equilibrio interno, se vuelven dependientes del drama para conservar su *statu quo.* De esta forma, los mismos mecanismos de defensa que usamos para mantener y restaurar el balance se convierten en objetos de dependencia y en aliados de las adicciones que se aferran a nosotros.

PERSPECTIVAS DE LA ADICCIÓN

En esencia, la adicción es la dependencia a algo, sin importar las consecuencias. Entre las diversas teorías sobre la adicción, hay dos perspectivas principales:

- **Un modelo médico,** que considera la adicción como una enfermedad cerebral tratable, causada por una combinación de factores genéticos y ambientales.[3]
- **Un modelo biopsicosocial,** que reconoce factores ambientales, de desarrollo y genéticos; toma en cuenta muchas condiciones subyacentes, y es más probable que reconozca adicciones no relacionadas con el abuso de sustancias.

El modelo biopsicosocial ofrece una comprensión más matizada de la adicción al drama. Es un mecanismo de defensa de autorrelajación caracterizado por la necesidad de crear o buscar perpetuamente entornos de alta intensidad para igualar un estado interno de intensidad similar. El doctor Mark D. Griffiths, profesor de Adicción Conductual, cree que hay seis componentes principales que califican una sustancia o conducta como una adicción:[4]

- **Consumo:** cuando la sustancia o conducta es lo más importante en la vida de una persona u ocupa una parte significativa de su tiempo.

- **Modificación del ánimo:** un estado de ánimo alterado, como estar «drogado» o «ebrio», que emerge al involucrarse con la actividad o sustancia que sirve como mecanismo de defensa o escape.
- **Tolerancia:** para mantener el efecto de modificación del ánimo, con el paso del tiempo, es necesario aumentar la cantidad de la sustancia o la activación.
- **Síndrome de abstinencia:** respuesta física y emocional desagradable, como cambios de humor o irritabilidad, que surge al suspender o reducir la sustancia o actividad.
- **Conflicto:** desdén de las consecuencias que termina en conflictos, ya sea con los demás o con uno mismo, con probabilidad de llevar a la pérdida del control.
- **Recaída:** regresión a la actividad o sustancia luego de un periodo de mejoría.

Como veremos con más detalle en el capítulo 8, los seis componentes están presentes en los adictos al drama.

La adicción y la baja autoestima tienen una fuerte correlación. La baja autoestima y la búsqueda de sensaciones comparten la falta de retroalimentación del yo y la ausencia de identidad en un nivel fundamental, como si, por dentro, una persona no se sintiera del todo real o presente. Piensa en el capítulo 5, cuando discutimos los factores que forman el estado base de una persona con adicción al drama, y cómo las rupturas de los límites generan una falta de sentido de identidad, la cual provoca ansiedad por obtener retroalimentación para validar que somos reales y sentirnos vivos.[5] Es como tratar de llenar un vacío imposible de llenar.

UNA VISIÓN FRESCA SOBRE LA ADICCIÓN

Johann Hari, autor de *Tras el grito: Un relato revolucionario y sorprendente sobre la verdadera historia de la guerra contra las drogas,* menciona un punto importante: «Lo opuesto a la adicción no es la sobriedad. Es la conexión humana».[6] El punto de vista de Hari refleja la nueva forma de entender la adicción que ha surgido de investigadores y periodistas como los doctores Gabor Maté, Peter Cohen y Bruce K. Alexander, entre muchos otros. Hari observa que los primeros modelos de adicciones —los modelos médicos— las percibían como algo a lo que el individuo se aferra, una respuesta química producida por una sustancia, siendo la droga el problema y el foco de atención de la adicción. Esta teoría fue perpetuada mediante experimentos con ratas aisladas a las que se les ofrecían dos botellas, una llena con agua y la otra mezclada con alguna droga, como cocaína o heroína. Como era de esperarse, las ratas volvían por dosis tras dosis del agua adulterada hasta que morían. Sin embargo, los investigadores no tomaron en consideración el entorno de las ratas, incluyendo el hábitat y los recursos.

En la década de 1970, Bruce K. Alexander diseñó un experimento diferente. Se preguntó qué pasaría si las ratas fueran expuestas a agua mezclada con droga en un ambiente solidario, así que construyó el Parque Rata, un lugar con mucha comida, juguetes, parejas y amigos. Y quién lo diría, a las ratas que vivieron en estas condiciones óptimas no les interesó dicha agua, incluso después de probarla. Hubo una pequeña fracción de ratas que sí la consumió, pero no hasta el grado de morirse. Además, se integraron a la colonia ratas que ya eran adictas a opiáceos, las cuales prefirieron beber el agua pura y no la adulterada, es decir, eligieron abstenerse de los opiáceos.[7]

Investigaciones adicionales han demostrado que los ambientes solidarios y las conexiones sociales sustanciosas contrarrestan el abuso de drogas.[8] Los lazos sociales ayudan a la regulación emocional general, lo que permite que las personas enfrenten las fuentes de estrés con mayor efectividad antes de que causen malestar. Esta nueva visión sobre las adicciones reconoce que somos seres sociales y, cuando no somos capaces de vincularnos con los demás, buscamos algo que sustituya la intimidad social.

En la *Journal of Restorative Medicine* [Revista de Medicina Restaurativa], el doctor Maté describe la adicción de la siguiente manera:

- Algo que crea alivio o placer.
- Ansias conscientes o inconscientes cuando el elemento adictivo no está presente.
- Consecuencias negativas debido a esa necesidad.
- Dificultad para dejarlo pese a las complicaciones que surgen de esas consecuencias.[9]

En su libro *In the Realm of Hungry Ghosts: Close Encounters with Addiction* [En el reino de fantasmas hambrientos: Encuentros cercanos con la adicción], el doctor Maté asegura que dentro de cualquier adicción hay una forma de trauma o dolor que deriva de una pérdida en la infancia. Esa pérdida puede ser algo tangible, como una experiencia adversa o la ausencia de algo beneficioso, como la presencia solidaria de un padre o tutor (o un entorno). La pérdida afecta los procesos de desarrollo neurológico de las recompensas y, por lo tanto, el individuo las busca en otra parte. Así, de acuerdo con el doctor Maté, la conducta adictiva alivia el dolor o es un escape de este.[10] Yo agregaría, con base en mi investigación, que la intención de la conducta adictiva es mitigar el nivel de adormecimiento que surge al intentar aliviar el dolor o escapar de él.

Al hablar sobre manejar el dolor, es importante ser conscientes de que se incluye tanto el dolor físico como el emocional, ya que ambos comparten las mismas rutas neurológicas.[11] Las respuestas emocionales pueden producir sensaciones físicas, y las sensaciones físicas pueden detonar respuestas emocionales.[12]

Algunos individuos que sufren dolor físico y emocional suelen distraerse con situaciones de alto riesgo y catastrofizando.[13] Los pensamientos y conductas dramáticos pueden estimular el sistema nervioso para liberar endorfinas, que inhiben las señales del dolor y también causan euforia, lo que alivia el dolor físico y emocional.[14] De esta forma, el drama tiene el potencial de reducir momentáneamente ambos tipos de dolor al provocar más euforia, por lo que la persona se vuelve dependiente porque en el drama encuentra alivio.[15]

Los mecanismos de defensa que mitigan las necesidades no satisfechas, las cuales emergen al intentar mantener el balance, se convierten en hábitos; y si estos no son atendidos, se vuelven adicciones. Cuando un mecanismo de defensa es un reflejo del *statu quo,* perdemos nuestra voluntad para responder al momento presente y nos volvemos predeciblemente reactivos, y la forma en que tomamos decisiones, percibimos el entorno, nos movemos a través del mundo y abordamos las relaciones —e incluso nuestra identidad— se entremezcla con la necesidad de mantener esta estrategia de supervivencia adaptativa.

TOMA DE DECISIONES, AFRONTAMIENTO Y ADICCIÓN

Para un observador externo, la decisión de involucrarse en crisis y atizar los niveles interiores de caos no tiene sentido, y tampoco lo tiene al estar dentro de la experiencia dramática. El proceso de toma de decisiones no siempre es consciente, en especial si está motivado por un mecanismo de defensa.

Cuando estamos en un estado estable y equilibrado, somos conscientes y responsivos de los pensamientos, emociones, procesos psicológicos, metas y condiciones de nuestro entorno. Este estado optimiza una toma de decisiones ideal, ya que las mejores decisiones surgen tanto de la habilidad para valorar nuestro estado actual y el futuro percibido como de saber evaluar los resultados de decisiones previas. Tus decisiones pueden cambiar tu estado de bienestar.[16] En el momento, se siente como cuando encuentras el equilibrio al saltar de una roca a otra para cruzar un río.

Para decidir sobre cuál roca vas a saltar y cómo lo harás, debes ser capaz de valorar ese instante. Las personas que tienden a las adicciones suelen ser menos conscientes del presente, incluyendo el estado actual de su existencia,[17] por lo que muchas de sus decisiones las toman como si operaran desde el pasado o desde un futuro imaginado.

Es claro que algunas decisiones no son óptimas para el bienestar a largo plazo. Estas tienden a ser causadas por un intento errado de lograr estabilidad y equilibrio, como consumir una enorme cantidad de alcohol para contrarrestar un día pesado en el trabajo. Cuando alguien percibe una situación y actúa de manera exagerada o intensificada, es posible que sea un intento por volver a lo que considera normal. Martina es una paciente que me contó que, incluso si un problema ya estaba resuelto, siempre decidía retomarlo para asegurarse de que entendieran realmente «la verdad» de por qué se equivocaron. Ella reconoce que esta acción perturba la paz, causa enojo en los demás y los aleja, por lo que termina sintiéndose sola; pero se mantiene firme en su creencia de que la verdad libera a las personas. Si bien Martina cree que la motivación para esta tendencia es liberarlas, en realidad está decidiendo agitar el avispero para volver a su estado normalizado de caos.

Hay investigaciones que demuestran que los patrones desregulados de toma de decisiones y la sensibilidad a las fuentes de estrés existen antes de que se desarrollen las adicciones, lo que sugiere que estas se forman debido a sistemas nerviosos desregulados y a la incapacidad de adaptarse a los estresores.[18]

LA RESPUESTA DEFENSIVA (Y LA ADICCIÓN) SE INTEGRAN AL CUERPO

En el capítulo 6 hablamos de cómo el cuerpo se activa durante el ciclo de respuesta al estrés y de que los cambios neuromusculares y hormonales que ocurren durante la activación (frecuencia cardiaca acelerada, tensión muscular, etc.) reciben el nombre de *respuestas al estrés.* Estas pueden continuar incluso si el estresor ya desapareció, por lo que el cuerpo sigue listo para luchar o huir, aunque el estímulo sea mínimo o haya desaparecido. Como veremos, los adictos al drama siempre están preparados para responder, sin importar que exista o no un estresor. Cuando el tamaño de este por fin iguala el estado de preparación de la persona, el adicto se siente satisfecho; en otras palabras, si en una escala del 1 al 10, la preparación para el estrés de la persona está en un nivel 8 y hay una fuente de estrés en ese mismo nivel, de pronto, la vida se ratifica y el adicto se siente validado.

Cuando estamos en condiciones, situaciones y entornos que percibimos como peligrosos, el sistema sensorial (vista, oído, olfato e incluso el gusto) se adapta y nuestra percepción se altera, configurándose como el estándar de los adictos al drama. Las siguientes son formas en que nuestro sistema sensorial se adapta a las fuentes de estrés, y en las cuales puede quedarse estancado:

- Durante la respuesta al estrés, el campo visual se reduce para que el estresor o aquello a lo que nos adaptamos sea enfocado por nuestra atención mientras difuminamos o ignoramos todo lo demás.[19] En este estado, experimentamos el mundo de forma diferente, como si cambiáramos de una vista panorámica a un retrato. La exposición prolongada al estrés mantiene la visión de túnel, lo que hace que nuestra atención se aferre a la fuente de estrés y, simultáneamente, limita la visión periférica del entorno, lo que nos dificulta ver algo más. Una persona que creció en un ambiente caótico o impredecible se enfoca en esos elementos, y no necesariamente sabe cómo volver a la vista panorámica.
- Al sentir malestar o percibir amenazas, los músculos de los tímpanos se ajustan para enfocarse en frecuencias no neutrales (altas y bajas) para mantenernos tensos y preparados para el peligro. Las frecuencias más bajas están asociadas con estí-

mulos dañinos o amenazantes, como el zumbido de un foco o un depredador que se aproxima. El sistema nervioso transporta la sensación de peligro recibida por el sistema auditivo hasta el vientre, donde sentimos el instinto de que ocurre u ocurrirá algo malo.[20] En momentos así, es complicado escuchar y recibir frecuencias neutrales, como la voz tranquilizadora de otro ser humano (esto explica por qué a las personas angustiadas o traumatizadas se les dificulta recibir palabras de empatía o conexiones humanas pacíficas).[21] Para los adictos al drama, estar sintonizados con frecuencias sonoras altas o bajas puede transformarse en su nueva normalidad.

- Los aromas neutrales se vuelven desagradables, ya que tienen una conexión con los sistemas emocionales del cerebro.[22] En otras palabras, los olores repulsivos pueden afectar el ánimo de una persona e incluso alterar la calidad emocional de un recuerdo.
- El estrés prolongado y la sensación de inseguridad altera la percepción de nuestro gusto y nos sensibiliza más hacia los sabores amargos.[23]

Los adictos al drama también experimentan el tiempo de manera diferente. En un estado de activación, el mundo se percibe más lento que el ritmo interior.[24] Piensa en este escenario: se te hizo tarde para una reunión y estás atorado en el tránsito detrás de alguien que parece conducir demasiado lento. Pero solo se *siente* como si avanzara lento; en realidad, va a una velocidad normal o a la misma que tú. Es común que los adictos al drama estén en un estado perpetuo de urgencia, y la lentitud del mundo y de las personas a su alrededor les produzca ansiedad.

Así caminan por el mundo, y todo a lo que están sintonizados les reafirma que el mundo está lleno de peligros potenciales o reales. La respuesta al estrés de estos individuos está orientada y activada de esta manera sin importar que haya o no fuentes de estrés. Como si fueran una televisión con un solo canal, sus sistemas sensoriales están sintonizados principalmente en el caos.

La percepción de la realidad se altera cuando tus sentidos se atascan en el canal del peligro, lo que resulta en no poder sintonizar con nada y con nadie a tu alrededor. No hay nada física o psicológicamente más perturbador que sentirte fuera de sincronía con el entorno, con otras personas o con el mundo. Si tus relaciones externas y tu entorno están en oposición con tu estado interno, incluso si es por un instante, surge la sensación de que estás desincronizado y de que hay algo inherentemente malo. No puedes precisar de qué se trata, pero percibes disonancia y ruina, por lo que es válido encontrar o crear los entornos que coincidan con tu ritmo natural. Para disminuir esta disonancia cognitiva, el adicto al drama busca relaciones y lugares que aseguren su sentido de normalidad. Alistair, uno de mis pacientes, dijo:

—Siempre había mucha ira en mi casa, era un entorno algo maniático. Es probable que esa sea parcialmente la razón por la que elijo vivir en una ciudad como Nueva York; hay una tensión subyacente todos los días. En el metro, en la tienda, en la lavandería, siempre hay una corriente por debajo. Y pienso que es parte del porqué me siento en casa en una ciudad así.

Estos cambios inconscientes en la percepción de las personas filtran toda la información entrante sobre el mundo, y se convierten en los sistemas operativos de fondo de ese escaneo, estudio, búsqueda y creación de aquello que alterará a dichas personas. La amenaza constante del mundo se agrava, como si fuera un ataque ineludible del cual eres víctima. La hipervigilancia no es una actitud, es un mecanismo de supervivencia; es decir, nuestros sentidos nos encierran en la percepción de un mundo aterrador, solitario y peligroso. El adicto queda predispuesto a prestar atención a ciertos estímulos y a filtrar otros datos para que todo se ajuste a lo que busca. Siempre encontrarás aquello hacia lo que te orientas o sintonizas, o eso te encontrará a ti.

Veamos el caso de Mark, por ejemplo. Durante su infancia jugó beisbol, así que no es de sorprender que en la edad adulta lo practique como pasatiempo los fines de semana. Mark jugaba como parador en corto, una posición entre la segunda y la tercera base que requiere responder a la gran cantidad de direcciones desde las que la pelota puede llegar, observar lo que cada oponente hace o podría hacer, y saltar a la acción al menor movimiento. Los ojos de Mark saltaban del jugador con el bate en el *home*, al jugador en segunda base y luego al que estuviera en tercera; vigilaba a todos estos jugadores simultáneamente y luego analizaba al entrenador rival para intentar predecir y capturar cualquier información que transmitiera.

Su atención era como un láser, tan enfocada que podía percibir hasta el menor detalle de todo a su alrededor: la velocidad del viento, la presteza de sus compañeros y el avance del reloj. Siempre estaba apoyado sobre los dedos de sus pies para poder saltar a la acción al instante y podía predecir el sonido y la trayectoria de la pelota, a veces incluso antes de que la batearan. Este nivel de predicción, vigilancia y atención se extendía durante todo el partido... pero no paraba ahí.

Luego de un juego, Mark volvía a casa para bañarse y aunque el partido había terminado, su vigilancia se mantenía. Observaba la regadera con la atención de un halcón para predecir la presión del agua, aguzaba el oído en caso de que sonara el teléfono, medía cuánto jabón usaba y anticipaba la fecha en que tendría que ordenar la siguiente barra por internet. Había transferido el nivel de respuesta que requería para ser preciso en su posición de parador en corto a cada actividad que realizaba, aunque no fuera necesaria tanta atención. Mark no podía modificar su grado de preparación y sensibilidad a los estímulos, que aunque era muy útil durante los juegos, no le permitía descansar o relajarse en casa. La disposición para responder al estrés se había mezclado con su cuerpo.

Esto sería similar a conservar la hipervigilancia que tendrías al atravesar una casa embrujada, pendiente de posibles fantasmas que podrían aparecer, y listo para responderles, cuando simplemente estás caminando por un jardín sereno. Estar siempre «listo para la acción» puede conducir a algunas personas a compensar esa disposición con sensaciones. Usar este patrón corporal origina una búsqueda inconsciente de estresores, hiperreactividad a ellos y un sentido de justificación. Veamos a Zoe. Si ella depende de las crisis externas y del caos interno, los mismos mecanismos que usa para preservar y defender su sentido de identidad le dificultan reconocer estos patrones como mecanismos de defensa causantes de reacciones exageradas al estrés. Así, cuando Zoe —o cualquier adicto al drama— actúa desde esta posición, intentará normalizarla y justificar su conducta.

Más allá de cambiar nuestros sentidos, la predisposición al estrés también vive en la postura y la tensión corporales. En un estudio, cuando los participantes adoptaron posturas físicas decaídas o depresivas, se mostraron más vulnerables y menos responsivos a tareas que habían realizado con anterioridad y reportaron mayores niveles de estrés. Además, fueron percibidos como individuos deprimidos por espectadores que los analizaron en dichas posturas.[25] Esto sugiere que la forma en que un observador percibe a un individuo afecta la manera en que lo trata, y que esa persona a su vez actuará de acuerdo con las acciones de aquel.[26] Si un espectador percibe el estado emocional de alguien como «estresado» o «dramático» con base en su lenguaje corporal, lo tratará como corresponda, y a su vez, la persona observada se comportará más «estresada» o «dramática». Numerosos estudios sugieren que los patrones neuromusculares habituales del cuerpo pueden inducir estados emocionales y cognitivos, incluso *sin* estímulos externos. Por ejemplo, el simple acto de morder un lápiz durante veinte minutos activa los mismos músculos que se usan al sonreír, lo que genera un efecto positivo.[27] Tales resultados sugieren que el patrón de la adicción no solo es una estrategia de adaptación a nivel cognitivo, sino que el cuerpo también almacena la disposición al estrés como memoria muscular lista para la activación.[28]

En pocas palabras, es como si los adictos al drama tuvieran un «software» preinstalado que atiende todo. Aunque hay pequeñas notificaciones que los invitan a descargar una versión actualizada, se mantienen en ese sistema operativo y rechazan cualquier actualización. Cuando estamos atrapados en viejos traumas y las estrategias de supervivencia se vuelven no solo el sistema operativo, sino también parte de nuestra identidad básica, entonces no hay forma de que presionemos el botón de actualización, ya que perderíamos tanto nuestra identidad como las estrategias que nos mantuvieron con vida hasta este punto. Tanto las actualizaciones como los desafíos para este sistema operativo son interpretados como una amenaza. A su vez, permanecemos en la misma programación, inmersos en nuestra percepción, guiones internos y sesgos, que crean nuestro mundo y reafirman que nuestra percepción de él es válida.

RECREACIONES: LA FORMA EN QUE SE REPRESENTA EL TRAUMA Y LA ADICCIÓN

Las recreaciones son una forma de repetir el dolor emocional y psicológico no concluido del pasado. Encontrar o recrear subconscientemente situaciones y escenarios conocidos es un intento por superar traumas no resueltos. Se repite el pasado con la esperanza de sanarlo en el presente, por lo que aparecerá como continuos dramas en relaciones y empleos, o incluso como pensamientos compulsivos o sensaciones físicas recurrentes. Nancy, que se identifica a sí misma como adicta al drama, solía comentar: «¡No entiendo por qué sigo saliendo con hombres que me tratan tan mal!». Las recreaciones son, en esencia, la razón por la que el drama parece «encontrar» a las personas a pesar de sus «mejores» esfuerzos por evitarlo. Rara vez llevan a la resolución, si es que acaso llegan a hacerlo. Lo que sí logran es reutilizar y reforzar el mismo mecanismo de defensa que originó la adicción.

No es raro que, como observador, uno termine siendo arrastrado por la recreación de otra persona. Aunque no lo sepas, tu respuesta a su torbellino es parte de la recreación, y es posible que sea una forma de catarsis para el adicto. De cierta forma, eres su *cocreador*, aunque no seas consciente de ello.

Supongamos que Marisa entra a un hospital y ve a dos recepcionistas, una que sonríe y es simpática, y otra que no lo es. Marisa creció con amor «condicional», es decir, tuvo que esforzarse por apaciguar a su madre con el fin de tener cierto tipo de conexión. Al ver a la recepcionista fría e indispuesta, se activa su sensación de familiaridad y, con el deseo profundo e inconsciente de revivir y potencialmente sanar el pasado, se siente inclinada a acercarse a la recepcionista emocionalmente indispuesta. Para sorpresa de nadie, la recepcionista desempeña el papel predecible y sin importar cuánto se esfuerce Marisa, no logra conectar con ella. Marisa se siente descartada y profundamente herida, por lo que intenta pedirle ayuda a la otra recepcionista, quien ya está ocupada con alguien más y no puede atenderla.

En un instante, Marisa tiene una crisis emocional completa en la sala de espera, convencida de que todas las personas que trabajan ahí la han «victimizado». Algunas personas que también esperan la defienden, las recepcionistas se defienden la una a la otra, y el médico tiene que salir para pedirles a todos que se calmen. En ese momento, el doctor desempeña exactamente el papel del padre de Marisa, intentando hacer las paces sin defenderla. Ella sale corriendo de la oficina devastada porque el personal «le impidió» recibir la atención médica que necesitaba. El grupo entero fue arrastrado por el dramatismo de la historia de Marisa, ayudándola a recrear tanto los escenarios familiares de otra época de su vida como las estrategias adaptativas que los acompañaban.

Estas recreaciones dramáticas y los mecanismos de defensa que coinciden con ellos requieren de una confirmación constante para no crear mayor disonancia.

SESGO DE CONFIRMACIÓN: VALIDACIÓN DE LOS MECANISMOS DE DEFENSA

El sesgo de confirmación sucede cuando aprovechas información nueva para confirmar tus creencias, y puede ser una forma de crear historias e interpretar situaciones para justificar conductas. Por ejemplo, una persona que se siente herida por alguien o preocupada por algo buscará datos que validen el motivo y descartará cualesquiera que contradigan la aseveración o historia que creó. Todos sus esfuerzos se dirigen a justificar sus sentimientos y validar las acciones que surgen de ellos. Para los adictos al drama, apegarse a sus historias es una forma de lograr seguridad y preservación, y harán lo que sea necesario para evitar la disonancia cognitiva que podría surgir entre las condiciones y sus respuestas exageradas o generadas.

Un día, Chaz entró a mi oficina, comenzó a llorar y dijo: «Mi novio no me quiere y piensa que soy feo». Cuando le pedí que me describiera la situación, me contó que casi no había hablado con él desde que habían tenido relaciones sexuales la noche anterior, y se lamentó: «¡Ahora no tiene ningún interés en mí!».

Le pregunté cómo sabía que eso era verdad y me compartió una larga lista de motivos, entre los que figuraban el que su novio no le había preguntado cómo estaba y que no había respondido el último mensaje de Chaz, pero sí un correo grupal. Al repetir por tanto tiempo sus especulaciones en su mente, se convenció a sí mismo de que eso era lo que ocurría y le costaba trabajo discernir entre la realidad y la historia/especulación. Yo tenía el beneficio de la perspectiva: la historia era casi idéntica a lo que Chaz me había contado sobre su novio anterior, por lo que era evidente que la situación era obra de su software; su programación.

Hace poco trabajé en un proyecto con una persona que se enfureció debido a un correo que, según ella, no le había enviado; así que le mandé el correo original enviado semanas antes y le señalé que ella también lo había respondido. En vez de decir: «Ay, Dios. Lo lamento mucho», respondió: «Bueno, debiste enviar este correo una hora antes». Era claro que se había alterado tanto por la situación que le resultó imposible alejarse de la ira y la intensidad, salir de su historia original o cambiar de dirección.

Siendo justos, todos tendemos a crear y compartir historias en las que interpretamos los hechos para confirmar nuestras creencias y percepciones porque el sesgo de confirmación es universal. Por ejemplo, si observas la figura 7.1, ¿qué ves?

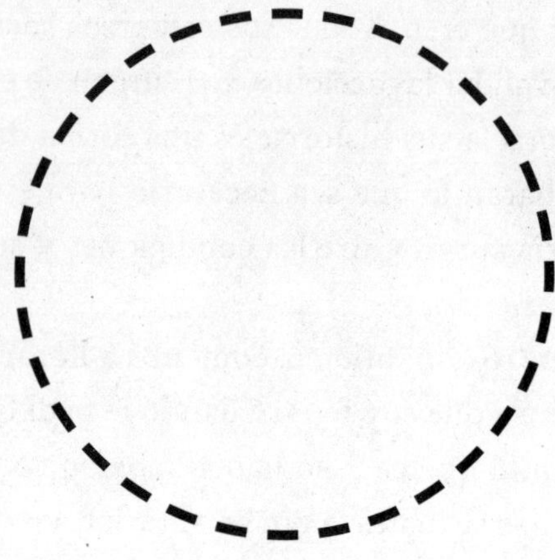

Figura 7.1

Quizás ves un círculo, pero en realidad no lo es, son un montón de líneas en una página. Tu mente llenó los espacios y llegó a la conclusión de que es un círculo. Sí, admito que el ejemplo fue un poco engañoso, pero es lo que hacemos como seres humanos. Tomamos una pequeña porción de información, llenamos de inmediato los vacíos y obtenemos una conclusión, como hiciste con las líneas que no forman del todo un círculo.

Crear atajos cognitivos tiene sus beneficios, como ahorrar tiempo y energía. Digamos que vas caminando por un bosque, escuchas un crujido en un arbusto y ves algo similar al pelaje de un animal. De inmediato puedes interpretar que es un oso y responder adecuadamente, sea corriendo o haciéndote el muerto. Si te tomaras el tiempo de reunir el 100% de la información —si la criatura es grande y tiene garras y colmillos afilados— podrías acabar siendo devorado por el oso. Del mismo modo, es posible saltar a conclusiones inexactas, como pensar que hay un enorme oso cuando en realidad solo es una ardilla. Los adictos al drama llenan los vacíos con pensamientos, historias y hábitos basados en toda una vida de crisis y caos.

De acuerdo con Bernard J. Baars en *In the Theater of Consciousness* [En el teatro de la conciencia], solo alrededor del 20% de lo que vemos e interpretamos en un determinado momento ocurre en el presente, mientras que el 80% restante está compuesto de recuerdos del pasado y expectativas del futuro. Y lo que creamos a partir del pasado y el futuro —y en cierta medida del presente— dirige nuestras percepciones. Tomamos decisiones, adaptamos nuestras actitudes y entramos en acción con base en nuestra interpretación subjetiva. La mayoría de lo que conforma un momento dado surge de los recuerdos, historias, asociaciones y patrones del pasado y el futuro. Y a menudo los adictos al drama están repletos de las intensidades y los extremos de sentirse solos e incomprendidos. El proceso de completar vacíos se parece a un relámpago; es un reflejo automático y subconsciente que ocurre en alrededor de 200 a 300 milisegundos.

En contraste, un nuevo pensamiento se desarrolla en alrededor de 500 a 600 milisegundos y requiere de una cantidad considerable de atención y recursos porque no involucra el llenado automático de vacíos o interpretaciones. Según el psicólogo Alan Fogel en su libro *Body Sense: The Science and Practice of Embodied Self-Awareness* [Sentidos corporales: La ciencia y práctica de la autoconciencia física], para recibir las sensaciones sutiles del cuerpo, como los sentimientos y las emociones, y ser conscientes de ellas, se requiere aproximadamente ocho veces más del tiempo necesario para el proceso de pensamiento reflexivo acelerado. Para aquellos que deben mantenerse activos y en movimiento para sentirse bien, es casi imposible reducir la velocidad para entrar en contacto con estas sensaciones y sentimientos sutiles.

De este modo, sus respuestas y conductas exageradas aparecen con la velocidad de un rayo a partir de pensamientos, historias y patrones que han formado y usado con frecuencia. Esto no deja espacio para conectar con las sensaciones y sentimientos sutiles del cuerpo o para responder desde las verdaderas necesidades que surgen de ellos. Es muy difícil escapar.

CUANDO EL SESGO DE CONFIRMACIÓN SE VUELVE UNA PROFECÍA AUTOCUMPLIDA

Un adicto al drama suele verse a sí mismo como una víctima. No le llevará mucho confirmarlo, sin importar la situación. Cuando se siente victimizado, se activan los recuerdos similares del pasado, inundándolo con sensaciones y sentimientos conocidos que dominan la verdadera percepción de lo que ocurre en el momento presente. Entonces el adicto responde y actúa con su forma habitual extremista que surge de ese exceso, y crea detalles para justificar su reacción.

El mundo tiende a responder de la misma forma. Por ejemplo, Chaz confrontó a su novio diciéndole: «Sé que ya no me quieres y piensas que soy feo». Sin importar lo que su novio dijera, Chaz estaba convencido de su historia. Como todos los adictos al drama, veía el mundo a través del lente de su programación y de las historias del pasado y del futuro proyectado. Llenó los huecos de esa percepción anticipando la crisis y el caos, buscó y confirmó sus historias como verdaderas, y al final actuó según su verdad percibida. En consecuencia, su novio se distanció y dejó de responder sus mensajes. Chaz creó una profecía autocumplida, en la que no era visto ni escuchado, no era suficiente, o era demasiado; y así, reafirmó su percepción del mundo.

DENTRO DE LA TRAMPA

Casi todas las personas a las que entrevisté o con quienes he trabajado y que son propensas al drama hablan sobre la experiencia de regresar una y otra vez a la trampa del drama. Kristen, una amiga muy querida de la escuela de artes, me explicó su experiencia de la siguiente manera: «Ocurre muy rápido y no deja nada de espacio. Por lo general, me indica un tipo de respuesta adictiva que yo tengo... es como volver a la idea de normalizarlo de tal forma que me sienta como un pez en el agua».

Otras personas lo explican así:

- Allissa, una colega del posgrado, dijo: «Se siente como si te jalaran muy rápido hacia algo. Se siente urgente e importante... Puedo sentir que está cargado con una fuerza que no se siente como una energía bien afianzada. Pienso que, de alguna forma, en esa experiencia existe una cualidad que la hace sentir nostálgica. Se siente un poco sentimentalista. También un poco apresurado».
- Craig, un paciente, dice: «La necesidad es como un vacío que debe ser llenado, y que siempre me arrastra. Si no lo lleno, siento que fracasé, es como una adicción».
- Marko, otro paciente, lo describe como la sensación de ser arrastrado por una fuerza que crea o percibe una situación o entorno familiar del pasado.
- Nikki, una amiga que conocí al realizar mi investigación para este libro, agregó otra capa que impactó en cómo considero el patrón activo del drama. Ella dijo: «Cuando sigo la trampa, cuando soy arrastrada hacia la potente tormenta que se cierne sobre mí, es como si me llamara una voz que no puedo ignorar. Y lo más extraño es que parece tener un significado».

Muchos otros comparten la experiencia de Nikki y, al comenzar el ciclo activo del drama (que exploraremos en el siguiente capítulo), surge una sensación momentánea de importancia, lo que crea todo un sentido de propósito y significado. Desde el punto de vista psicológico, estos le dan a nuestra existencia individual una percepción de dirección y motivo; también nos hace sentir que tenemos valor y, lo más importante, que somos algo más grande que nosotros mismos... que pertenecemos. La carencia subyacente de valía (que sienten muchos de los adictos al drama, como hemos visto en capítulos anteriores) puede ser controlada momentáneamente por el efecto embriagante y distractor del drama. No es de sorprender que quienes son afectados por esta adicción se aferren a ella.

PUNTOS CLAVE

- Con los mecanismos de defensa intentamos mantener el equilibrio ante las fuentes de estrés. Podemos volvernos dependientes de ellos cuando pasan de ser medios temporales de adaptación a algo más habitual.
- En esencia, la adicción es la dependencia a algo sin importar las consecuencias. La adicción ocupa una cantidad relevante de la atención o el tiempo de la persona, y modifica su ánimo. Una persona con una adicción genera tolerancia a las «dosis», por lo que requiere cada vez más del estímulo para seguir sintiendo los efectos. Cuando el estímulo no está presente experimentan síntomas de abstinencia, por lo que regresan a la sustancia o conducta que crea el efecto.
- Las nuevas perspectivas sobre la adicción reconocen que lo opuesto a la adicción no es la sobriedad, sino la conexión humana.
- Para los adictos al drama, este es un mecanismo de defensa que los distrae del malestar e incluso alivia el dolor. El mecanismo de defensa ante heridas o entornos caóticos en las primeras etapas de la vida se aferra al cuerpo (en los sentidos y la postura), alterando la percepción del presente.
- Quienes experimentan traumas o dolor, en especial si son adictos al drama, pueden encontrarse a sí mismos en recreaciones, que en esencia implican la búsqueda o la creación de

las circunstancias que evocan las heridas profundas, como medio inconsciente para resolverlas.

- El sesgo de confirmación refuerza la forma en que el adicto interpreta el mundo, así como las acciones que la acompañan, y se convierte en el justificante de aquello que surge cuando se cae en la trampa de la adicción al drama.

CAPÍTULO 8

El ciclo del drama: caos en un parpadeo

Si has experimentado la trampa del ciclo del drama, o has estado cerca de alguien que la ha vivido, la expresión «caos en un parpadeo» no resulta exagerada. Con frecuencia, las personas cercanas al adicto se sienten sacudidas y confundidas por la velocidad con que las situaciones pueden escalar, o se sienten drenadas por la constante atención a las crisis. Pero, aunque a menudo parezca que todo va de cero a cien en cuestión de segundos, hay etapas en la escalera del drama, y tienden a ocurrir en un ciclo activo reconocible:

- Fase 1: aceleración
- Fase 2: activación desregulada y combinación de crisis y caos
- Fase 3: catarsis no contenida
- Fase 4: resaca/aburrimiento

Ahora que entendemos las condiciones que pueden generar adicción al drama —heridas y traumas en las etapas tempranas de la vida, estado base de adormecimiento que lleva a la búsqueda de sensaciones, el rol del estrés, y el momento en que una estrategia defensiva genera dependencia—, es momento de entender lo que ocurre en el «parpadeo» en que sucede un episodio dramático. Este ciclo se superpone con la respuesta natural del cuerpo ante el estrés (activación, movilización, desactivación, restauración), pero, como veremos, en la adicción al drama el ciclo se interrumpe.

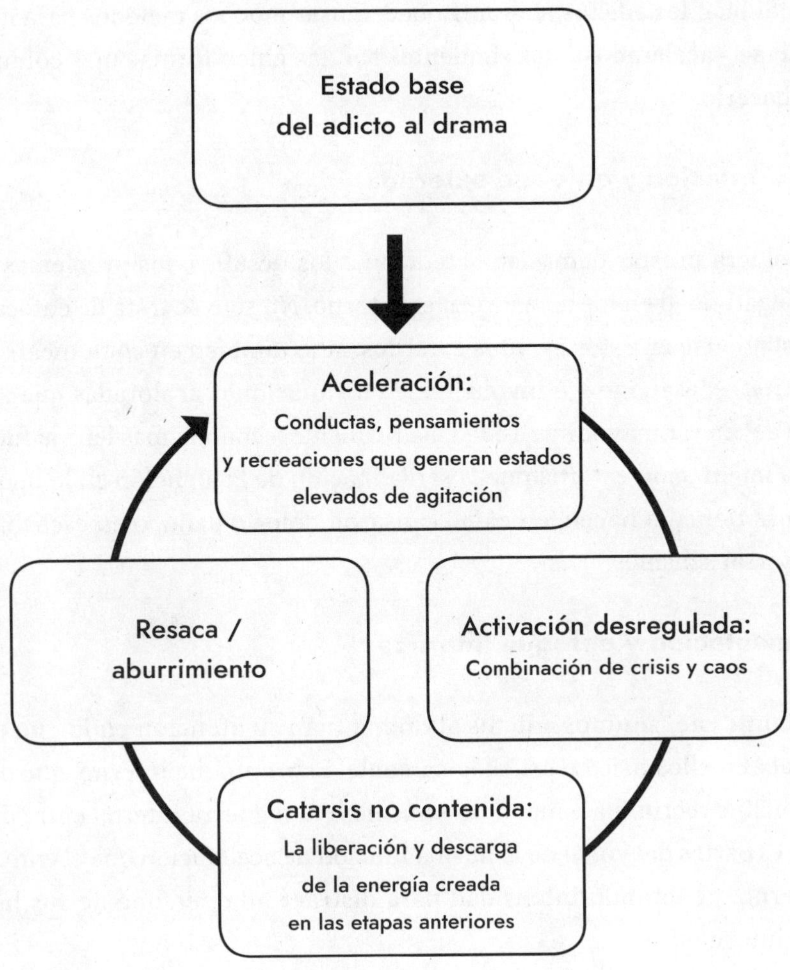

Figura 8.1. Ciclo del drama

FASE 1: ACELERACIÓN

La aceleración es la táctica de intensificar el torbellino proverbial, es decir, el drama, y su objetivo es crear una carga energética. En este momento te estimulas mediante pensamientos, conductas y dar atención a tus detonantes internos, hasta que alcanzas un nivel de agitación. Implica la creación y alimentación de aquello que produce dramatismo.

Si bien los adictos al drama pueden usar muchos métodos para mantenerse «acelerados», las siguientes son las cinco formas más comunes de hacerlo:

Alimentación y enfoque externos

Involucra prestar demasiada atención a los desafíos, los problemas y a la negatividad en los demás o en el entorno. No solo se trata de enfocarse y estancarse en estos eventos externos, sino también en comunicárselos a otros —desahogo— e involucrarse en situaciones acaloradas que ayuden a generar mayor intensidad, básicamente, echando más leña al fuego. La alimentación externa puede ser la fijación de la atención en lo que los demás tienen o hacen, en cómo causaron dolor o daño, o en escuchar y dispersar chismes.

Alimentación y enfoque internos

En contraste, algunos adictos al drama fijan su atención en lo que está «mal» en ellos física o psicológicamente. Este enfoque interno, que puede incluir recriminaciones a uno mismo o una guerra interna entre diferentes partes del yo, tiene la misma función de aceleración que el enfoque externo, generando intensidad para distraer a la persona de sus heridas internas.

Pensamientos, deseos y acciones opuestos

También les llamo dilemas. Por ejemplo, alguien podría pensar: «Quisiera que mi casa estuviera más limpia, pero estoy muy cansado para limpiarla, y tampoco puedo contratar a una persona porque debería hacerlo yo mismo», o: «Lo único que quiero es ayudar a los demás, pero todos se aprovechan de mí, pero si no los ayudo, entonces soy egoísta, y si lo hago, soy un pusilánime». La tensión entre las ideas en conflicto atrapa a la persona en un ciclo saturado de pensamientos que la mantiene en un drama acelerado.

Recreaciones

Esta es la creación o búsqueda de condiciones que detonan una activación familiar mediante experiencias intensas. Por ejemplo, elijes constante y subconscientemente parejas que te decepcionarán, de modo que puedas quedar absorto en la experiencia familiar y su reacción, generando las condiciones y circunstancias en las que podrás quejarte y causar dramas con justificación. La recreación también consiste en recontar historias una y otra vez con el fin de generar una chispa que reactive la montaña rusa emocional.

Crear y vivir en las historias

Con frecuencia, los adictos al drama perciben el mundo como si fueran un personaje en su película, y se ven a sí mismos en las escenas de su vida real o imaginada. Una persona crea historias y se las repite (recreación) a sí misma y a los demás, las cuales podrían ser proyecciones, como ver la fabulosa vida de otra en redes sociales e inventar una historia de comparación o exclusión. Un ciclo de revisionismo es cuando alguien regresa y repite una y otra vez la forma en que las cosas pudieron haber sido diferentes.

Sin importar cómo ocurra, la aceleración cumple su propósito: elevar los niveles de intensidad en la persona o en su entorno para llevarla a la siguiente etapa de la escalada, es decir, la activación desregulada y la combinación de crisis y caos.

ACELERAR PARA DESATASCARSE

En la tundra congelada de Dakota (también conocida como Minnesota), donde crecí, atascarte con el coche en una montaña de nieve era una experiencia casi diaria durante el invierno. Y como el frío era tan fuerte que podía congelar un estornudo en el aire, uno hacía todo lo posible por no dejar la calidez del interior del coche. En vez de cavar con las manos, las personas pisaban el acelerador una y otra vez para que el giro de las llantas derritiera la nieve a su alrededor, lo que les permitía liberarse de la nieve y seguir su alegre camino. Eso es exactamente lo que, a nivel subconsciente, intentan lograr los adictos al drama mediante la aceleración constante y la catarsis, y es la intención subyacente de las recreaciones.

Para entender cómo ocurre este proceso, demos un paseo por el maravilloso mundo de la neurofisiología con el doctor en Neurobiología Stephen Porges. En su libro *The Polyvagal Theory* [La teoría polivagal], publicado en 2011, explora la relación entre el sistema nervioso automático (que guía las funciones corporales que están más allá de nuestro control) y las conductas sociales, así como su conexión con la salud mental y física. Nuestro bienestar surge de nuestra naturaleza social y los vínculos con los demás, y cualquier interrupción de la capacidad para la conexión social tiene implicaciones profundas en nuestra salud y nuestro funcionamiento.

En una conversación con el doctor Porges, hablamos sobre el caos, las crisis y el drama como herramientas para evitar la intimidad y la conexión social. Él define la intimidad como sentirnos seguros en los brazos de otra persona, o al menos lo bastante a salvo para no evocar una respuesta defensiva en su presencia. Él dice que los adictos al drama activan sus respuestas de defensa (como la lucha o la huida) frente a los demás porque no se sienten cómodos siendo vulnerables.

Cuando observamos a un adicto al drama, a menudo nos distraemos con nuestra interpretación de su conducta exagerada. En lugar de eso, el doctor Porges asegura que debemos entender su estado psicológico subyacente y cómo las señales de seguridad y descanso operan como amenazas para el adicto. Cuando la seguridad de un niño está en riesgo (ya sea por algo tan fundamental como no sentirse visto o escuchado, o tener que sortear un entorno impredecible y errático), es probable que no pueda reaccionar mediante la socialización o la lucha/huida, así que recurre a congelarse (inmovilización) como respuesta de supervivencia. Ya que el niño no se siente seguro en su propio cuerpo, se presenta el adormecimiento como medio de protección, que incluye la falta de sensaciones, sentimientos y conexiones consigo mismo y con los demás. Es una estrategia de defensa o una respuesta adaptativa. La inmovilización puede manifestarse como intranquilidad, miedo y ansiedad constantes, y como una intensa crítica interna, resaltada por un dolor profundo.

Imagina una ola que se congela a la mitad de su movimiento antes de regresar al mar: toda esa energía cinética se queda sin posibilidades de ser usada. Lo mismo ocurre cuando una persona se congela o experimenta adormecimiento. Los sentimientos subyacentes y la activación nunca tienen oportunidad de ser completados; son asuntos inconclusos. La interrupción de la respuesta al estrés es interpretada como otra amenaza, lo que a su vez crea una respuesta secundaria por parte del cerebro que dice: «Sigue moviéndote o perecerás».

Esa intolerancia a la reducción de la velocidad es familiar para los adictos al drama y para quienes los rodean. Mientras sigas en movimiento, no tienes que entrar en contacto con la vulnerabilidad de lo que yace debajo de la inmovilización y no tienes que experimentar la calma, que el adicto percibe como la muerte.

Así, en este caso, existen de manera simultánea el congelamiento del sistema nervioso y la estrategia adaptativa de la aceleración para salir del congelamiento y conseguir movilidad. Estar totalmente quieto y sentir el impulso de adquirir movimiento compiten directamente, de forma similar a tener un coche en neutral y acelerar el motor con la esperanza de que de algún modo avance.

En el estado activo de drama, la persona crea un torbellino al pisar al mismo tiempo el freno y el acelerador, con la expectativa de que pisando el acelerador su pie se retirará del freno de algún modo. Esa es la forma en que el adicto trata de movilizarse para salir de la respuesta de congelamiento, y es lo que causa la aceleración.

Durante este proceso, las personas se enfocan en la crisis externa que haya atrapado su atención y se comportan frenéticas, furiosas o emocionadas. Si gana el freno, vuelven al estado de congelamiento o adormecimiento. Sin embargo, si gana la aceleración, ocurre una catarsis y sienten como si se salieran de sí mismas (y del adormecimiento) para entrar en la crisis de turno, lo que les causa una sensación de alivio o incluso de poder y control. Yo solía percibir estos momentos como si estuviera recuperando mi vida.

FASE 2: ACTIVACIÓN DESREGULADA Y COMBINACIÓN DE CRISIS Y CAOS

Si pensamos en la aceleración como tomar una «dosis» (es decir, consumir una droga o beber alcohol), la fase de activación desregulada produce la primera parte del «subidón» en la adicción al drama. Como todas las drogas, el drama tiene un límite de tiempo antes de que el efecto se extinga y, de este modo, el adicto usa la aceleración como una dosis capaz de devolverlo a la inesperada combinación delirante de crisis y caos. Esta fase del ciclo es como una recarga de baterías: hay demasiada energía como para saber qué hacer con ella, pero no deja de ser una experiencia emocionante y poderosa.

Recordemos que la activación es parte natural de la respuesta de nuestro cuerpo a las fuentes de estrés, ya que se trata de la preparación fisiológica para entrar en acción. No obstante, la activación desregulada ocurre cuando el nivel de activación excede la proporción funcional o necesaria para adaptarnos. La aceleración nos mantiene en nuestro estado base de estrés, y busca o crea las condiciones externas que lo igualen. En la fase de la activación desregulada, hay un momento de sincronización entre el estado interno y las condiciones externas, el mundo parece conectado y hay una falsa sensación de integridad y relación. En el capítulo 6 definimos *crisis* como las situaciones *externas* que surgen de las condiciones y relaciones circundantes o del entorno, mientras que el *caos* es el estado *interno* de confusión y desorganización que surge a partir de experiencias pasadas. El caos también es el estrés y los traumas no procesados que habitan el cuerpo. La mezcla del caos y las crisis es como el experimento científico que muchos hicimos de niños: la erupción de un volcán con vinagre y bicarbonato de sodio. Antes de la explosión, hay un momento en que el nivel de emoción y activación es tan alto que se siente un poder absoluto. En el estado de la activación desregulada, la mezcla de crisis y caos da una sensación de potencial ilimitado, excitabilidad y, lo más importante, de vitalidad. Una vez que has probado el sabor del poder y de estar vivo, sientes que eso es exactamente lo que le falta a tu vida, y por supuesto que quieres más de lo mismo.

Cuando era niño, a menudo me sentía perdido y desconectado de todo y de todos a mi alrededor. Solía imaginar que mi superpoder sería la capacidad de succionar la electricidad y la energía de los focos y de la luna y, como respuesta, tendría estos pequeños momentos en los que la corriente correría por mi cuerpo y me sentiría conectado con mi entorno. Con el paso de los años, encontré esa «corriente» a través de otros medios. A veces la sentía al actuar frente a cientos o miles de personas; en otras ocasiones, me involucraba en situaciones emocionalmente saturadas que pudieran intensificarse con facilidad. Llamaba a las oficinas de atención al cliente siempre que había discrepancia en las facturas, por ejemplo, o se interrumpía algún servicio. El problema ni siquiera tenía que ser mío: también llamaba en nombre de otras personas. Era famoso como el adolescente que recibía disculpas o revertía cargos, con solo pensar en eso sentía la chispa interior, y antes de que me contestaran las llamadas ya estaba acelerado. Tan pronto como el representante de atención al cliente levantaba el teléfono, yo comenzaba a buscar cualquier error para acelerarme todavía más; podía sentir la urgencia y el deseo de que lo cometieran para empeorar la situación. Algo en mi interior se alimentaba de ello, como si estuviera conectado directamente a un cargador. Cuando la persona al otro lado de la línea percibía mi insatisfacción y la tensión (crisis) entre ambos, igualaba mi agitación interior (caos), por lo que ocurría la activación desregulada, y entre más fuerte y grande fuera esta, más fuerte y grande me sentía yo. Era como una dosis gigante de café que despertaba cada parte del malestar en mí.

FASE 3: CATARSIS NO CONTENIDA

La catarsis no contenida es la segunda parte del «subidón» de una adicción al drama. La catarsis implica la liberación de emociones y la descarga de energía/tensión que en última instancia activa el sistema de recompensas del cerebro.[1] La catarsis recibe una recompensa positiva y es reforzada por un rápido incremento del apoyo social.[2] Sin embargo, una catarsis no contenida arrastra esos recursos de apoyo social al interior del adicto al drama a través de un intenso torbellino.

Volvamos al experimento científico del volcán: una vez que el bicarbonato de sodio y el vinagre se mezclan, el dióxido de carbono producido por la mezcla llena todo el cráter del volcán, así que busca más espacios que llenar para liberar la presión contenida, lo que resulta en una erupción desastrosa.

En el ciclo de respuesta al estrés, la etapa posterior a la activación es la *movilización*. Alguien no adicto recurre a la elevación de la energía psicológica (activación) para abordar la fuente de estrés y adaptarse a ella (movilización). Sin embargo, en el adicto al drama la energía de la activación desregulada se acumula y, en vez de movilizarse y adaptarse, la persona colapsa o tiene una catarsis no contenida en un intento desordenado por descargar la enorme acumulación de energía de las fases anteriores.

La catarsis no contenida es como inflar demasiado un globo, sin importar su resistencia o capacidad, hasta que explota. Es una liberación desorganizada de energía expuesta como ira, ataques de pánico, desahogo emocional, miedo, o cualquier acción frenética o disociada (por ejemplo, comer en exceso, compartir demasiada información o compras compulsivas). Es como si los límites de la persona se disolvieran por completo y su interior se derramara sobre el mundo circundante. Durante las catarsis es frecuente que la energía sea explosiva y no haya posibilidades de procesar o entender nada, lo que imposibilita conectar con las necesidades internas y con las de los demás.

Luego de que Robin alcanza lo que llama «la acumulación» de sobreestimulación, se percibe a sí misma en un desmayo andante donde lo único que puede hacer para sentir alivio es limpiar obsesivamente su casa o trabajar hasta quedar exhausta. Esta es la fase en la que el adicto al drama se siente fuera de control y poseído, como si rodara cada vez más rápido por una enorme pendiente sin posibilidad de detenerse.

La liberación de endorfinas y la descarga de presión resulta eufórica y empoderadora, pero es muy breve.

FASE 4: RESACA O ABURRIMIENTO

Tras una catarsis no contenida, los adictos al drama colapsan en un alivio temporal y artificial. Cuando el adicto comienza a relajarse, escucha una voz subconsciente que le pregunta: «¿Son seguros el silencio y el espacio?». Ya que el silencio y el espacio no son familiares o están asociados con la calma antes de la tormenta, pueden hacer que la persona se sienta vulnerable (ve Acelerar para desatascarse, en la página 154). Además, el espacio y la tranquilidad pueden estar repletos de malestar, ya que suelen ser las sensaciones y emociones que los adictos al drama evitan para autopreservarse.

La liberación momentánea de la catarsis es efímera. Lillian, quien solía ser mi paciente, decía: «A veces pienso que esa liberación es tentadora y seductora, pero no es sostenible; siempre hay algo que me vuelve a poner mal».

La liberación catártica en el ciclo del drama deja a las personas con una resaca emocional y psicológica opuesta a la sensación de restauración. En el espacio creado por la explosión, el alivio momentáneo da lugar a un malestar o aburrimiento creciente, y produce la sensación de que el espacio vacío debe ser llenado. Como respuesta a la abstinencia, las personas también pueden sentirse confusas, desorientadas, drenadas, de mal humor o desconectadas. Allison, una paciente de mucho tiempo, dice: «Sé que mañana voy a tener una resaca, pero me prometo a mí misma que no voy a volver ahí [al drama] por mucho tiempo».

Sebastián, un adicto al drama autoproclamado, describe el descenso del estado estimulado desregulado y la catarsis como una resaca potente mezclada con sentimientos de arrepentimiento, soledad y tristeza. «Casi se siente como una ruptura... no es algo limpio... la energía se siente sucia. Y hay cierto nivel de fatiga, supongo, y la sensación de retroceso... como si hubiera alimentado algo que no quería alimentar».

La neurocientífica chileno-alemana Susana Bloch Arendt acuñó el término *resaca emocional* a principios de los noventa al describir a actores incapaces de dejar atrás la conexión emocional que habían creado con un personaje en el escenario. Ella describió dos duraciones de tiempo típicas: *fásica*, si dura poco, y *tónica*, si es prolongada. El estado tónico puede tener consecuencias serias para la salud mental y emocional del actor. En 2016, investigadores de la Universidad de Nueva York descubrieron más evidencia sobre las resacas emocionales, que se caracterizan por un residuo psicológico y un estado cerebral emocional que dura más que el evento mismo, cuyos efectos alteran la forma en que este es recordado.[3]

Otra teoría es que, durante la etapa de activación, se elevan las endorfinas —los analgésicos naturales del cuerpo—. Luego de que la catarsis desregulada y no contenida se completa y hay un breve descanso de la activación, los niveles de endorfinas vuelven a la normalidad, por lo que el malestar y el dolor subyacentes regresan.[4] En esencia, esta teoría también sugiere que la resaca es la abstinencia del subidón que emerge luego de la activación desregulada y la catarsis, mezclada con la forma en que la persona se siente respecto a sí misma y a la percepción que tiene de lo que los demás sienten respecto a ella.

Cuando el aburrimiento o la abstinencia se presentan, significa que la respuesta anestésica del drama está pasando, y la persona está cada vez más cerca de la verdad subyacente de su malestar y desconexión base, es decir, esa sensación de estar fuera de sintonía con las personas a su alrededor y con el mundo, y comienza a surgir la necesidad de la siguiente dosis de drama. He visto y escuchado a muchos pacientes que se aceleran en cuanto comienzan a relajarse diciendo cosas como: «La calma es aterradora», «¿Y si tuviera que salir corriendo a la calle para salvar a mi hijo? ¿Cómo podría hacer eso si me relajo?». Para los adictos al drama, el reflejo de estimulación surge para evitar que el individuo caiga al abismo de la relajación y para acelerar de nuevo el motor. Tras el alivio de la liberación catártica llegan la abstinencia, el aburrimiento y la ansiedad por arrojar leña al fuego con el fin de preparar la próxima dosis de drama.

Como en cualquier adicción, le echas más leña al fuego y regresas al ciclo a través de preocupaciones compulsivas, pensamientos repetitivos, historias, repeticiones del pasado, proyecciones del futuro, y todo aquello que te mantenga acelerado para alcanzar el subidón y la catarsis, de modo que alcances alguna sensación de poder, importancia y significado.

Cuando no hay una forma integrada de descender de la activación, la etapa de recuperación no ocurre y en consecuencia el individuo nunca metaboliza las emociones asociadas con el evento ni regenera las reservas energéticas que usó para adaptarse o responder a la fuente de estrés, por lo que queda en un estado crónico de agotamiento. No es de sorprender que las personas crónicamente agotadas no puedan dejar las crisis y el caos para volver a la vida; más bien, regresan a la etapa de aceleración para que el ciclo del drama comience de nuevo.

Ahora bien, si todos estuviéramos siempre acelerados en la activación sin poder descansar, veríamos una epidemia de fatiga crónica y adicción al drama a una escala mayor. En realidad, de muchas formas, eso *está sucediendo*... como veremos en el siguiente capítulo.

ESQUEMA DEL CICLO

Malerie tiene un semillero interno de tristeza, un sentimiento que no tolera, así que lo revierte a algo más familiar y aceptable: la soledad. Eso escala hasta volverse una proyección («¿Dónde están todos?») que configura una historia internalizada sobre la razón por la que está sola: «¡Hago tanto por los demás y ellos nunca me apoyan!», que se incrementa: «¿Por qué todos están en mi contra? ¡Nadie cuida de mí!».

Como no es capaz de expresar este profundo sentimiento de tristeza, ahora tiene múltiples fuentes de aceleración debido a historias y guiones internos, y su cuerpo entero se tensa. Todo esto se acumula para crear una carga importante de activación desregulada y también se elevan el malestar y la intranquilidad. Malerie se acelera todavía más en un intento por deshacerse de todo eso.

Mientras le ocurre, sale a caminar, y en la tienda cree que alguien se metió en la fila frente a ella y, llena de furia, exige hablar con el gerente. Cuando el gerente se muestra confundido por la situación, Malerie inicia una campaña de victimización: «¿Por qué no me defiende? ¡Esta tienda no respeta a sus clientes!». Explota en contra del gerente, depositando en este momento todo lo que había ocurrido con anterioridad. Malerie crea un torbellino y arrastra a la gente a la enormidad de su experiencia. «¡¿Verdad que esta tienda es de lo peor?!», declara, mientras algunas de las personas involucradas se muestran de acuerdo, lo que la hace sentir justificada y validada. Debido a la intensidad, no es capaz de registrar el momento en que usó la activación desregulada, por lo que sigue acelerando hasta explotar en una catarsis no contenida. Se desahoga de todo en sus redes sociales y recrea la historia para sí misma y para otros una y otra vez. Obviamente, nadie, incluida ella, hace el menor intento por abordar su tristeza subyacente original, y como no está movilizando este sentimiento profundo sino uno secundario que disfraza al primero, no es capaz de sanar el dolor original y las heridas emocionales. Si bien algunas personas fueron arrastradas por el torbellino y la celebraron o validaron, al final Malerie no consiguió ser vista y escuchada, conexión que realmente deseaba. Esto es todavía más evidente cuando despierta al día siguiente con una resaca y con el dolor de la soledad todavía presente.

Desde el punto de vista de quienes presenciaron la escalada, la respuesta extrema de Malerie luce como si una pacífica montaña se convirtiera, en un parpadeo, en un volcán en erupción. Sin embargo, al observar con calma, es claro que Malerie pasó por las etapas de la intolerable experiencia de los sentimientos no procesados, la evitación, la activación, la búsqueda perpetua de leña para alimentar el incendio y la reacción de quemar hasta el último trozo; además de influir en las reacciones de otras personas, como si oxigenara el fuego. Esto se exhibe como las fases del ciclo del drama: aceleración, activación desregulada, catarsis no contenida y resaca. Debajo de este enorme incendio hay un ser humano que anhela sanar y experimentar la seguridad de los vínculos sociales, pero que se encuentra demasiado lejos de aquello que anhela.

PUNTOS CLAVE

- El ciclo activo del drama consiste en cuatro etapas diferentes:
  - Aceleración: implica crear condiciones o enfocarse en elementos específicos que crean una carga de activación. Puede realizarse mediante la catastrofización, la recreación inconsciente de viejas heridas, permaneciendo atrapado en dilemas emocionales y creando historias para vivir con base en ellas.
  - Activación desregulada: es el resultado de la aceleración, donde hay una experiencia satisfactoria y poderosa de sincronización entre el estado de caos interno y la crisis externa.
  - Catarsis no contenida: se define por la manera desordenada y descontrolada de descargar rápidamente la tensión acumulada. También sirve como medio para conseguir una conexión, y estimula los sistemas de recompensa del cerebro.
  - Resaca: colapso y estado de liberación efímero (falso), seguido por una abstinencia que produce el reinicio del ciclo.

CAPÍTULO 9

Sobreestimulados y poco conectados: la droga global del drama

RESPIRA PROFUNDAMENTE PORQUE, EN ALGÚN NIVEL, TODOS SOMOS adictos al drama.

¿Esa verdad atrapó uno de tus recursos más preciosos, es decir, tu atención? La cantidad de atención que tenemos es limitada, y hay muchísimas cosas compitiendo por ella. De hecho, tu atención es uno de los recursos y mercancías más valiosos y codiciados en el mercado. Mientras lees este libro justo ahora, ignoras lo que ocurre a tu alrededor, lo que significa que tuve éxito en capturar tu interés. No estás revisando tus mensajes, actualizando Instagram o viendo CNN, estás enfocado en este libro y mi intento por ganar tu valiosa atención fue exitoso. ¡Ese no es un logro menor!

En la cultura occidental vivimos en una economía creada y perpetuada por una variedad de medios que incluyen la televisión, la radio, las redes sociales, los periódicos, las revistas y más. Si bien cada uno usa modelos predictivos de mercado para capturar y mantener tu atención, las redes sociales poseen medios más poderosos para observar, rastrear, monitorear y registrar tus acciones, y aunque no hayas dado permiso explícito, usan esta colección de datos para predecir tus acciones y redirigir tu enfoque para mantener tu atención. Del mismo modo en que un experto textil crea tendencias de colores años antes de que esas telas saturen el mercado, un puñado de ingenieros crea las tendencias que atrapan tu atención y la de millones de personas. Desde luego, la manipulación de esta es un medio para aumentar la devoción a su marca y maximizar las ganancias por publicidad.

Es probable que ni siquiera nos demos cuenta de que, en este mercado abierto de la atención, nuestra voluntad —en este caso, la voluntad de controlar nuestra atención— está siendo usurpada. Según lo describe Richard J. Davidson, doctor en Neurociencias, «nuestra atención es capturada por los dispositivos en lugar de ser regulada voluntariamente. Somos como marineros sin timón en el océano, empujados y arrastrados por los estímulos digitales a los que estamos expuestos en vez de tener una dirección intencional gracias a nuestra propia mente».[1] Entre más atraen nuestra atención estas fuentes y tecnologías externas en competencia, más dependientes nos volvemos de ellas y más difícil resulta traerla de vuelta a nosotros. Así como los adictos al drama son arrastrados por aquello que los acelera, o como lo son las personas cercanas al torbellino del drama de alguien más, los demás también mordemos un anzuelo que nos impide atender nuestras necesidades subyacentes. Quizás sea el miedo a ser excluidos o a quedarnos atrás (o fuera de sincronía) respecto a las veloces corrientes del mundo, pero es cada vez más difícil bajar la velocidad, evaluar y procesar lo que consumimos. Conforme nuestra habilidad de atendernos a nosotros mismos se reduce y aumenta la cantidad de estímulos, surgen consecuencias importantes y comenzamos a perder nuestra habilidad de regular el enfoque, las emociones, las acciones y la energía.

Cuando nuestra atención se tambalea, perdemos de vista señales esenciales que tienen lugar en nuestra relación con nosotros mismos y con el entorno, incluyendo las conexiones, y nos alejamos de la experiencia del mundo que ocurre *dentro* de nuestro yo más profundo. La reducción de nuestra voluntad sobre nuestra atención puede hacer que descuidemos ciclos biológicos importantes, como el del descanso, e ignoramos o nos desviamos de nuestras necesidades fundamentales. Es como atiborrarnos de comida sin saber si tenemos hambre o estamos llenos, o siquiera sin saber si sabe bien. *No podemos procesar lo que no sentimos, y no podemos sentir lo que no podemos atender.* Cuando nuestra atención es dominada por fuentes externas, estas comienzan a controlar qué, cuándo y cómo sentimos.

Como hemos visto, una niñez dolorosa y un entorno caótico pueden crear las condiciones para la adicción al drama. Cuando las condiciones son correctas, cada humano tiene la capacidad de usar el drama como mecanismo de adaptación y defensa. Las redes sociales y la economía de la atención actual producen las mismas dinámicas que crean y perpetúan la adicción al drama a nivel global. La búsqueda por capturar nuestra atención es de cierta manera una «incubadora» que nutre nuestra exposición y dependencia al drama. Esto refleja las condiciones que crean la dependencia a las crisis y al caos, y el drama se vuelve nuestra nueva normalidad.

Las condiciones que surgen de esto incluyen una soledad que perpetúa la sensación de no ser vistos ni escuchados, una corriente implacable de estímulos que nos adormecen y abruman, un flujo constante de activación que nos acelera para sentirnos más vivos y atentos, y las plataformas de redes que son el escenario y el lugar para depositar las catarsis no reguladas que estallan a causa de la aceleración forzada.

LA RELACIÓN ENTRE ATENCIÓN Y ACTIVACIÓN

Lo cierto es que no vivimos en una economía de la atención, vivimos en una *economía de la activación.*

Para ganar tu atención, algo debe estimular tu sistema nervioso. La misma parte de tu cerebro involucrada en la respuesta de estimulación y la modulación del dolor es fundamental para la atención y el enfoque; la atención es simplemente un derivado de la activación.

La activación que nos hace enfocarnos en lo que sea que demande nuestra atención es la misma que ocurre en la respuesta al estrés y, más importante, también es la misma que sirve como combustible para los adictos al drama.

Cuando todos los programas, aplicaciones, periódicos y personas compiten por tu atención, ¿quién gana? Gana aquello que sea más emocionante y sensacional para ti. Si bien cada persona tiene una respuesta diferente a un elemento con base en su nivel de conexión, cercanía, sincronía y deseo que tenga de ello, lo que es más sensacional casi siempre es más cautivador y memorable. No sorprende que el contenido de nuestras pantallas y fuentes de información esté repleto con material cada vez más censurado, evocador y sensacional. Es lo que crea la activación y se gana nuestra atención. Aunque las ventas generales de revistas comenzaron a caer en 2012, más de un millón de revistas de chismes fue vendido cada semana. Y ahora, en la era de la accesibilidad a los chismes, recibimos cantidades ilimitadas directamente de las celebridades y los *influencers* en tiempo real. En la década de 2000, entre el 70 y el 80% de las audiencias televisivas sintonizó *reality shows* y, en 2017, una quinta parte de toda la programación en horario estelar de Estados Unidos fue de este tipo.[2] Estas publicaciones y programas están enormemente escenificados para evocar las respuestas más estimulantes porque el drama de los demás nos absorbe, y entre más sensacional, mejor.

El sexo explícito en la publicidad ha ido en aumento desde los años ochenta, mientras que las instancias de violencia en la televisión, las noticias y los videojuegos también siguen creciendo.[3] Diversos estudios han demostrado que los actos violentos y los crímenes se presentan en las noticias de manera exagerada, lo que produce mayor miedo pese a la disminución en las tasas criminales de diversas categorías.[4] Estos estímulos sexuales y violentos que capturan la atención de las audiencias provocan una excitación fisiológica, así como pensamientos y sentimientos agresivos, lo que las mantiene atrapadas en aquello que ven o escuchan.

No todas las emociones o estímulos son iguales, o mejor dicho, no todos son usados de la misma forma para competir por nuestra atención, ya que evolucionamos para aprender de (y prestar atención a) la información negativa más que a la positiva.[5] Ahora bien, *negativo* no necesariamente significa *malo*. Los estímulos positivos están más asociados con la seguridad, mientras que la información desagradable o estimulante está más asociada al miedo, lo que estimula nuestras respuestas de supervivencia. En este contexto, *negativo* significa algo más estimulante, intenso y disruptivo, por lo que típicamente se le considera menos deseable. En este sentido, las emociones negativas nos permiten reconocer cuando algo debe cambiar o adaptarse.

Las emociones sirven como brújulas que nos guían a la acción en un nivel básico. No obstante, para los adictos al drama la pregunta es: ¿cuánta emoción se requiere para orientar u obtener la atención mediante la activación?

Este sesgo hacia los estímulos y emociones negativos es visible neurológicamente a través de los picos de actividad en la amígdala. La amígdala, el centro cerebral que evalúa la información recibida y genera una respuesta de excitación, responde a todos los estímulos, pero la intensidad de la respuesta a los negativos es mayor que la respuesta a la misma cantidad de estímulos positivos.

Como resultado, estamos más atentos a los estímulos negativos que a los positivos, y los primeros tienen más influencia sobre nosotros que los segundos.[6] Si le preguntas a cualquier autor o actor, lo más probable es que recuerde las reseñas negativas con mayor claridad que las positivas, incluso si estas las superan en cantidad. Muchos experimentamos este sesgo negativo, una realidad dolorosa en la sociedad actual de «troleo», donde cada vez más personas realizan comentarios o publicaciones de naturaleza negativa o hiriente.

De forma similar, tras ver las noticias, es más probable que los observadores repitan y compartan los contenidos negativos que los positivos. Tristemente, percibimos las malas noticias como más certeras y válidas.[7] Así, la recompensa por exagerar historias y generar una perspectiva más negativa es que obtienes y retienes la atención del espectador.

Estamos condicionados a que, al activarse nuestra respuesta de supervivencia, atendamos más al miedo que a la seguridad, o a los estímulos negativos que a los positivos. Conforme nuestra atención aumenta esta fijación, tendemos a basarnos en ella al tomar decisiones. Por ejemplo, si entras a un cuarto lleno de personas y una de ellas evoca una respuesta negativa, aunque las demás no lo hagan, la decisión de tu próximo paso estará basada en el sentimiento negativo. Estamos diseñados evolutivamente para usar los estímulos negativos como activación, lo que tiene sentido cuando respondemos a una amenaza real. Muchas personas no solo rumian acerca de lo negativo, sino que lo usan como combustible para entrar en acción. Diversos estudios indican que algunas personas perciben los estímulos ambiguos y neutrales como una amenaza, por ejemplo, asumen que una persona que no luce como ellos es peligrosa, y dedican una cantidad excesiva de energía psicológica a ese estímulo.[8]

Las palabras tienen un fuerte impacto en la dirección de nuestra atención. Las investigaciones sobre redes sociales, periodismo y publicidad indican que las palabras negativas reciben más atención y generan más emociones,[9] y la velocidad con la que esto ocurre también influye sobre la conducta del receptor. Es decir, entre más intenso es el lenguaje, más tiempo permanece en la memoria de la persona. La intensidad del lenguaje también predice la cantidad y la duración de la atención capturada. «Fue una experiencia aterradora» recibirá más atención que «Fue una experiencia inesperada».

Además del reemplazo de palabras neutrales por algunas más intensas, otras tácticas para atrapar la atención incluyen palabras adicionales de énfasis («extremadamente malo» en vez de «malo»), elementos de estilo (por ejemplo, metáforas como: «Fue como si viera más allá de mí y me derritiera en un abismo de espacio», en vez de: «Ignoró lo que dije»), y elementos tipográficos, ¡como signos de exclamación! Es posible tomar nota de la frecuencia con la que los adictos al drama usan estos «recursos» y estrategias, al igual que ocurre en el *marketing*, las narrativas, las publicaciones en redes sociales, etcétera.

Este proceso contempla dos etapas: atrapar tu atención y retenerla. En un estudio de 2004, se observó que los oficinistas mantenían la atención en una tarea durante tres minutos y cinco segundos antes de pasar a otra; en 2016, el promedio de tiempo de atención sostenida en cualquier pantalla para la misma población fue de 40 segundos.[10] En 12 años, nuestra capacidad de atención se encogió en casi un 79%. Estos estudios son la base del campo emergente de la ciencia de la interrupción. La interrupción, es decir, la disrupción de nuestra atención ha ido en aumento debido al uso de muchas tácticas. Piensa en los *banners* y alertas que recibes en tu teléfono.

Mientras escribía este párrafo, apareció una notificación en mi teléfono que decía: «El asesino serial más letal de Estados Unidos se ocultó a plena vista. Además: los 100 inventos más inteligentes del año y lecturas para el fin de semana». Aunque lo ignoré casi por completo, el absurdamente irrelevante y tentador *clickbait* logró consumir algo de mi energía y atención.

Pero eso no es lo único que consumen. Las investigaciones demuestran que las interrupciones le cuestan a la economía estadounidense 588 000 millones de dólares al año.[11] Como respuesta a todas las interrupciones a su atención, las personas normalmente se sienten más frustradas y les toma más tiempo y energía completar las mismas tareas. Conforme la gente se siente más fatigada cognitivamente, necesita una mayor dosis de activación para recuperar su enfoque. Tal vez recuerdes que los adictos al drama usan el caos y las crisis del mismo modo que algunas personas usan el café para mantenerse atentas. Estar en un estado constante de desvío y distracción replica un entorno caótico e impredecible cada vez más difícil de evitar, y así nacen tanto la hipervigilancia como un ritmo frenético que recibe el nombre de «cultura de la urgencia», la cual hemos comenzado a adoptar como la normalidad.

Al acostumbrarnos a ser interrumpidos constantemente, comenzamos a *autointerrumpirnos* cuando el estímulo disruptivo no está presente. Esto es similar a la forma en que los adictos al drama crean historias y reinterpretan la realidad como mecanismo para acelerarse en ausencia de una crisis real. La autointerrupción puede ser, por ejemplo, cuando revisas tu celular sin haber recibido ninguna notificación, o cuando estás en medio de una conversación y comienzas a pensar en lo que tienes que comprar en el supermercado, o cuando te estás bañando y comienzas a imaginar y repensar una anécdota que te ocurrió en el día. Todo esto puede ser fácilmente confundido con un trastorno de déficit de atención e hiperactividad (TDAH) en la edad adulta.

DOLOR POR AISLAMIENTO GLOBAL

Conforme la atención escasea y las distracciones abundan, debemos adaptarnos para poder ser vistos y escuchados. La carrera por nuestra atención a través de la activación no se limita a las redes sociales, solo que estas se han convertido en un medio más accesible para que entremos a la competencia y, probablemente, nos beneficiamos de sus rápidos ciclos de recompensa. Todos competimos por la atención de los demás.

Cuando mi mejor amiga tuvo un bebé hace algunos años, nuestras llamadas diarias se volvieron mensajes diarios, luego mensajes semanales y ahora son mensajes mensuales. Su atención fue consumida por las necesidades de su hijo. Cuando la visité el año pasado, me preguntó cómo estaba y, antes de poder terminar una historia sobre mis padres, ya estaba revisando sus redes sociales. En ese momento me di cuenta de que también estaba compitiendo con todas las personas a las que tiene acceso a través de internet, en su celular, así como contra cualquier otra notificación que pudiera interrumpir y robar su atención. Así que hice lo que cualquier «buen amigo» haría: puse algo de música y fingí hacer un *striptease* (un momento, ¿soy el único que haría algo así?). No fue sino hasta que comencé a cantar a todo pulmón la canción que me volteó a ver y me dijo:

—Ah, perdón. Recibí una notificación y me perdí en el agujero de las redes sociales.

Si te pareces a mi amiga (estás exhausto y exploras tus redes sociales como refugio ante la fatiga o te distraes con mensajes o noticias), lo más probable es que la inquietud de tu enfoque genere una ausencia momentánea de la atención que te das a ti mismo o a alguien más.

Conforme nosotros y las personas que nos rodean tenemos una menor capacidad de atención y más distracciones, disminuyen las probabilidades de que nos atendamos a nosotros mismos o recibamos atención y, en consecuencia, tampoco sean reconocidas y satisfechas nuestras necesidades.

La tendencia a las distracciones en las personas que nos rodean está conectada con el creciente predominio de la soledad, y el grado de esta se conecta directamente con la ausencia de sentirse vistos y escuchados, aspectos que, como vimos en el capítulo 5, son parte del estado base de la adicción al drama.

La Organización Mundial de la Salud menciona la ansiedad y la depresión causadas por soledad y aislamiento como una de las preocupaciones sanitarias más urgentes de nuestra época. La soledad es la brecha entre la cantidad y calidad de conexiones sociales que necesitamos, y la cantidad que experimentamos. Es un estado interno que nos guía hacia una iniciativa básica: formar vínculos más seguros para sobrevivir. La ausencia de conexiones se extiende más allá de nosotros mismos y de otras personas.

Considero que hay seis variaciones de la soledad o el aislamiento:

Aislamiento intrapersonal: surge como resultado de separarnos de nuestros sentimientos, sensaciones, anhelos, necesidades, intuición, propósito o incluso como una sensación de separación de nuestro propio cuerpo (disociación).

Aislamiento interpersonal: surge de la ausencia de contacto físico significativo que resulte gratificante, solidario y vivificante. También es posible que emerja de una falta de recursos y habilidades sociales, heridas por apego, rupturas de límites, ausencia de empatía/validación/comprensión, estrategias de autoprotección o pérdidas.

Aislamiento colectivo: surge cuando la persona no se siente parte de un grupo o colectivo, y a menudo está asociado con la ausencia de conexiones comunitarias y un sentido de pertenencia.

Aislamiento social/cultural: surge de una sensación percibida de «otredad» que creamos o es creada por sesgos tanto implícitos como explícitos, odio, opresión, diferencias de poder y traumas transgeneracionales.

Aislamiento ambiental: surge como una variación de pesar, desesperanza y dolor por la pérdida o privación de nuestro lazo innato con la naturaleza.

Aislamiento espiritual: surge de la sensación de no ser parte de algo más allá de la experiencia individual. El aislamiento espiritual puede estar asociado con la ausencia de claridad, orientación y una fuente sólida de pertenencia.

La accesibilidad, la receptividad y el compromiso son los factores que definen la calidad de los lazos con los demás, y cuando no están presentes, comenzamos a experimentar dolor por aislamiento. Este dolor es una señal corporal que esconde un problema latente, y que nos informa de la ausencia de estas conexiones seguras y del estado de insatisfacción de nuestras necesidades fundamentales. Provoca un sentido generalizado de malestar y forma la corriente ansiosa subyacente de nuestra vida. Conforme crece el dolor por aislamiento debido a la soledad a nivel global, también lo hacen las respuestas de defensa para sortearlo, incluida la adicción al drama.

La siguiente capa que surge es el adormecimiento y la necesidad de más sensaciones para sentirnos vivos (y atentos). Sin embargo, en esta economía de la activación, los estímulos abrumadores que crean el adormecimiento y la aceleración subsecuente no solo provienen de nosotros, sino que lo padecemos desde el exterior.

SOBRECOGIMIENTO Y ACELERACIÓN A NIVEL GLOBAL

Sabemos que el lenguaje, las imágenes y las historias exageradas son usadas para estimular respuestas emocionales, generalmente enfocadas a sensaciones negativas, ya que estas son más estimulantes y atrapan y retienen mejor la atención. A esto hay que agregar la exposición repetida de imágenes, videos, historias, etc., varias veces al día y provenientes de diversas fuentes.

Del mismo modo que los adictos al drama repiten una y otra vez la misma anécdota, recibiendo en cada ocasión una dosis de su contenido activador, todos estamos expuestos constantemente a contenido intenso a través de diferentes fuentes mediáticas.

Este es un ejemplo de mi vida. El 11 de septiembre de 2001 estaba caminando por la Quinta Avenida en la ciudad de Nueva York hacia Square Park, rumbo a mi primer día en la universidad. Recuerdo vívidamente haber visto un avión estrellarse contra un edificio, y lo primero que pensé fue que se trataba de un set de filmación muy caro para una película. Durante los siguientes días pasé de la sorpresa al miedo, y comencé a compartir y procesar lo que había atestiguado con muchos otros neoyorkinos.

Tomé la decisión consciente de no ver las noticias luego de hablar con mis padres, quienes habían estado pegados a la televisión temiendo por la vida de su hijo. Recuerdo que mi mamá me dijo:

—No puedo apartar la vista; debo haber visto los videos de los aviones estrellándose contra el World Trade Center, desde todos los ángulos, entre sesenta y cien veces hoy.

Mi papá no dejaba de contarme que iba a conducir hasta Nueva York para recogerme, y yo no dejaba de explicarles que me sentía seguro y no iba a dejar mi nuevo hogar. No podía entender por qué ellos parecían más alarmados que yo, siendo que yo era el que estaba a solo un kilómetro del accidente.

Entonces me di cuenta: ellos estaban siendo inundados y bombardeados constantemente por videos sugestivos mientras estaban sentados frente a la televisión, sin descanso y, seguramente, sin forma de procesar tanta información. Mientras tanto, yo había caminado por la ciudad y había conectado, llorado y formado vínculos con desconocidos totales.

Luego de esa experiencia el 11 de septiembre, comencé a estudiar e investigar los efectos a largo plazo de la sobrecarga informativa, en específico sobre la información repetidamente activadora. Sin importar la generación a la que pertenezcamos, todos hemos visto eventos importantes siendo repetidos por muchas fuentes mediáticas: el asesinato de John F. Kennedy, el homicidio de George Floyd y otras personas, y las historias de quienes murieron por COVID-19.

Un estudio de 2013 sobre el ataque terrorista del Maratón de Boston exploró la respuesta al estrés de aquellos directamente expuestos al evento en comparación con aquellos que lo experimentaron a través de los medios. Quienes estuvieron expuestos a diversas fuentes mediáticas durante muchas horas al día reportaron *una respuesta al estrés más aguda* que las personas directamente expuestas al evento.[12] La avalancha de imágenes y repeticiones de la narrativa mantuvo el estresor más activo y vivo. La exposición repetida de este tipo de eventos retiene la atención de la audiencia y está vinculada al incremento y extensión de síntomas relacionados al estrés y al trauma. Una adicción permite lidiar con el dolor que esto ocasiona, y aliviarlo.

No solo estamos siendo expuestos a un torrente de imágenes, palabras e historias estimulantes, sino que nuestra exposición a las emociones de otras personas es contagiosa y se suma a aquello que ya experimentamos. Las emociones y otros estados fisiológicos son contagiosos, pero el de mayor potencial de contagio es el estado de activación, o la respuesta al estrés. Un buen actor sobre el escenario no solo te involucra en lo que ocurre, sino también transmite su experiencia al grado de llegar a sentir lo mismo que él.

Muchos estudios han demostrado con claridad que ver a otras personas que experimentan, o recientemente experimentaron, estados de activación tiene una respuesta fisiológica contagiosa en el observador, lo que algunos investigadores identifican como estrés de segunda mano. En otro estudio, los participantes formaron parte de una prueba práctica de estrés social (TSST, por sus siglas en inglés) en la que algunos tuvieron que dar un discurso improvisado ante un panel de jueces, y se midieron los marcadores de respuesta al estrés tanto en los oradores como en los observadores. La liberación de los marcadores fue directamente proporcional entre unos y otros: mientras más estrés sintió el orador, más estrés sintieron los observadores.[13]

Estudios adicionales han demostrado que la respuesta contagiosa también ocurre como reacción a estresores «pasivos», como videos, imágenes y el tono de voz percibido en un escrito. La habilidad de contagiarnos de la respuesta al estrés de otra persona deviene de un desarrollo evolutivo cuyo objetivo es sortear mejor nuestro entorno y comunicar de manera no verbal las complejas dinámicas de la adaptación.[14] Si uno de tus amigos entrara corriendo a tu casa luego de ver una serpiente enorme frente a tu puerta, incluso antes de hablar ya habrías registrado su lenguaje corporal, respiración, velocidad y otras señales sutiles, y comenzarías a reflejar ese nivel de activación para adecuarte a su reacción sin siquiera haber visto a la enorme serpiente. En pocas palabras, cada vez que mires a alguien a tu alrededor completamente estresado, en cierto nivel, tú también lo estarás.

El nivel de la respuesta de estimulación también activa la memoria implícita del observador, donde una sensación «enciende» experiencias asociadas del pasado y llena el momento presente. Cuando tu amigo entra luego de ver la serpiente gigante, no solo te contagias de su nivel de activación, sino también se detonan ocasiones previas similares y, de pronto, respondes al pasado como si fuera el presente. Las heridas y los dolores del ayer inundan el hoy y todas las proyecciones del futuro.

Cada publicación que ves, cada publicidad o historia nueva a la que te expones genera una respuesta emocional y psicológica desde tu interior. Una parte de esa respuesta de estimulación proviene de ti, y la otra, de los demás. Eso es mucha activación.

La mercantilización y manipulación de nuestra activación ha sido secuestrada por una iniciativa empresarial global a la que no le interesan el bienestar de nuestros sistemas nerviosos o los efectos a largo plazo de la sobreestimulación. Estas fuentes no reconocen la capacidad de activación de cada persona, y cometen el error de inundar nuestra atención y habilidad de asimilación. Tal sobrecarga de información, sin tiempo, espacio y asistencia para procesarla, lleva a la incapacidad de gestionar lo que nos ocurre internamente, y terminamos por colapsar bajo su peso o, en esencia, expulsamos esta sobrecarga por todos lados.

No permitir que la respuesta fisiológica de la activación progrese hacia la movilización, como ocurre en el ciclo de respuesta al estrés, tiene graves consecuencias. La exposición no resuelta y prolongada a la activación puede impedir las funciones ejecutivas del cerebro —ubicadas en la corteza prefrontal— que nos permiten observar los pensamientos, sentimientos y emociones con objetividad. Podemos reconocer que los adictos al drama tienen dificultades para ello, en contraste con la facilidad de ser inundados por historias del pasado o las creadas respecto al futuro. La sobrecarga de estimulación en conjunto con el estilo de vida más sedentario de la actualidad crean un desbalance entre las señales sensoriales y las respuestas motrices, lo que produce ciclos de estrés no completados que tienen consecuencias importantes a largo plazo, como diabetes tipo 2, hipertensión, trastornos gastrointestinales, debilitamiento del sistema inmune, problemas reproductivos, complicaciones en el aprendizaje y la memoria, desregulación emocional y deterioro del juicio y problemas para tomar decisiones. Dicho de forma simple, ser sedentarios y estar sobreestimulados nos está enfermando.

Y no se detiene con la sobreestimulación. Con el tiempo, nos habituamos al nivel de estímulos que recibimos y la misma cantidad de suspenso, violencia, imágenes intensas y lenguaje va siendo menos efectiva para captar nuestra atención. A esta etapa se le conoce como *tolerancia.* Al igual que los doctores experimentan fatiga ante las alarmas y bloquean los sonidos que indican emergencias (que mencionamos en el capítulo 5), nosotros también comenzamos a acostumbrarnos a la cantidad de estimulación requerida para incitar la activación y capturar nuestra atención, por lo que *se requiere* más para *sentir* más. Y así comienza el juego del aumento de la estimulación para recuperar nuestro interés.

Si no nos aceleramos para salir de este adormecimiento, entonces con certeza las fuentes mediáticas que necesitan nuestra atención lo harán por nosotros.

Si imaginamos que crecemos en una familia caótica y sobreestimulante, puede parecernos claro cómo esto es capaz de formar una adicción al drama. No obstante, en lugar de una familia que altere nuestro entorno, tenemos toda una cultura que crea estas condiciones.

EN UN MUNDO SOLITARIO, EL DRAMA NOS ACERCA

El dolor, a pesar de sus desafíos, sirve como el pegamento social que une a los grupos en la sincronización de la experiencia, el ritmo, la cohesión y la cooperación. Los adictos al drama arrastran a las personas hacia su torbellino como medio para conectar, para sentirse menos solos. Esto es una imitación de la verdad evolutiva de que, al estar solos y aislados, los humanos formamos vínculos a través de las crisis.

Tras los eventos del 11 de septiembre, hubo un sentido de comunidad entre los habitantes de Nueva York. Normalmente había tal frialdad y autonomía entre las personas que nadie sonreía o saludaba a los demás en la calle, y por un breve periodo todo eso cambio. De pronto, cada persona reconocía tu presencia al pasar frente a ella; era como si todos nos conociéramos gracias a nuestra experiencia compartida. La gente se saludaba y sonreía; recuerdo estar sentado en un autobús cuando una mujer me miró y preguntó:

—¿Cómo estás? ¿Perdiste a alguien?

En un estudio de una universidad australiana, se observaron dos grupos de participantes: uno tenía que sumergir las manos en agua dolorosamente helada para completar una tarea, mientras que el otro debía hacerlo en agua tibia. Al ser evaluados, el grupo que completó la tarea con dolor mostró una mayor conexión social entre sus miembros que el grupo cuya tarea fue indolora. El primer grupo también mostró una mayor colaboración en tareas subsecuentes, ya que los miembros siguieron arriesgando sus propios resultados en beneficio de todos.[15]

Los individuos que comparten experiencias grupales de crisis tienden a reportar menos sentimientos de aislamiento y soledad que aquellos que las atraviesan solos. De hecho, la división entre clases y culturas se disuelve momentáneamente, lo que permite un incremento de confianza y conexión, y esto, en última instancia, crea lazos. De este modo, quienes experimentan algún tipo de soledad pueden sentir las recompensas de la formación de lazos a través de las crisis. Quizás esto no sea tan diferente a los adictos al drama que reportan que las crisis eran la moneda de cambio del amor dentro de sus familias. Si no hay una crisis verdadera que atravesar, una persona *puede crearla* a través del relato de historias y la recreación. En una cultura donde hay una epidemia de soledad y se tiene acceso a miles de millones de personas con tan solo mover un dedo, no hay un sustituto más poderoso para la conexión verdadera que la vinculación a través del drama.

EL MUNDO ES UN ESCENARIO

Diablos, tomemos un respiro. Una cosa es reconocer la impotencia de ser inadvertidamente arrastrado hacia el torbellino dramático de otra persona, y cocrear una recreación del trauma como resultado, y otra muy diferente es reconocer que los conglomerados mediáticos de nuestra cultura replican las condiciones para una tormenta perfecta: que todos padezcamos adicción al drama.

Como Alicia al caer por la madriguera, cualquiera puede terminar en la historia dramática de alguien más o en una realidad manipulada por otros. La evolución nos diseñó para reaccionar a las fuentes de estrés de la vida, y la naturaleza contagiosa de estas respuestas es usada para capturar nuestra atención en relación con nuestra activación. Conforme perdemos nuestra atención, abandonamos necesidades y sentimientos básicos. Las constantes interrupciones a la atención y la conexión nos sacan de la sintonía con nosotros mismos y, subsecuentemente, con el mundo a nuestro alrededor.

La enorme exposición a este nivel de activación crea una tolerancia similar a un muro que deben escalar y conquistar continuamente quienes necesitan capturar, contener y retener nuestra atención. Entre más tolerancia hay, más desensibilización (adormecimiento) se produce y necesitamos más sensaciones para sentirnos vivos y vibrantes. El dolor por aislamiento reemplaza las conexiones auténticas,[16] y entramos a la carrera de locos de ser vistos y escuchados, compitiendo con compañías multimillonarias que tienen ejércitos de ingenieros y psicólogos de *marketing* a su disposición para capturar y mantener nuestra atención.

Entre mayor es la tolerancia, mayor es el síndrome de abstinencia. Nuestras respuestas a lo que ocurre alrededor se desregulan y, como resultado, la desactivación y la restauración se vuelven ajenas e intolerables. Tomamos decisiones en este estado de abstinencia, comenzamos a buscar o crear las circunstancias para conectar y, repito, no hay sustituto más poderoso para las conexiones verdaderas que la vinculación a través del drama.

Lo que ha sido percibido como una condición para buscar atención es en realidad una lucha por lograr conexiones. A menudo pienso en el dicho «El niño que no es abrazado por su tribu quemará la aldea para sentir su calor». *La intención no es maligna incluso si las consecuencias son devastadoras.* Sin importar si eres quien incendia la aldea o un testigo del incendio, hay una pregunta esencial: ¿qué hará cada uno de nosotros para volver a sentir el calor de la conexión?

Respira profundamente porque, en cierto nivel, todos somos adictos al drama, pero más importante aún es saber que todos podemos sanar y liberarnos de las condiciones que crearon esta tormenta.

PUNTOS CLAVE

- La economía de la atención predice nuestro enfoque y nuestras conductas y las redirige para optimizar el *marketing*. La economía de la atención produce las mismas dinámicas que crean y perpetúan la adicción al drama.
- Entre más arrastran nuestra atención las tecnologías y fuentes mediáticas para dirigirnos, menos somos capaces de volverla hacia nosotros mismos. Esta negligencia hacia nuestra persona y los demás da como resultado que no nos sentimos vistos ni escuchados.
- La atención se logra al crear activación. Las fuentes mediáticas han capitalizado este hecho al crear más sensacionalismo y narrativas dramáticas. Con el tiempo, nos volvemos más tolerantes al nivel de sobrecarga de información y activación, y requerimos más para sentir más.
- Con el tiempo, esto se vuelve la nueva normalidad, y las respuestas de defensa comienzan a reflejar las de los adictos al drama.
- Cuando la sensación de aislamiento y soledad se generaliza, el dolor y las crisis actúan como pegamento social. La formación de lazos a través del drama puede reemplazar momentáneamente la falta de conexiones.

TERCERA PARTE

EL VIAJE PARA SANAR LA ADICCIÓN AL DRAMA

CAPÍTULO 10

Romper, encontrar, soltar y aprender: historias de sanación

Si en tu vida hay dramatismo, ya sea por estar cerca de un adicto al drama o porque tú eres quien lo ansía, todavía hay esperanza. Existe un camino hacia una vida llena de tranquilidad y conexiones.

Para inspirar tu viaje o el de alguien que conozcas, estas son algunas historias de adictos que lograron liberarse de la dependencia a las crisis y al caos.

MARTY: ROMPER EL LIBRETO

Mi paciente Marty solía decirles a todos sus conocidos que tenía la peor suerte para el amor.

—El mundo de las citas está repleto de gente que no sabe cómo comunicarse o divertirse; es inútil, completamente inútil —declaró.

Era todavía más doloroso cuando veía parejas en redes sociales que parecían haberse encontrado el uno al otro sin esfuerzo y (en apariencia) compartían juntos una vida maravillosa, y se preguntaba: «¿Por qué no me sucede a mí?».

Luego de trabajar con él por un tiempo, Marty se dio cuenta de que siempre invitaba a salir a personas similares: aquellas que en realidad no estaban disponibles. Se convenció a sí mismo de que quería una relación, pero también se distanciaba de las personas que podían satisfacer ese deseo, lo que él mismo describió como algo en su interior que jalaba y empujaba al mismo tiempo. *Creó las condiciones externas para mantener la distancia,* con el fin de no ver los patrones subyacentes, y usaba su trabajo, a sus amigos, su cansancio e incluso las condiciones políticas para racionalizar que no tenía ni la energía ni la disposición emocional para una relación.

Tras un poco más de trabajo terapéutico, Marty se dio cuenta de que tenía un libreto interior cruel y repetitivo que alimentaba este patrón diciéndole: «Eres estúpido y feo, y por esa razón nadie te amará jamás». Creía que los demás lo considerarían poco atractivo y tonto, de modo que solo interactuaba con quienes no se acercarían lo suficiente para descubrir estos defectos.

Con el tiempo, Marty fue capaz de diferenciarse del libreto, sin embargo, aunque creía haber superado el problema de fondo, todavía seguía lejos. Marty había articulado el guion, pero todavía no entendía por qué había surgido o por qué se aferraba a él. Entonces, recordó una de las primeras veces que lo escuchó: fue tras la ruptura con su primera pareja. En ese punto, se dio cuenta de que nunca tuvo un cierre tras el final de esa relación y no podía entender por qué esa persona lo había dejado, así que se inventó el guion (y nunca dejó de repetirlo) con el fin de encontrar el entendimiento que necesitaba. Marty había proyectado sus sentimientos en su pareja, y luego respondió sintiéndose inútil y patético por ser feo y estúpido, como si eso fuera la verdad.

Nos estábamos acercando al fondo, pero todavía no llegábamos del todo. Un día le pregunté:

—¿De qué te protege el libreto?

El libreto evitaba que le prestara atención a algo que ocurría en un nivel más profundo y, tras algo de tiempo, pudo entrar en contacto con lo que yacía ahí: su ruptura no resuelta, una sensación física parecida a una daga atravesando su corazón desde la parte superior izquierda hasta la inferior derecha, con la punta atascada en el lóbulo pulmonar. Marty lloró cuando pudo contactar con esta ruptura de corazón subyacente que había evitado reconocer. No hubo palabras o historias cuando alcanzó ese profundo dolor, solo sensaciones y sentimientos puros.

Estuvo de luto por casi seis semanas, levantando las capas de la ruptura, la tristeza y la desesperanza y, cuando terminó, el viejo libreto se sentía como un susurro vacío; ya no tenía poder. Poco después, Marty fue capaz de volver a sentirse emocionado al salir con parejas potenciales y comenzó a tener conexiones profundas y alegres con las personas.

Al proceso por el que guie a Marty lo llamo «limpiar las capas de polvo del espejo para llegar a las experiencias fundamentales». Muchos formamos nuestro sentido del yo según las capas de polvo que creamos o fueron creadas para nosotros. Los humanos tenemos una forma increíblemente compleja de crear capas y compensaciones en respuesta a algunos sentimientos profundos que resultan intolerables, o cuando no hay un espacio seguro que nos brinde protección y validación para poder atravesarlos. Los adictos al drama operan desde estas capas exteriores de polvo. La intensidad y los extremos ayudan a mantener la distancia con los sentimientos profundos originales, pero su volumen es lo bastante alto como para que alguien más por fin responda... o eso es lo que esperan.

SUZANNE: MIRAR BAJO LAS RESPUESTAS DE DEFENSA

Suzanne llegó a mi oficina furiosa por lo decepcionada que se sentía con su relación. Tenía la certeza de estar con la persona equivocada, aunque frecuentemente decía que era su mejor pareja. Ese día en específico, él no había mostrado interés cuando fueron a un museo de historia, lo que la llevó a creer que era incapaz de ser intelectual y, si no podía serlo, entonces, ¿de qué hablarían? Más aún, si no era inteligente, entonces su familia no lo aprobaría y la obligarían a elegir entre ellos o su pareja. Suzanne no se detuvo ahí.

Llegó a la conclusión de que, si no podían tener una discusión intelectual sobre historia, probablemente en un año le aburrirían sus conversaciones, lo que significaría que desperdició otro año de su vida, y en caso de terminar con él, sería demasiado vieja para encontrar a otra persona y se sentiría estancada. Pero si rompían ahora, ¿qué pasaría si en el futuro descubría que fue un error? Como estaba en sus treintas y no sabía cuánto tardaría en encontrar a otra pareja con quien quisiera tener un hijo, debía quedarse en la relación. *Pero* su voz interna le preguntaba con insistencia: «Si no le interesan los museos, ¿cómo va a interesarse por su hijo?». O peor, ¿su hijo también sería incapaz de pensar y contemplar a profundidad como su padre, por lo que estaría completamente sola?

Si tú, lector, te sientes alterado y confundido a la vez que atraído al proceso de Suzanne, entonces fuiste arrastrado por su torbellino dramático. Tómate un momento y exhala un poco para observar en qué punto de tu cuerpo te está sujetando la silla o el piso debajo de ti. Bien, volvamos a la historia...

Suzanne siguió así por un rato, acelerándose mientras repetía las diferentes capas de su historia. Cuando se presentó la oportunidad, le pregunté:

—¿A ti qué te pareció el museo? —hizo una pausa y luego volvió a hablar sobre su pareja. Sonreí y lo volví a intentar—. De verdad me gustaría escuchar cómo fue tu experiencia con tu pareja... y tengo curiosidad respecto a tu experiencia en la exhibición.

Tras ir y venir un par de veces más, Suzanne redujo la velocidad lo suficiente para lograr responder:

—Me resultó un poco aburrida.

—Ah, parece que a los dos les resultó aburrida —contesté—. ¿Sabes qué de la exposición le aburrió a tu pareja?

—No —respondió, y luego intentó volver a hablar sobre tener hijos juntos en el futuro.

—¿Qué pasaría si a ti te resulta aburrido el museo? —pregunté y hubo una larga pausa.

—Entonces yo sería aburrida y no me querrían.

Lo que observas en esta sesión es un ejemplo maravilloso de las dinámicas de respuestas defensivas improductivas. Tal vez notaste que conforme Suzanne se acercó a su experiencia fundamental, recurrió a menos técnicas de aceleración, y el torbellino disminuyó. Esto se debe a que las respuestas defensivas para evitar el contacto consigo misma comenzaron a suavizarse, permitiéndole tener más claridad respecto a la diferencia entre la realidad y la percepción que había construido a través de diversas estrategias de defensa. Ahora Suzanne siente que puede dar un paso atrás y ver el patrón mientras ocurre, y es capaz de encontrar el momento para frenar sus tendencias de aceleración para liberarse del ciclo del drama.

LORI: ENCONTRAR SEGURIDAD EN EL SILENCIO

En nuestra primera sesión juntos, le pregunté a Lori:

—¿En qué te gustaría que trabajáramos?

—Me siento estresada todo el tiempo —respondió.

Hice una pausa para ver si quería decir algo más y pude notar que su agitación era cada vez más visible, hasta que por fin dijo:

—El silencio me hace sentir demasiado incómoda; necesito que digas algo.

Así comenzó el viaje de Lori para sanar su adicción al drama. Pasamos meses explorando lo que sucedía en los silencios o las pausas de la vida, y todas las formas en que los llenaba: con torrentes de pensamientos, hablando rápido, con rutinas intensas de ejercicio, viendo las noticias y atiborrando su agenda. Incluso cuando no ocurría mucho en su vida se sentía atareada, como si hubiera olvidado algo que debía ser o hacer. Nuestro objetivo principal era que el silencio le resultara más tolerable, y descubrir de qué se distraía al estar tan ocupada.

Descubrimos que diversos recursos, como una cobija pesada y la imagen de agua fluyendo, la ayudaban a relajarse durante la profunda incomodidad del silencio, y comenzó a reconocer la sensación de ser arrastrada hacia cualquier cosa que la sacara de ahí. Lori dijo que se sentía absorbida por todo tipo de pensamientos que distrajeran su atención.

Con el tiempo pudimos reducir la velocidad de este proceso que la mantenía en un estado de activación constante. En una de nuestras sesiones describió cómo fue capaz de retroceder y observar el momento en que se presentó el deseo de ser arrastrada hacia el ajetreo, y por primera vez pudo tener el espacio suficiente para decirle «no» a la implacable ansia de recibir otra dosis de activación.

Conforme Lori hizo espacio para responder al deseo, comenzó a ser más consciente de sus necesidades básicas, como cuándo tenía hambre y cuándo quería descansar. Antes solo dormía o comía porque sabía que lo necesitaba. Al permitirse conectar más con sus necesidades primarias, surgieron otros deseos (compañía, humor y apoyo); y al ser consciente de más necesidades, también emergieron los sentimientos asociados a ellas. Exploramos la historia de cuáles necesidades fueron satisfechas y cuáles no, y qué sentimientos expresó y fueron escuchados o reconocidos por sus padres.

Me contó que su mamá siempre estaba ahí, pero nunca sintió que estuviera presente: «Era como si nunca pudiera verme directo a los ojos, sino solo algo junto a ellos». Durante semanas sintió el luto por la ausencia de un padre presente; una parte de ella siempre había sido consciente de esto, pero nunca se había permitido sentirlo. Lori dijo: «Siempre me mantenía ocupada mirando al exterior, como si tratara de encontrar "sus ojos", y todo lo que estaba fuera de mí me arrastraba y distraía».

Más tarde, Lori reportó que algunos días le eran difíciles y sentía la necesidad de distraerse de sí misma. A veces era arrastrada por las situaciones estresantes de otras personas antes de reconocer que se estaba abandonando, algo que había sentido de niña. A través de la práctica de la compasión, el amor y la gentileza, aprendió a perdonarse por estos «abandonos». Celebramos las veces en que fue capaz de frenar la tentación de evadirse y pudo ser consciente de lo que sentía, conectarse con ello y con lo que necesitaba en el momento.

Hace poco hable con ella, luego de que volviera de un retiro de meditación silenciosa. Pasó buena parte de la sesión riendo por la ironía de haberse sentido empoderada y en paz durante toda una semana de silencio.

MEGAN: SOLTAR HISTORIAS Y ABRAZAR LA AUTENTICIDAD

Megan, una joven universitaria, venía a sus sesiones y de inmediato comenzaba a llorar mientras contaba las anécdotas de su semana. Estaban repletas de dificultades, y en ellas solía ser abandonada, olvidada y victimizada. Ignoraba cualquier oración compasiva que reflejara su sentir, al igual que cualquier consejo que la ayudara a cambiar sus circunstancias. La única respuesta que parecía asimilar era cuando yo reconocía la maldad en los personajes de sus historias. Solo recibía los comentarios sobre las personas y lugares en su vida.

Si bien algunas de las cosas que compartía le habían sucedido en la vida real, otras tantas provenían de publicaciones que había leído o de intercambios de mensajes, es decir, medios que le permitían interpretar y crear historias con base en información limitada. Si alguien cancelaba una reunión con ella, de inmediato asumía que ese amigo prefería estar con alguien más, lo que escalaba hasta hacerla pensar que a esa persona no le gustaba lo expresiva que ella era. «Soy demasiado para ellos», pensaba, dando por hecho que nunca habían sido amigos verdaderos.

Cierta ocasión, tras varias semanas con la misma conversación, le pregunté cuántas veces había contado esa historia ese día, y dijo que se la había compartido a siete personas.

—Si comparáramos la historia que le contaste a la primera persona con la historia que me estás contando ahora —dije—, ¿qué diferencias habría?

Su respuesta fue bastante honesta y reconoció que en cada repetición agregaba ciertos detalles. Entonces le pregunté qué sucedía cuando agregaba nuevos elementos, y respondió que la experiencia mantenía su frescura y su intensidad.

Le pedí que repitiera lentamente la versión actual de la historia y luego mencionara los elementos que con toda certeza supiera que eran reales. Esto le resultó difícil, pero fue capaz de destilar la verdad absoluta en más o menos tres enunciados.

Durante las siguientes semanas analizó por qué consideraba valioso mantener la frescura e intensidad de las historias, y un día me dijo: «Es como si algo dentro de mí quisiera sentirse mal e impotente todo el tiempo, lo que de algún modo resulta empoderante». Comenzó a darse cuenta de que la repetición de una historia solo creaba más drama que el evento original y en realidad la hacía sentir peor.

Tras varios meses trabajando juntos, Megan se dio cuenta de que no solo exageraba e intensificaba historias negativas, sino que hacía lo mismo con todas sus publicaciones y fotos. Compartió algo sobre unas flores hermosas que encontró en el camino y lo mucho que le recordaban su niñez (con el título «Belleza en un camino de tierra»). Me miró y dijo: «Eso no es verdad, pero casi me convencí a mí misma de que lo es cuando volví a leer mi publicación y todos los comentarios en ella».

A esto le llamamos su avatar social, una versión construida y diseñada de sí misma que compartiera historias que atrajeran atención en forma de comentarios y *likes*. Entre más se alejaba el avatar de la realidad, más se distanciaba ella de su identidad fundamental, y sus necesidades y sentimientos quedaban enterrados. Entonces creamos un sistema en el que, antes de publicar cualquier cosa en redes sociales, Megan se preguntaba a sí misma el motivo y qué era lo que necesitaba de esa publicación.

Al preguntar: «¿Cuál es tu verdadera necesidad?», la respuesta podía ser conexión, atención o que alguien supiera que se sentía triste. Megan reconoció que durante buena parte de su vida había abandonado su identidad para ser una mediadora entre sus padres, y luego creó un avatar de sí misma para mantenerse todavía más lejos de su autenticidad.

Con el tiempo, Megan comenzó a dejar ir las historias que creaba, incluidas las nuevas variaciones y subtramas que había desarrollado en su mente, y comenzó a abordar la experiencia subyacente no procesada de los hechos. Fue capaz de separar la realidad de las interpretaciones respecto a lo que otras personas decían o publicaban, y de conectar consigo misma. «Es como si pudiera sentir la diferencia entre la verdad y las historias», dijo, y describió la realidad como una sensación de alineación que le ayudaba a mantenerse en pie. Por el contrario, cuando contaba falsas historias (al menos en una parte), sentía un enorme peso, como si todo su cuerpo temblara por haber bebido mucho café.

Tiempo después comenzamos una lista para identificar las historias vacías y aquello que necesitaba ser procesado, en donde yo preguntaba: «¿La bolsa para sándwiches (la historia) está vacía o todavía queda algo de sándwich para procesar?».

Durante una de nuestras últimas sesiones juntos, Megan reflexionó sobre cómo su vida había estado dominada por la creación de narrativas y cómo, al liberarse de ellas, se sentía más feliz y realizada. Se sentía con poder gracias a su vida, no por ser víctima de sus historias.

DEAN: ENCONTRAR OTRO USO PARA LA ENERGÍA

Dean, un contador en sus cuarentas, llegó a mi consultorio por recomendación de su amigo, un instructor de yoga quien le dijo que su respiración siempre estaba acelerada.

En nuestra primera sesión le pregunté cómo se describiría a sí mismo y cómo lo describirían los demás. «Creo que me ven como una persona ansiosa que discute mucho», respondió. Él se percibía a sí mismo como un adicto a la adrenalina, que no practicaba ningún deporte extremo pero que amaba debatir. Dejó bastante claro desde que empezamos a trabajar que no le gustaba recibir empatía o validación por su pasado. «Solo dime qué hay de malo en mí y cómo arreglarlo», declaró.

Durante los siguientes meses, comenzamos a identificar lo que yacía bajo esa percepción de ser adicto a la adrenalina. Dean había crecido en un ambiente acelerado porque su familia se mudaba de una base militar a otra. Nada parecía asentarse nunca, así que él tampoco lo hacía. Si llegaba a hacer amigos y a echar raíces, con el tiempo debía abandonarlos.

De adulto vivía en una ciudad bulliciosa, pero no se sentía arraigado pese a llevar años ahí, porque tan pronto como identificó que se estaba asentando, se mudó y cambió de trabajo. Todavía trataba de encontrar su propósito, y ninguno de sus empleos le ayudaba a esclarecerlo. Pasamos muchas semanas explorando que este sentido de propósito y dirección estaba conectado con su sentido de valía, el cual surge como respuesta cuando uno se siente cómodo en su propio cuerpo. Dean admitió que no estaba en contacto consigo mismo, algo que su respiración agitada hacía más evidente.

Los debates eran su alternativa a los deportes extremos, y al debatir se emocionaba y conectaba más con las personas porque había pasión en la conversación.

Como respuesta al sentimiento de desarraigo constante cuando era niño, exploramos prácticas de afianzamiento, donde se imaginaba a sí mismo conectando con el suelo y echando raíces. Al principio se sintió incómodo y me dijo que era algo estúpido. Lo mismo pasó con los ejercicios de respiración: en cuanto inhalaba profundamente, comenzaba a sentirse ansioso y a experimentar dolor.

Conforme continuamos, Dean pudo identificar inseguridad al conectar con su cuerpo porque sentía que le podrían arrebatar esa conexión, por lo que buscamos elementos que considerara consistentes y que no pudieran dejarlo. En ese entonces, en mi oficina tenía colgada una pintura muy básica de un océano, y un día dijo: «Siento que esa pintura siempre estará ahí». Este pequeño reconocimiento fue un gran avance. Quizás, por primera vez, pudo conectar con algo que le parecía consistente e incluso pudo respirar un poco más profundo. Dean fue capaz de mirar la pintura y permitió que sus pies sintieran la conexión con el suelo.

Estaba forjando su confianza de forma lenta pero segura, por lo que tuvo apertura y compartió más sobre las dificultades de mudarse y el dolor de ser alejado de la gente. Dean sentía que había perdido un poco de sí mismo en cada lugar al que su familia se había mudado porque irse nunca había sido su decisión, y reconoció otros lugares donde eso también parecía verdad, como su trabajo. Al comenzar a soltar la tensión crónica que evidenciaba su respiración acelerada y la rigidez de su cuerpo, se dio cuenta de que se había puesto una armadura para sobrevivir.

—He estado a la defensiva desde que era niño, como si estuviera congelado dentro de un trozo de hielo.

Meditó bastante para sanar los límites que habían sido fracturados al mudarse sin opción, lo que incluía identificar las áreas de su vida donde podía decidir y estar en sintonía con esa sensación de empoderamiento. También practicamos actividades para reclamar las partes de sí mismo que había perdido, invitándolas a volver al tiempo y espacio en el presente. La rigidez y la armadura de Dean disminuyeron, su respiración llenaba más su cuerpo y pudo sentirse más presente.

Dean pasó muchas sesiones llorando por todas las ocasiones en que no dejó que las personas se acercaran. Lloró por todas las veces en que no se permitió sentirse relajado o recibir consuelo. Mantuvo el duelo por el tiempo perdido en el que estuvo congelado y ausente. Le confesé lo triste que eso me parecía, y levantó la mirada: «Gracias, de verdad necesitaba escucharlo». Tan pronto como dijo eso, su respiración llenó por completo su cuerpo. Entonces sonrió y dijo una de las cosas más dulces que he escuchado: «Creo que es bueno estar aquí», y señaló su propio cuerpo.

KAY: APRENDER A TOLERAR LA ALEGRÍA

Cuando comencé a trabajar con Kay, su adicción al drama era muy evidente. Llegó a su primera sesión con una larga lista de cosas que estaban mal en su vida, en su interior y en el mundo. Parecía que, inconscientemente, trataba de arrastrarme hacia lo que le ocurría a través de sus historias y experiencias. Sin importar lo que hiciéramos, era como si se negara a soltar lo que estaba mal, y en cuanto estábamos por encontrar una resolución a un asunto, espontáneamente comenzaba a hablar sobre algo o alguien más. A veces escucharla era desorientador, como si me estuvieran sacudiendo, pero podía empatizar con lo caótico que eso era para ella internamente. El enfoque de Kay oscilaba entre las dificultades fuera de sí misma y los desafíos en su interior, e interpretaba las sensaciones internas como algo mucho más serio: pensaba que el cansancio significaba que se desmayaría o que un dolor de cabeza era señal de que su cerebro tenía un problema.

Kay tenía una familia muy amorosa y solidaria, y cuando estaba con ella trataba de ocultar toda esa catastrofización, pero en las sesiones lo dejaba salir todo.

Cuando hablamos sobre la aceleración —dando nombre a la acción que realizaba perpetuamente—, de inmediato reconoció que sus pensamientos creaban situaciones mucho más intensas. Me contó que si llegaba a derramar algo, como una copa de vino, tenía que hablar de ello por horas. Desarrollamos un plan: siempre que notáramos su aceleración, uno de los dos levantaría la mano y ella haría una pausa para respirar profundamente y calmarse. En los primeros dos meses, levantamos la mano al menos cien veces por sesión, pero con el tiempo esta cantidad se redujo porque ella adquirió la capacidad de detener su aceleración.

Al haber hecho más espacio, nos enfocamos en lo que ocurría debajo de esa tendencia. Entre más asimilaba que yo la escuchaba, menos se amplificaban sus emociones y pudo ser capaz de distinguir lo que importaba de lo que no.

El verdadero progreso para Kay fue cuando comenzamos una práctica de conciencia plena que llamamos «reconocer lo bueno y marinarse en ello». Kay había pasado buena parte de su vida enfocada en lo que estaba o estaría mal, por lo que se programó así. Su tarea fue buscar lo bueno, lo agradable, lo placentero e incluso lo alegre en su vida y dentro de sí misma. Después debía imaginarse en una tina llena de esos sentimientos que lo empapaban como si él fuera una esponja.

En unas cuantas semanas, fue capaz de reprogramar su sistema nervioso y redirigir su enfoque hacia lo bueno y lo sano en su vida y en el mundo. Cuando surgían aspectos dolorosos, Kay era capaz de procesarlos por completo sin buscar algo que estuviera mal. En esencia, dejó ir su apego al sufrimiento.

Hace poco describió el viaje para sanar su adicción al drama como si su vida hubiera sido una película de terror en repetición constante, de la cual había logrado liberarse, y al fin vivir los altibajos de la vida.

EL VIAJE DE SCOTT

Terminaremos este capítulo con la historia de Scott. Sí, me refiero a mí. En el prólogo de este libro lo mencioné, pero esta es una historia más completa y que deja más claro cómo llegué a interesarme tanto por el fenómeno conocido como adicción al drama.

El drama es la agitación, la emoción, la exageración, la erupción, la intranquilidad y la batalla por sentirte vivo ante el adormecimiento del mundo interno y del que te rodea.

Sé esto gracias a mi trabajo clínico, pero también lo sé por experiencia. Pasé la mayor parte de mi vida persiguiendo la tormenta, luchando contra la corriente de la calma, desmantelando de manera involuntaria la intimidad a la vez que intentaba crearla dentro de mí, con los demás y con el mundo. Incluso mientras escribo este libro pienso: «Me odio por esa etapa». Pero la realidad es que no me odio. Esa intensa declaración solo refleja mis ganas de recibir otra dosis de mi droga preferida: el drama.

Mi adicción personal al drama puede resumirse como una sensación profunda de desorganización que se relajaba y satisfacía en situaciones más intensas y elevadas. Aunque estas me causaran frustración e ira, también me emocionaban: mi caos interno había encontrado un recipiente para expresarse con «justificación», lo que inevitablemente producía la experiencia interna de satisfacción y recompensa. De hecho, la energía psicológica y emocional involucrada al transitar por uno de esos eventos que percibía como crisis me daban una breve sensación de control.

En retrospectiva, me doy cuenta de que involuntariamente buscaba crear algunas de las crisis en mi vida, y esta necesidad por lo emocionante se vio reflejada en mis decisiones profesionales. Trabajé como coreógrafo profesional y director, un campo en el que siempre me estresaba, tenía plazos muy cortos y los desafíos no paraban; era una fuente constante de dramas. Entonces, a los veintitantos, conocí a una pareja que detonó una profunda sensación de disfunción, lo que me produjo un deseo por las crisis todavía más intensas. Aunque mi vida artística floreció gracias al aumento de energía, mi bienestar socioemocional se deterioró con rapidez. Esta situación puso a prueba mi estado base de disfunción, y en poco tiempo superó mis habilidades internas y externas para equilibrarlo.

Debido al estrés constante, comencé a tener migrañas y ataques isquémicos transitorios (AIT). Ese fue el comienzo de un profundo declive de mis emociones y funciones cognitivas. Mi expareja terminó nuestra relación, y tras la separación me retiré por completo de mi carrera como artista y me aislé socialmente. A ello siguieron problemas de salud inexplicables que incluían desmayos, pérdida de memoria, ansiedad, depresión, dolor en el pecho, latidos acelerados e hipotiroidismo espontáneo. Aunque los síntomas eran severos, ninguna prueba médica les pudo dar explicación.

Mi hipótesis fue que mis fuertes síntomas eran signos de abstinencia del estrés prolongado. Noté que los síntomas se aliviaron brevemente cuando volví a contactar a mi expareja. Al principio pensé que el alivio se debía a que hablaba con él directamente, pero también experimentaba un alivio momentáneo cuando me involucraba en las crisis de otras personas, escuchaba chismes o veía películas violentas llenas de acción. Comenzaba peleas con las mismas personas que me brindaban apoyo, algo que no tenía sentido, y creaba las condiciones que ya sabrías reconocer tras haber leído este libro: buscar sensaciones para regresar a un nivel de conflicto familiar y reconfortante. Por fin, en la cúspide de esta enfermedad, sufrí un ataque cardiaco y terminé hospitalizado por una semana.

Esta crisis fue tanto una llamada de advertencia como un botón de reinicio para mi sistema nervioso. En los meses posteriores al ataque cardiaco, comencé a meditar y a practicar yoga todos los días, leí libros inspirados en el budismo, fui testigo del anhelo de dramatismo y caos, y sufrí el malestar de no ceder ante las ansias. Como mencioné en el prólogo, esto fue al mismo tiempo increíblemente complicado y aburrido hasta el hartazgo. Sin los dramas, era como si los colores vívidos de la vida se desvanecieran.

En el transcurso de semanas de monotonía, sin embargo, me abrí a una vida emocional más rica y multidimensional. La mejor forma de describirlo es como un despertar lento, sintiéndome más presente y responsivo. Comencé a experimentar un cúmulo de emociones, como gratitud, humildad, decepción e incluso felicidad verdadera por primera vez en mi vida. Entendía estos sentimientos desde el punto de vista cognitivo, pero los había eludido desde una perspectiva corpórea.

Cuando esta apertura comenzó, recuerdo haber tenido nuevas sensaciones corporales e incluso noté expresiones faciales que las acompañaban por inercia, sin que pudiera reconocer su significado. Luego de pasar un tiempo familiarizándome con estas experiencias, pude identificarlas como estados emocionales específicos que los psicólogos del desarrollo asocian con una «regulación» interna sana, una expresión que significa la habilidad de recuperar el equilibrio, con funciones y adaptabilidad óptimas. En otras palabras, el adormecimiento que conocía tan bien fue reemplazado por sentimientos.

La expansión de mi vocabulario emocional me dio un sentido de identidad más profundo y gracias a esto pude examinar la línea temporal de mi vida para extrapolar el patrón de capas profundas asociado con la adicción al drama.

Como ya mencioné, luego de mi viaje de sanación me interesé bastante en la adicción al drama, pero la falta de ciencia respecto al tema me sorprendió. No había recursos que ayudaran a las personas a entender y superar esta adicción, por lo que me dediqué a investigar. Con el tiempo, formé una nueva carrera como investigador, psicólogo clínico y facilitador de talleres terapéuticos. He trabajado con miles de individuos como Marty, Suzanne, Lori, Megan, Dean y Kay, a quienes guie en su camino a la sanación. Espero lograr lo mismo contigo en los siguientes tres capítulos. Pero antes de continuar, te compartiré algunas sugerencias poderosas que me ayudaron a sanar la adicción al drama de otros pacientes.

CONSEJOS PARA SANAR

Hace poco pedí a muchos de mis pacientes adictos al drama que mencionaran las herramientas de sanación que fueron más efectivas para su cambio. La siguiente es una lista de estas sugerencias generadas a partir de sus viajes.

Acuña una frase. Marie descubrió que puede detener la aceleración usando una frase («Para, tírate al suelo y rueda») y una imagen que ella misma creó (su gato relajándose en el sillón), las cuales interrumpen el patrón y le permiten bajar la velocidad.

Pide una señal. Bruce les pide a sus familiares que le hagan una señal cuando su energía comienza a abrumar a los demás.

Enfrenta lo negativo con lo positivo. Para Morgan, la herramienta más útil es que por cada pensamiento negativo que tiene de una situación, de una persona o de sí misma, debe tener tres positivos.

Buscar aceptación. Para Rebecca, un momento decisivo fue encontrar personas que le permitieran cometer errores y expresar sus verdaderos sentimientos y necesidades sin rechazarla.

Tómate un descanso de las redes. Alan descubrió que desconectarse de las redes sociales lo ayudó, al igual que dejar de leer noticias o cualquier contenido que alejara su atención de sí mismo.

Busca formas de armonizar. Andreas descubrió cómo sentirse en sincronía con los demás sin recurrir a las crisis; se unió a un coro y se permitió ser vulnerable al armonizar literalmente con otras voces.

Busca al terapeuta adecuado. Martina dijo que encontrar a un terapeuta especializado en traumas que la ayudara a desenredar el profundo dolor atrapado en su cuerpo resultó en una afirmación de vida.

Respeta el código. Rod les pidió a sus amigos que le recordaran comprobar sus sentimientos y necesidades cuando comenzara a chismear o a agitar el avispero.

Deja de buscar atención. Rebecca dice que dejó de buscarla con vehemencia cuando se permitió recibir realmente la atención que ya le daban.

Cuida tus palabras. Erik descubrió que puede detener algunos dramas al cambiar su lenguaje: en vez de decir que está muy estresado, dice: «En este momento están sucediendo muchas cosas y bastante gente me apoya».

Separa el pasado del presente. A Frances le encanta la afirmación «Ese fue el pasado y este es el presente». Ella lleva un diario para identificar los elementos del pasado que está proyectando en su actualidad.

Cuida a tu niño interior. Ashley descubrió que la herramienta más poderosa para ella es detenerse cuando comienza a crearse historias, y luego habla con su niña interior y le dice lo mucho que la ama.

Perdónate. Frank dice que la parte más importante de su sanación es realizar una sesión diaria de meditación para perdonar. Él está aprendiendo el poder de no guardar resentimientos, y a amarse y aceptarse como es.

Persigue un interés. Robert aprendió a redirigir la energía de la activación a otras fuentes, como su arte y la natación.

ODTA. Allison le pide a su familia que le recuerden «Ocúpate De Tus Asuntos» cuando comienza a reportar lo que ocurre en sus redes sociales o en las noticias.

Programa un chequeo de realidad. Cuando Lexi comienza a crear expectativas poco realistas, a proyectar falta de confianza y celos, y a enfocarse excesivamente en errores percibidos, le pide a su pareja que le diga: «Haz una pausa. Sé que conectar te hace sentir vulnerable. Conozco tu verdadero yo, y te amo».

Considera tus contribuciones. Considera tus contribuciones. Sonny instauró lo que llama la regla 50/50 para sí mismo. Cuando se encuentra en una espiral de culpabilidad o situación caótica, se pregunta cómo es parcialmente responsable de esto, ya sea por las circunstancias o por su respuesta.

Retira a los contribuidores. Zack hizo una gran purga de amigos adictos al drama, o que facilitaban sus dramas.

Conecta con tu cuerpo. Kelcie comenzó a practicar yoga para conectar más con su cuerpo, y a acudir con masajistas para trabajar en su recepción de conexiones.

CAPÍTULO 11

Pasos de la sanación

AHORA ECHEMOS UN VISTAZO AL PROCESO DE SANACIÓN DEL DRAMA. Si bien este no es lineal, hay pasos claros en el viaje. El proceso consiste en reestablecer la seguridad, estar presentes en nuestro cuerpo, expresar nuestra verdadera identidad, aumentar la capacidad de ser vistos y de formar conexiones (intimidad), y afirmar el sentido de pertenencia.

Ya que el sistema nervioso de algunos adictos está programado para esperar amenazas, la desactivación del sistema de alerta que busca, escala y crea los dramas es en sí misma amenazante. Conforme encuentres personas, mentores, amigos y terapeutas de confianza que te acepten y reciban, poco a poco irás soltando la fabricación de historias, dejarás de arrojar leña al fuego en busca de intensidad, y ya no arrastrarás y alejarás simultáneamente a las personas, todo mientras recibes compasión. Esta es la base que con el tiempo reestablece tu sensación de seguridad y sentido de pertenencia sin el sufrimiento y los dramas.

Las cinco etapas o pasos de la sanación son:

- Conciencia
- Acción
- Llegada

- Soltar
- Pertenencia

Estas etapas se yuxtaponen y constituyen una forma para registrar tu progreso a lo largo del viaje de sanación.

ETAPA 1: CONCIENCIA

Antes de llegar a la etapa de la conciencia, operabas sin estar al tanto de tus estrategias adaptativas de supervivencia. Estos patrones, que determinaron la adicción al drama, están en el asiento del conductor de tu vida, y los conflictos y dificultades recurrentes solo parecen llegar a ti, en vez de germinar desde ti. La conciencia es la etapa que comienza a iluminar lo que ha estado en las sombras. En ella creas la capacidad de ser un testigo compasivo sin ser arrastrado hacia tu dolor y sufrimiento, o el de alguien más. Se requiere fortaleza para ser consciente de tu adicción y de lo que yace debajo de ella.

En esta primera etapa, arrojarás luz sobre la forma en que el dolor profundo se ha manifestado a través de la manera en que percibes el mundo y actúas en él. La conciencia puede surgir al formularte preguntas contemplativas; al buscar patrones en tus pensamientos, sentimientos y conductas; o tal vez al recibir retroalimentación de personas de confianza. Comenzar a darte cuenta de la frecuencia con la que te desconectas de ti mismo o de los demás, o provocas situaciones dramáticas, puede resultar molesto y frustrante por un tiempo. Pero debes saber que no estás roto ni tu comportamiento te define; solo estás reconociendo tus estrategias de supervivencia. Una de las herramientas más útiles para adquirir conciencia es ser curioso respecto a aquello que estés atendiendo, ya que la curiosidad abre las puertas del descubrimiento.

Las siguientes son cinco maneras de adquirir conciencia respecto a las principales áreas de la adicción al drama en esta etapa.

Presta atención al lugar y al momento en los que tu cuerpo experimenta vitalidad, conexión y presencia; y también cuando no. Observa cuando te desconectas de ti mismo. Esto puede lucir como una «ausencia» o separación de tu cuerpo y tus sentimientos, estar en piloto automático, sentirte confundido respecto a lo que realmente ocurre dentro de ti y a tu alrededor, o ver tu vida desde una perspectiva externa a tu cuerpo, como si fuera una pantalla de cine (disociación).

Observa tus conductas y pensamientos, y comienza a responsabilizarte de lo que ocurre a tu alrededor. Escucha con cuidado los libretos mentales que alimentan aquello en lo que te enfocas o ante lo cual reaccionas. Observa cómo tus historias estimulan tus emociones exageradas y cómo estas sirven de combustible para continuar aquellas. Reconoce la frecuencia con la que te repites la misma historia a ti y también a los demás. Observa la cantidad de tiempo y energía que usas para justificar y validar esos pensamientos, sentimientos y creencias.

Observa la incomodidad alrededor de la calma y tranquilidad. Sentirás las ansias de llenar el espacio o distraerte de esa intranquilidad. Reconoce las diversas formas en que, varias veces a lo largo del día, exacerbas personalmente una situación para crear mayor activación y agitación, y menos calma.

Nota cuándo permites que tus emociones te atraviesen, y cuándo te aferras a ellas y las reciclas como medio para mantenerte activo. Uno de los mejores consejos que recibí respecto a las emociones es que estas deben mantenerse en movimiento, porque cuando no lo hacen, se reprimen. La ola de una emoción dura entre treinta y noventa segundos, después de eso, se convierte en una historia. Sé consciente de las emociones que generas en automático y de las que sueles evitar. Esto también aplica para las necesidades (por ejemplo, seguridad o atención); puede que reconozcas cuáles quedan eclipsadas por la intensidad de tus emociones.

Observa tus interacciones en diferentes relaciones (parejas, amigos, desconocidos, comunidades, etc.). Presta atención a la manera en que la activación se manifiesta, como cuando te encierras y alejas a las personas o cuando las atraes para sentirte más conectado. Puede que notes la frecuencia con que percibes conflictos o fricciones en las relaciones, y cómo sentir dolor a menudo escala a la percepción de ser lastimado. Observa la manera en que interpretas un pequeño rasguño como una herida profunda y sangrienta, así como la frecuencia con que te sientes solo en presencia de otras personas. Toma conciencia de cómo te juzgas, criticas, y culpas a ti mismo y a los demás para evitar sentimientos y necesidades.

ETAPA 2: ACCIÓN

Tan pronto como eres más consciente de los patrones alrededor de tu adicción al drama y tomas la decisión de cambiar, comienza la etapa de la acción. Esta aborda la conducta del adicto mediante las diversas prácticas y técnicas terapéuticas que pueden generar cambios, entre las que están incluidas:

- Reducir la velocidad.
- Prácticas de meditación y representación.
- Presencia corporal cuando surgen sentimientos.
- Realizar pausas y tener momentos de calma.
- Priorizar el descanso y la recuperación.
- Expresar sentimientos y necesidades básicos.
- Recibir conexiones, validación, retroalimentación e intimidad.
- Flexibilidad de movimiento entre estados, como al pasar de la activación a la calma (también conocidos como sistemas nerviosos simpático y parasimpático).

- Discernir los hechos reales de los ficticios en los pensamientos y las historias.
- Pasar del pensamiento cerrado a la percepción de elecciones, matices y opciones.

Para apoyar tu tránsito por la etapa de la acción, el apéndice del libro presenta más de veinte prácticas. A menudo esta etapa se siente como si lucharas contra la compulsión de la adicción para hacer espacio y abordar el dolor subyacente y los traumas no procesados. En esta etapa descubrirás la habilidad de entrar al torbellino y salir de él. Es normal que, conforme aprendas a relajarte, comiences a reemplazar ciertas aceleraciones con otras. Requerirás de tiempo y práctica constante para mantenerte en calma sin volver a acelerarte.

Si bien el enfrentar los pensamientos y patrones de conducta que han quedado grabados en ti requiere de mucho esfuerzo, esta etapa es necesaria para que la sanación y los cambios profundos ocurran.

ETAPA 3: LLEGADA

En la primera etapa, forjaste la capacidad de observar y estar al tanto de tus conductas, necesidades, impulsos y acciones para ser capaz de cambiar tu enfoque de otras personas o situaciones hacia ti mismo. En la segunda etapa, creaste suficiente espacio entre tú y la aceleración para comenzar a abordar el dolor y los traumas subyacentes. Alcanzar el paso de la «llegada» significa que percibirás la sensación de poder al ocupar y estar presente en tu cuerpo, en vez de valerte del falso poder proveniente de las crisis y el caos.

La vida se hace más rica y colorida a medida que accedes a ti mismo. Los sentimientos adquieren profundidad y matices, y se alejan de ser generales, intensos y exagerados.

Con la confianza, el apoyo y la seguridad suficientes, serás capaz de contactar con el núcleo del dolor que yace bajo tus conductas, a través de cuatro fases: explorar los beneficios, encontrar las necesidades insatisfechas, encontrar la creencia y enfrentar el dolor.

Explorar los beneficios de la adicción al drama. Comienza por responder las siguientes preguntas:

- ¿Cuáles han sido las ganancias a corto plazo del drama?
- ¿Qué ha hecho por ti o qué te ha ofrecido el drama?
- ¿Cuál es la función del drama en tu vida? Algunos pacientes han respondido: «Tengo la sensación de control y poder», mientras otros aseguran que el drama los mantiene con energía y sintiéndose jóvenes.

Encontrar las necesidades insatisfechas. Haz una exploración más profunda preguntándote lo siguiente:

- ¿De qué has sentido ausencia en tu vida?
- ¿Qué has estado buscando? Por ejemplo: «Necesitaba saber que estoy bien y soy amado» o «Necesitaba que me encontraran».
- ¿De qué manera has llenado ese vacío o sustituido esa necesidad?

Encontrar la creencia. Junto a las necesidades insatisfechas se encuentra el libreto subyacente o la creencia negativa principal, la cual fue creada para tratar de entender por qué esas necesidades esenciales no fueron satisfechas, como: «Mis emociones no son válidas», «No merezco amor», o algo parecido.

- ¿Qué has creído sobre ti o te has dicho a ti mismo debido a la ausencia de estas necesidades?
- ¿Qué te dices con frecuencia respecto a ti mismo?

- ¿Qué crees que otras personas dicen o piensan sobre ti?
- ¿Qué crees merecer?

Enfrentar el dolor. También puedes pensar en el dolor que reside en tu cuerpo como aquella parte de ti que fue expulsada o exiliada cuando el dolor era insoportable.

Investiga:

- ¿En qué lugar de tu cuerpo reside el dolor principal?
- ¿De qué manera quiere ser contactado, contenido, enfrentado o atendido en este momento?
- ¿Hay una historia o un recuerdo que quiera ser compartido?

En el apéndice encontrarás otras prácticas para enfrentar el dolor.

Durante esta etapa puede que experimentes consistentemente las emociones que han sido reprimidas durante mucho tiempo, y es posible que sientas tristeza por algunas semanas. Aunque te sientas incómodo durante este periodo, pasará. Conforme entiendes, sientes y brindas apoyo al dolor principal, los mecanismos de autorrelajación que crearon la adicción al drama se debilitarán, lo que te preparará para una liberación aun mayor de la vieja identidad en torno al sufrimiento y al dolor.

ETAPA 4: SOLTAR (LIBERACIÓN DE LA IDENTIDAD DE SUFRIMIENTO)

Para vivir plenamente, debemos soltar a la versión que hemos sido para que la persona en la que nos convertiremos pueda existir. Las historias que creamos para justificar la sensación de victimización y la intensidad emocional comenzarán a sentirse vacías.

A lo largo de la historia de la humanidad, el sufrimiento ha sido una amenaza sobresaliente en un grado increíble. Debido al sensacionalismo de las noticias, las redes sociales y las historias que contamos, nuestra conciencia del sufrimiento y nuestra relación con él han evolucionado. La familiaridad de las narrativas y la sensación de dolor con las que hemos vivido toda nuestra vida —e incluso el dolor de generaciones previas— pueden convertirse en nuestra identidad. Este sentido de identidad relacionado con el dolor y el sufrimiento existe en los niveles psicológico, interpersonal e incluso celular.

El dolor predecible está tan grabado en nuestra identidad que soltarlo puede sentirse como una especie de muerte. Dejarlo ir perturba la forma en que tu sentido de seguridad ha sido programado, no obstante, la paradoja de esta etapa es que todo lo que más deseas se encuentra del otro lado de la muerte de tu identidad.

Mientras te alejas del sufrimiento como identidad, es importante que te preguntes: «¿Quién soy sin mi dolor, mis traumas y mi sufrimiento?». Cuando las viejas historias y reacciones comiencen a sentirse huecas y a carecer de relevancia, lleva tu atención a lo que comienza a crecer en ese espacio y nútrelo. Al crear las condiciones y el entorno para ser visto y escuchado, tu verdadero yo comenzará a desarrollarse.

Conforme realices este viaje de sanación y dejes ir esta identidad, te preguntarás quién eres y qué le ofreces al mundo sin el drama. Es posible que también experimentes aburrimiento y ansiedad por algo más.

Quizás regreses a las viejas conductas para satisfacer las ansias de otra dosis de drama. Esto es parte del viaje. Cuando hagas una pausa para realinearte con lo que ahora es verdadero para ti, reconocerás que solo son conductas familiares que ya no tienen una necesidad o deseo que las motive, y entonces, un día, se sentirá bien decirle adiós a ese viejo sistema operativo. Para despedirlo, puedes hacerle un funeral o escribirle una carta a esa vieja versión de ti mismo, o simplemente puedes imaginar que la expulsas de tu cuerpo. Sé consciente de que hay gente en el mundo esperando conocer tu nueva versión.

ETAPA 5: PERTENENCIA

Nuestra naturaleza es pertenecer; es fundamental para nuestra identidad como humanos. En esta etapa volveremos a casa, es decir, a nosotros mismos y a los demás.

Las partes que debiste esconder o cambiar con el fin de ser visto y reconocido por fin sanarán y se integrarán a la persona en la que te estás convirtiendo. La palabra *sanar* viene de la misma raíz etimológica que la palabra *completar*. Conforme este viaje se desarrolle, dejarás de operar a partir de un sistema nervioso fragmentado que hizo lo mejor que pudo para que te sintieras protegido en el mundo. En su lugar, las conexiones comenzarán a sentirse seguras.

El sentido de pertenencia, ser *parte* (en vez de estar *apartado)*, ocurre con el paso del tiempo. Si has sido adicto al drama, seguramente has tenido la revelación de que te perteneces a ti mismo, lo que puede lucir como compasión, aceptación y comprensión de quién eres y qué sientes.

Con el tiempo, conforme tu verdadera identidad se revele más, habrá más que los otros puedan ver y con lo que puedan conectar para establecer una intimidad que valide tu valía, propósito y significado. Conforme atravieses los diversos niveles de intimidad, puede que haya momentos en los que comiences a acelerarte o a levantar la guardia ante lo que sientes o lo que sienten los demás. Avanza con calma; las conexiones ocurren en oleadas. Confía en el proceso. Si fuiste adicto al drama, lo único que has conocido por mucho tiempo es el aislamiento y la falta de pertenencia.

Este suele ser el momento para explorar y definir qué es un vínculo afectivo sano, ya que tus relaciones previas fueron una forma de avivar las llamas de la adicción, representar recreaciones de los traumas o un lugar en el cual depositar el dolor y las emociones reprimidas. *¿Quiénes son las personas en tu vida que han creado un sentido de relación que te gustaría replicar?* Define las cualidades y características de esa relación. Estas cualidades que te gustaría representar se convertirán en la brújula que te guiará a relaciones de seguridad y aceptación. Conforme te permitas ser encontrado y aceptado en estas relaciones, la pertenencia emergerá de manera natural.

Las siguientes son algunas señales de que sanaste o estás sanando:

- Tienes una sensación de seguridad.
- Te sientes visto y aceptado.
- Sientes que eres suficiente.
- Tienes menos interés en los chismes y más en formar conexiones profundas.
- Priorizas tus «asuntos» por encima de los de otras personas.
- Te sientes valioso.
- Percibes el tiempo con mayor flexibilidad y menor urgencia.
- Te sientes vivo en tu cuerpo.
- El descanso se siente seguro.
- Sabes recibir lo que otras personas te ofrecen.
- Reconoces que tu lugar en el mundo es inherente a la persona que eres, no a lo que haces.
- Lo sencillo es suficiente.
- Te sientes en control y a la vez te adaptas a las fluctuaciones de la vida.
- Eres capaz de disfrutar lo positivo de tu vida.
- Tu sensación de poder surge de tu habilidad de encontrar pausas y tomar decisiones.
- Estás en sintonía con el mundo.

CAPÍTULO 12

Usa los arquetipos de *No te tires al drama* para sanar

PARA SANAR DE LA ADICCIÓN AL DRAMA NO HACE FALTA SOLO reconocerla ni es como tomar una pastilla. La proyección del drama está grabada en tu sistema nervioso, y su ciclo ha tallado muescas que son difíciles de corregir. Como el dolor es profundo, debes enfrentarlo muchas veces, pero antes de verlo cara a cara, te enfrentarás con todas las formas en que ese dolor se ha protegido y resguardado de tu conciencia.

En las siguientes páginas encontrarás 11 arquetipos de los aspectos y características de la adicción al drama, los cuales pueden aplicarse si tú padeces de esta adicción o conoces a alguien que la sufre. Es posible que te reconozcas a ti y a tu viaje de sanación en varios de los arquetipos, e incluso si uno en particular no hace eco en ti, sus datos pueden brindarte apoyo significativo.

En cada arquetipo encontrarás una descripción básica, preguntas que puedes formularte, la manera en que un terapeuta lo abordaría (lo cual no es un sustituto de la terapia o una invitación al autodiagnóstico, sino un marco de apoyo para la sanación) y, por último, prácticas sugeridas que puedes realizar y que te ayudarán en tu travesía.

Estos son los 11 arquetipos:

- **El acelerador externo:** «Están pasando muchas cosas. ¡Nunca puedo descansar!».
- **El protagonista:** «Me preocupa que, al encontrar la calma, no sea importante y no les agrade a los demás».
- **El volcán:** «Algo se apodera de mí y exploto».
- **La víctima:** «La gente siempre me decepciona o me traiciona».
- **El testigo del drama:** «Las personas son tan dramáticas que me estresan».
- **El catastrofizador:** «Simplemente me ocurren situaciones malas; las condiciones en el mundo son malas».
- **El acelerador interno:** «Estoy muy estresado».
- **El narrador dramático:** «Entonces, él dijo...; luego, ella dijo...», «¿Puedes creer que...?».
- **El mártir:** «No puedo alejarme, soy lo único que tienen; ¡quedarían devastados!».
- **El buscador de apegos:** «¿Por qué no puedo encontrar un buen hombre/una buena mujer/una buena pareja?».
- **El cuentacuentos:** «No, déjame contarte lo que realmente sucedió».

EL ACELERADOR EXTERNO: «ESTÁN PASANDO MUCHAS COSAS. ¡NUNCA PUEDO DESCANSAR!»

El acelerador externo encuentra la forma de acelerarse a sí mismo con base en factores externos y constantemente se satura de actividades sin importar su capacidad, espacio y habilidad para manejarlas. También ignora las señales de que está abrumado y estresado, por lo que sigue acumulando actividades.

El acelerador externo exhibe los siguientes patrones y conductas de pensamiento:

- Dice constantemente a los demás cuán ocupado está.
- Cuando hay oportunidad de descansar y estar en calma, crea historias desastrosas, encuentra actividades para mantenerse ocupado o productivo, comienza peleas, etcétera.
- Hace equivalentes la ocupación y la productividad, así como la valía propia y la validación de los demás.
- Es incapaz de descansar: las pausas y los momentos de ocio le crean malestar y demasiadas emociones, por lo que busca distractores.
- Encuentra valor en el movimiento.
- Revisa constantemente su teléfono o actualiza la bandeja de entrada de su correo o sus redes sociales.
- Confunde el movimiento constante con el impulso; con frecuencia ni siquiera está seguro de lo que quiere lograr con tanta productividad, simplemente sabe que no quiere detenerse.
- Tiene una energía frenética que puede arrasar a los demás.
- Necesita que las situaciones siempre sean frescas y emocionantes.
- No tolera el aburrimiento y la calma.
- Interrumpe a los demás.
- Experimenta un ajetreo mental.
- Siempre quiere estar donde ocurre la acción.
- Llena su sensación de vacío con lo que sea (comida, videojuegos, redes sociales, relaciones, etc.).

Preguntas de apoyo

Estas preguntas pueden interrumpir el patrón, crear autoconciencia y ayudar a sanar:

- ¿Cómo describirías un descanso? ¿Tolerarías tomarte un descanso?
- ¿Cómo sería estar menos ocupado?
- ¿Alguna vez has estado desocupado? De ser así, ¿qué permitió esa circunstancia? ¿Cómo fue para ti?
- Nota la velocidad con la que hablas: ¿hay espacio entre tus palabras y oraciones? ¿Hay tiempo para que escuches lo que dices? ¿Qué pasa cuando haces una pausa adicional entre tus palabras y tus oraciones? ¿Puedes hacer una pausa un poco más larga?
- Cuando hay silencio en una conversación, ¿qué sientes en tu cuerpo?
- ¿Puedes esforzarte menos y lograr lo mismo de todas formas?
- ¿De qué estás huyendo?

Un terapeuta sugeriría...

A menudo hay capas de sentimientos disfrazadas por el exceso de acción. Hay una sensación de que «Si no estoy ocupado o no soy productivo, no soy necesario» y «¿Para qué estoy en este mundo?». Con frecuencia, quienes prosperan bajo estrés constante aprenden a anular el malestar y el dolor internos con la distracción. Es la internalización de «Mantente ocupado y sigue adelante» y «Ve más rápido que lo que sientas».

Si alguien crece en un entorno caótico y acelerado, la velocidad del cambio es internalizada como normal, de modo que la persona opera con esa rapidez, casi como si su sistema nervioso tuviera un vocabulario limitado respecto al ritmo y al tempo. Esto provoca que se sienta fuera de sincronía con otras personas y con el mundo, a menos que ellos también operen con un ritmo y una velocidad acelerados. Así se perpetúa la soledad generalizada que experimentan los adictos al drama.

Estos individuos confunden frecuentemente los colapsos con el descanso y la recuperación. Ser conscientes de que hay diversos grados de gasto energético y de cómo se actualiza el descanso es un principio clave para reconfigurar el patrón de la adicción al drama.

Observación y práctica

Estar ocupado constantemente es una forma de generar energía, la cual puede terminar siendo más de la que necesitas para completar una tarea. Por otro lado, ese mismo ajetreo puede costarte tu salud, ya que gastas más energía de la que eres capaz de generar de manera sostenida.

Conforme comiences a crear espacios y a experimentarlos, sé consciente de los momentos en los que intentas llenarlos. Pasará una y otra vez, de formas que no podrías imaginar. Sé gentil contigo mismo cuando manifiestes el impulso y las ansias de distraerte con historias, trabajo, tensión y aquello que te rodea. Reduce la velocidad de tu respiración y conecta con el ritmo de algo que esté a tu alrededor. Cuando sientas que tu corazón y tu mente se aceleran, recuérdate a ti mismo que mereces estar presente en tu cuerpo con tranquilidad y expansión. Reconoce que en ese momento es seguro permanecer en ese espacio. Cada vez que seas arrastrado por el ajetreo, haz una pausa, verbaliza que te estás acelerando, ancla tu respiración y tu atención al interior de tu cuerpo, y vuelve a tu presente.

Preguntas para tu diario:

- ¿De qué manera puedes obtener energía sin depender de la aceleración?
- ¿Cuál es tu relación con la calma?

- ¿Cómo luce la calma?
- ¿Cómo se siente la calma?

Prácticas sugeridas: Meditación de afianzamiento (página 268); Crear espacio, sentir el espacio, descansar en el espacio (página 284); Respirar alternando las fosas nasales (página 282); Tomar tiempo para saborear la comida (página 283).

Frases de autosanación

La vida no está en mi contra, surge de mí.

Mi valía no está atada a mi producción o productividad.

Los espacios intermedios están llenos de oportunidades.

EL PROTAGONISTA: «ME PREOCUPA QUE, AL ENCONTRAR LA CALMA, NO SEA IMPORTANTE Y NO LES AGRADE A LOS DEMÁS»

El protagonista necesita sentirse importante, especial y reconocido, y esa necesidad se vuelve la fuerza que conduce todos sus pensamientos, decisiones y acciones.

El protagonista exhibe los siguientes patrones y conductas de pensamiento:

- Oscila entre el papel de víctima y el de héroe.
- Necesita y tiene una personalidad magnética.
- Debe ser un experto o el mejor en lo que hace.
- Exagera los hechos para llamar la atención.
- A menudo desalinea el impacto de sus conductas con intenciones.

- Busca validación en quienes no pueden proporcionarla.
- Es incapaz de aceptar la validación de quienes pueden proporcionarla.
- Necesita ser el alma de la fiesta.
- Hace que la conversación se centre en sí mismo.
- Cuenta los *likes* y los seguidores en sus redes sociales.
- Se obsesiona con la percepción que los demás tienen de él.
- Se siente ansioso o acelerado cuando no está ocurriendo mucho.
- Publica para ser visto, no para compartir.
- Necesita ser el portador de malas noticias para poder ser el sanador o el héroe.

Preguntas de apoyo

Estas preguntas pueden interrumpir el patrón, crear autoconciencia y ayudar a sanar:

- ¿Tu propia atención te es suficiente?
- ¿Cuándo fue la última vez que te sentiste visto, amado y valorado?
- ¿Cuándo fue la última vez que te permitiste ser visto, amado y valorado?

Un terapeuta sugeriría...

El objetivo de la «falsa validación» es buscar reconocimiento o afirmación. Tiene poco que ver con recibir y absorber satisfacción. Observamos y recolectamos información respecto a lo que hará que una persona nos vea, y a menudo terminamos anulando y traicionando nuestras necesidades con el fin de sobresalir. En el proceso de intentar mantener los reflectores, nos alejamos de nosotros mismos. La verdad es que entre más te alejes de ti, más difícil será que los demás te encuentren.

Nos apegamos a sentirnos «importantes» o «especiales» porque nos hace sentir protegidos de ser invisibles o abandonados. Si de niño o adulto solo te sentiste visto o atendido en momentos especiales o acentuados, lo más probable es que busques e intentes reinventarlos con el fin de recibir el mismo nivel de atención. Ser visto es la reafirmación de que eres amado y valorado, de que tu existencia importa. El problema es que a menudo pasamos por alto todos los momentos en que realmente somos vistos y amados por estar en busca de esos encuentros superespeciales, y recreamos el pasado al perseguir a personas que no nos darán ese amor. Intentar ser importantes para los demás es un trabajo extenuante de tiempo completo..., incluso algunos logramos convertirlo en un empleo real. Intenta enfocarte en recibir el amor que te ofrecen en vez de obsesionarte con las personas que no te lo dan.

Observación y práctica

En tu libreta escribe tus juicios, opiniones y miedos respecto a estas palabras: *calma, silencio* y *ordinario.* Las respuestas pueden incluir frases como: *La siguiente desgracia está a la vuelta de la esquina; No estaré listo; La calma es sinónimo de improductividad* o *La gente callada no recibe atención.*

Prácticas sugeridas: Trabajar en aquella parte de tu ser que no fue vista (página 285); Autoconsulta para redes sociales (página 287).

Frases de autosanación

Soy suficiente tal como soy.

Este momento es suficiente.

Soy visto cuando permito que los demás me vean.

EL VOLCÁN: «ALGO SE APODERA DE MÍ Y EXPLOTO»

El volcán no está dispuesto a aceptar la responsabilidad de sus emociones y reacciones, y las percibe como si fueran algo ajeno. Suelen decir: «Hay una energía frenética e intensa que me inunda».

El volcán exhibe los siguientes patrones y conductas de pensamiento:

- Experimenta catarsis no contenidas.
- Siente una pérdida de control.
- Exagera las situaciones.
- Habla sin reconocer lo que dijo.
- Justifica la intensidad de su respuesta inventando historias o sugestionando a otros.
- Las emociones lo inundan y lo arrastran.
- Se siente rejuvenecido, complacido o energizado tras una erupción de sus sentimientos.

Preguntas de apoyo

Estas preguntas pueden interrumpir el patrón, crear autoconciencia y ayudar a sanar:

- ¿Qué crees que estabas sintiendo justo antes de que algo se apoderara de ti?
- ¿Hay algo de eso que esté ocurriendo en este momento? En una escala del 1 al 10, ¿cuánta de esa energía está presente justo ahora?
- En una escala del 1 al 10, ¿qué tan grande debe ser esa energía o emoción para que te sientas visto y reconocido?

- ¿Cuánta energía o emoción necesita realmente la situación que está ocurriendo?

Un terapeuta sugeriría...

Lo opuesto a la intensidad frenética no es la calma, sino la adaptabilidad y la conservación/precisión de la energía. Con frecuencia, atravesar una liberación catártica es como colocar un vaso pequeño debajo de una llave de agua abierta: se derrama con facilidad. El problema es que el exceso de sentimientos (la intensidad de la corriente de agua) es creado por la misma persona que no tiene la capacidad de retenerlo. En esencia, lo que abruma al individuo es la reacción a su reacción. La tarea por concretar implica ser más tolerante a los sentimientos, reconocer las opciones de respuesta que tiene (en vez de solo reaccionar), y recuperar su poder llevando a cabo esas opciones.

Las emociones se pueden dividir en dos categorías: emociones primarias (nucleares) y emociones secundarias (depositarias). Las emociones primarias son nuestra experiencia más real y residen en el cuerpo para guiarnos; las secundarias disfrazan los sentimientos fundamentales y sirven como sustituto cuando las nucleares son demasiado fuertes o se reprimen.

Por ejemplo, puede que, cuando estábamos creciendo, no haya sido seguro expresar tristeza o que nuestros padres o tutores no hayan atendido esa tristeza, de modo que, en automático, expresamos ira para ser vistos. Con este fin, traicionamos la expresión de nuestros verdaderos sentimientos.

Otros ejemplos:

- Cuando no se atiende el enojo, se convierte en ira.
- Cuando no se atiende o no se procesa el dolor, se convierte en adormecimiento, depresión y desesperanza.
- Cuando no se atiende la soledad, se convierte en desesperanza.

- Cuando no se atiende el miedo, se convierte en pánico, desconfianza y paranoia.

No podemos metabolizar las emociones secundarias ni sanar a través de ellas. La tarea es ahondar en las emociones secundarias y las historias creadas para reforzarlas, conectar con los sentimientos fundamentales que de verdad están presentes en nuestro cuerpo y permitir que estos sean procesados.

Observación y práctica

Práctica: habla sobre la sucesión de los hechos de un evento reciente donde la enormidad de tu reacción se apoderó de ti, y de lo que sentías antes de que eso ocurriera. Ve tan lento como lo necesites, de modo que puedas comenzar a llenar los vacíos.

Práctica: con tu mano, muestra la energía frenética que ocurre cuando una situación se vuelve acalorada, y luego toma un lápiz con la misma intensidad. Ahora, deshazte de la intensidad y vuelve a agarrar el lápiz. ¿Cuánta energía se requiere realmente para tomarlo?

Prácticas sugeridas: Identificar cuán presentes están en tu vida las emociones (página 288); Contactar con los sentimientos (emociones) en tu cuerpo (página 289); Conexión de sentimientos y necesidades (página 290).

Frases de autosanación

Soy el conductor de mi vida.

Soy capaz de decidir cuánta energía y cuánta emoción se necesita en este momento.

Puedo sostenerme a mí mismo y permitir que las emociones fluyan en mí.

LA VÍCTIMA: «LA GENTE SIEMPRE ME DECEPCIONA O ME TRAICIONA»

La víctima tiene una sensación de soledad que confirma a través de profecías autocumplidas, en las cuales no hay nadie presente para brindarle apoyo.

La víctima exhibe los siguientes patrones y conductas de pensamiento:

- Revive el pasado, ya sea mentalmente o en conversaciones.
- Da explicaciones excesivas.
- Está hiperenfocado en el pasado.
- Experimenta soledad o hipersocialización generalizadas.
- Es incapaz de soltar el pasado.
- Cuenta una historia una y otra vez, a menudo desde el punto de vista de la víctima.
- Busca vengarse, no suelta los agravios y guarda rencores.
- Tiene dificultades constantes en sus relaciones.
- Destruye las posibilidades de reconectar con otros.

Preguntas de apoyo

Estas preguntas pueden interrumpir el patrón, crear autoconciencia y ayudar a sanar:

- Si fueras un observador externo, ¿cómo te verías a ti mismo en relación con lo que está ocurriendo?
- ¿Quién no te ha decepcionado en este momento?
- ¿Quién no te ha traicionado?

- ¿En qué lugar tuviste la sensación de pertenencia? ¿Cómo se sintió?

Un terapeuta sugeriría...

Cuando somos heridos, el aguijón despierta todo el dolor del pasado y este inunda repentinamente el presente. El pasado distorsiona el presente y se proyecta en él como una imagen sobre una pantalla de cine, llevándonos a revivir (y recrear) ese dolor.

Con el fin de protegernos, creamos las condiciones o historias que generan un sesgo de confirmación y una profecía autocumplida, de modo que alejamos a las personas al tiempo que les pedimos que se acerquen. Las heridas siempre se perciben como dañinas, por lo que reaccionamos con ira y decepción, y reafirmamos que no hay nadie de nuestro lado.

Intenta soltar la identidad de víctima. Es mucho más fácil decirlo que hacerlo, en especial porque renunciar a un aspecto de nosotros mismos puede ser doloroso y, en cierto nivel, parece algo peligroso. Soltar la identidad de víctima significa dejar ir lo que sabes (y lo programado) respecto a sentirte validado, conectado y reconocido. Avanza con gentileza y lentitud hasta que puedas tolerar y experimentar ser visto en otros estados que no sean el sufrimiento. Observa cuando te aferres a las circunstancias que afirman la identidad de sufrimiento.

Observación y práctica

Tareas para tu diario: Contempla el hábito de sufrir. Olvídate de las circunstancias por las que estás sufriendo y ubícate en el presente con la sensación y el mecanismo del sufrimiento. ¿Qué te da el sufrimiento? ¿Familiaridad? ¿Un sentido de vida? ¿La sensación de estar vivo?

¿De qué manera ha sido el sufrimiento una forma de validación? ¿Quién en el pasado te escuchó o vio con más claridad cuando ocurrió algo malo? ¿El sufrimiento estuvo acompañado por la recompensa de ser visto?

Observación: nota si eres competitivo con el sufrimiento y comparas dolores o exageras tus historias para igualar el dolor de otros.

Tareas para tu diario: busca e identifica en tu memoria las veces en que de verdad fuiste victimizado, cuando no tuviste ninguna protección o seguridad ante lo que ocurrió en tu contra. ¿En qué se diferencian esas ocasiones con tus experiencias recientes?

Practica el perdón: el perdón no se trata de decir que lo que pasó está bien, sino que ocurre cuando soltamos lo que nos mantiene apegados a lo que sucedió. Si continuamente reciclas el pasado en el presente, por favor, recuerda que todo lo que no perdonamos resulta en aceleración.

Imagina que las luces del pasado se debilitan y solo brilla la luz del momento presente. ¿Qué está ocurriendo en el presente? Diferencia ambos tiempos y recuerda repetir la frase: «Eso fue antes y esto es ahora».

Prácticas sugeridas: Trabajar con libretos de confirmación (página 290); Analizar los orígenes de un libreto de confirmación (página 291).

Frases de autosanación

Puedo abrazar y amar mi dolor y mis heridas de la misma forma en que yo quiero ser abrazado y amado.

Si alguien no puede apoyarme, solo está revelando su capacidad, y no es un reflejo de mi valía.

Eso fue antes y esto es ahora.

EL TESTIGO DEL DRAMA: «LAS PERSONAS SON TAN DRAMÁTICAS QUE ME ESTRESAN»

En presencia de un adicto, el testigo del drama es arrastrado hacia su torbellino y termina apegado a esa conducta.

El testigo del drama exhibe los siguientes patrones y conductas de pensamiento:

- Es atraído por lo que otros dicen o hacen y termina sintiéndose disperso.
- Tiene dificultades para enfocarse en cualquier elemento de su vida.
- Está rodeado por personas en constante crisis.
- Ignora sus necesidades por las de otras personas.
- Se desconecta de sus sentimientos y queda atrapado en los de otras personas.
- Se bloquea y su respiración se acelera cuando está cerca de personas intensas.
- Echa leña al fuego de otras personas.
- Sus sentimientos están bajo el control de otras personas o situaciones.
- Se siente exhausto y tenso tras interactuar con personas intensas.

Preguntas de apoyo

Estas preguntas pueden interrumpir el patrón, crear autoconciencia y ayudar a sanar:

- ¿Qué te ofreces a ti mismo durante los momentos intensos de otras personas?
- Observa cómo respondes en esos momentos: ¿formas parte de la aceleración involucrándote y facilitando aquello que otras personas dicen o hacen?
- ¿Sientes que es posible alejar tu atención de los demás para traerla de vuelta a ti mismo?

Un terapeuta sugeriría...

Cuando estás en presencia de un adicto al drama, podrías sentirte arrastrado hacia su vórtice, por lo que se te dificulta sentirte afianzado en tu propio cuerpo, en tus sensaciones y en tus sentimientos. Al desregular el espacio (nada es sólido o no está enraizado en el entorno), todo se siente desbalanceado, incluyéndote a ti. La pregunta complicada es ¿cómo y por qué sucedió esto? Es fácil culpar y prestar atención al adicto al drama, pero no aceptar tu responsabilidad. Ser arrastrado a su torbellino es un reflejo de la pérdida de tu voluntad, y cuando te vuelves consciente de esto, surgen más preguntas complicadas: ¿cuándo cediste tu poder? ¿Eres consciente de que puedes decidir, aunque sea difícil? ¿Te resulta familiar que te arrebaten tu sentido de voluntad? ¿Es posible que estar inmerso en el torbellino de alguien más sea la forma en que te evitas a ti mismo?

Enfrentar tu dolor puede ser duro; esta es la razón por la que buscas a personas que crees o percibes que están más rotas que tú, y por la que inviertes tu energía en ellas. Al facilitar su drama, te obsequian la distracción que te impide ver lo que yace en tu sombra.

Observación y práctica

Cuando notes que estás atrapado en el torbellino de alguien más, sé gentil contigo mismo. El ejercicio implica recuperar tu atención y tu presencia. Cuando te sientas arrastrado por el caos de otra persona, observa la urgencia que sientes de ir hacia él y afiánzate con las siguientes prácticas. Si pierdes fuerza, sueltas tu ancla y el torbellino te arrastra de nuevo, perdónate. Recuerda que es un proceso.

Prácticas sugeridas: Meditación de afianzamiento (página 268); Meditación de anclaje (página 268); Prácticas sobre límites, partes 1 y 2 (página 269-271).

Frases de autosanación

Puedo enfocarme en mí.

Soy capaz de elegirme a mí y a mi propia sanación.

Otros crean su propia tormenta; yo estoy afianzado al suelo y anclado a mí mismo.

Me doy permiso de no avanzar hacia la tormenta de otros.

EL CATASTROFIZADOR: «SIMPLEMENTE ME OCURREN SITUACIONES MALAS; LAS CONDICIONES EN EL MUNDO SON MALAS»

El catastrofizador siempre está preparado para lo peor. Es como si llevara unos lentes que enfocaran lo negativo. Percibir lo malo antes de que ocurra puede parecer más seguro, casi como si te salvara la vida. Conocer todos los resultados catastróficos hace que esta persona se sienta preparada para sobrevivir las crisis.

El catastrofizador exhibe los siguientes patrones y conductas de pensamiento:

- No puede confiar en la alegría porque no durará; se siente demasiado frágil, y la caída es muy dura.
- Tiende a generalizar sus comentarios, por ejemplo: «Toda mi vida se está cayendo a pedazos».
- Prefiere las dificultades a arriesgarse a ser decepcionado.
- Es incapaz de ver lo que funciona bien en su vida.
- Siempre está preparado para lo peor, para ver lo peor y para crear lo peor antes de que ocurra.
- Le cuesta sentir gratitud y ver lo bueno de las cosas.

- Tiene un punto de vista limitado de las situaciones y personas.
- Es incapaz de ver y recordar lo bueno.
- Se enfoca en lo que está mal, en quiénes están mal y en las malas noticias.
- Desea en secreto que le vaya mal; crea historias o fantasías en las que la vida es difícil o no resulta bien.
- Siente que sufre de alguna maldición.
- Se siente seguro al «saber» lo mal que están las cosas.
- Siempre rechaza cualquier reconocimiento de que algo marcha bien enfocándose en lo que está mal.

Preguntas de apoyo

Estas preguntas pueden interrumpir el patrón, crear autoconciencia y ayudar a sanar:

- ¿Te sientes suficientemente seguro en este momento?
- ¿Qué te permite saber que hay suficiente seguridad en este momento (por ejemplo, en tu cuerpo, el entorno o en las relaciones)?
- En este momento, ¿qué está funcionando bien en tu vida?

Un terapeuta sugeriría...

Si durante la infancia nadie se preocupó ni atendió lo bueno, entonces ese niño, y el adulto en que se convertirá, no podrá conectar con los sentimientos y las experiencias positivas. Esto crea la idea de que solo son reconocidos cuando las circunstancias son malas o intensas. Cuando un niño crece en un entorno caótico o inconsistente, siente que algo malo ocurrirá en cualquier momento y, debido a esto, la seguridad y los sentimientos positivos nunca forman una conexión. En su lugar, la seguridad se asocia con saber lo que está o estará mal. En ocasiones, los adictos al drama crean crisis (lo que está mal) para poder sentirse «seguros».

Ni los sentimientos positivos ni los negativos son buenos o malos, simplemente nos llevan a permanecer en una situación o a cambiar y adaptarnos. Los sentimientos positivos nos permiten identificar cuándo mantener una dirección y seguir haciendo lo que estamos haciendo, mientras que los negativos nos hacen saber que algo debe cambiar; entonces se genera la energía (activación) para que ese cambio ocurra. Cuando una persona está atascada y solo es capaz de atender las emociones negativas, se encuentra en un ciclo constante de creación de energía para un cambio y como resultado se mantiene en movimiento, incapaz de sentirse cómoda en su cuerpo o incluso en el momento presente. Encontrar los errores o lo que está mal en una situación, en uno mismo o en el mundo valida la sensación general de malestar, como si dijera: «Lo que siento tiene sentido, por lo tanto, yo tengo sentido». Los sentimientos más negativos reciben más atención y son más contagiosos, lo que genera una sensación de compañerismo y de estar potencialmente en sintonía con otras personas.

Los sentidos de los adictos al drama están fijos en un estado de ansiedad debido al estrés y a los traumas constantes, lo que afecta su visión del mundo. Es como cuando te pica un mosquito y solo puedes concentrarte en la comezón, por lo que no ves el 99.99% de la piel que no tiene ningún piquete. Siempre invito a los adictos al drama a notar ese porcentaje de la piel que no tiene piquetes de mosquito, y en cuanto comienzan a notar o a sentir el área no afectada, vuelven a hablar de lo que está mal o de algún problema que les molesta. Es una forma de autosabotaje y protección contra la vulnerabilidad de bajar la guardia y estar bien.

Una práctica importante para enfrentar la fijación en las percepciones negativas es lo que llamo «marinarse en lo bueno», que involucra conectar con lo bueno dentro de ti mismo, de tus relaciones y de tu entorno.

Observación y práctica

Tareas para tu diario: ¿Cuál es mi programación en torno a la seguridad, el peligro, la tranquilidad, el sufrimiento y la calma? Asimilar lo bueno no ocurre de la noche a la mañana, puedes aceptar un poco a la vez, como si le dieras tragos pequeños a un vaso de agua. Recuerda, no solo es un cambio de mentalidad, estás transformando la manera en que tus sentidos están orientados respecto al mundo.

Diseña un «libro de recortes de lo bueno»:

- Comienza por anotar, dibujar o hacer un *collage* de lo que es bueno en tu vida. Si eso te resulta muy general, enfócate en un solo aspecto (como el trabajo o tu familia).
- En la misma hoja, identifica algunas de tus fortalezas personales (como la amabilidad, la empatía o la pasión).
- Elige un elemento de tu lista y dale tu atención todo el tiempo que te sea posible. Imagina que lo sostienes en tu mano o permites que tu cuerpo lo reciba.
- Conecta con el sentimiento/la sensación de lo bueno, como si al respirar entrara a tu cuerpo.
- Mantente sintiendo lo bueno, es decir, marínate en lo bueno.
- Observa cuando tus pensamientos o palabras se desvían de lo bueno y se enfocan en aquello que te altera. Levanta la mano cuando reconozcas que estás dejando de marinarte en ello, y busca la forma de volver a enfocarte en lo positivo. Si notas que es difícil mantenerte en las cosas buenas por mucho tiempo, sé paciente. Tomará tiempo y práctica lograrlo.

Tareas para tu diario: crea una lista de seguridad.

Haz una lista de personas, lugares, aromas, colores, objetos, etc., que te ayuden a cultivar tu sensación de seguridad.

Prácticas sugeridas: Prácticas sobre límites, parte 1: encarnar y establecer tus límites energéticos (página 269); Exploración de la seguridad (página 277).

Frases de autosanación

Tengo la seguridad suficiente para asimilar lo que es bueno.

Todas las emociones son temporales; libero mi necesidad de perseguir sentimientos positivos o negativos.

Puedo tolerar cada vez más, sabiendo que lo que siento es temporal.

EL ACELERADOR INTERNO: «ESTOY MUY ESTRESADO»

El acelerador interno se usa a sí mismo como distracción de sí mismo. En esencia, crea más estrés interno a partir de este mismo estrés, acumulando las percepciones negativas tanto de sensaciones, malestares, pensamientos y sentimientos internos como de condiciones externas para mantener un sentido constante de caos y crisis a la cual reaccionar.

El acelerador interno exhibe los siguientes patrones y conductas de pensamiento:

- Es incapaz de sentirse cómodo.
- Analiza en exceso (parálisis debido al análisis).
- Experimenta hipocondría emocional y de sensaciones (siente ansiedad debido a señales corporales).
- Siempre está preocupado como método de evitación.
- Es incapaz de reconocer su progreso.
- Está apurado constantemente.

- Siempre llega tarde.
- Deja las cosas sin resolver.
- Usa tácticas de evasión, como pasar demasiado tiempo en redes sociales.
- Se compara con los demás.
- Es incapaz de relajarse o superar las cosas.
- Se enfoca en sus problemas y dificultades.
- Habla de lo estresado que se siente.
- Habla continuamente sobre el futuro y el pasado.
- La preocupación le genera preocupación.
- Se critica a sí mismo; en cuanto algo resulta relajante, en automático se enfoca en todo lo malo o equivocado que hay en él.

Preguntas de apoyo

Estas preguntas pueden interrumpir el patrón, crear autoconciencia y ayudar a sanar:

- Si te sientes estresado, ¿está ocurriendo por algo en este momento o como respuesta al pasado o a un presente percibido?
- ¿Cuándo fue la última vez que sentiste calma y estabilidad? ¿Puedes describir cómo se sienten estos estados?
- ¿Cuál es tu relación con la comodidad? ¿Qué te produce comodidad? ¿Qué pasa cuando le prestas tu atención? ¿Dónde la sientes en tu cuerpo?

Un terapeuta sugeriría...

El estrés crónico se siente como si el mundo se encogiera a tu alrededor. Los adictos al drama se sienten aplastados por la acumulación de fuentes de estrés en su vida. Estar inundado de hormonas puede percibirse como si la presión interna aumentara hasta convertirse en una bomba de tiempo.

Es increíblemente difícil para cualquiera reconocer o aceptar sus contribuciones al sobrecogimiento que experimentan y dicen cosas como: «No, no soy yo; estas cosas de verdad me suceden; ¿cómo podría haber creado yo este estrés? ¡Está fuera de mi control!». Si bien es posible que los estresores estén fuera de su control, su sensibilidad, las historias que crean y repiten, su exceso de atención a las fuentes de estrés y su incapacidad para soltarlas contribuyen a mantenerlo estresado. Es decir, lo abrumador no son los estímulos, sino la forma de responder a ellos. Estar estresado constantemente también es señal de una incapacidad para tolerar la calma y la comodidad.

Conforme los adictos al drama comienzan a tranquilizarse o relajarse, llega un punto en el que vuelven a distraerse con el dolor/malestar, la autocrítica, la disociación o las historias sobre otras personas. Es como si tuvieran un reflejo de aceleración que se activa cuando alcanzan el umbral de comodidad de su sistema nervioso. A esto le llamo «chocar con el estante de la tranquilidad». Cuando el adicto se acerca a ese estante, su alarma interna da la señal de peligro y él comienza a acelerarse. Si notas que esto te ocurre a ti, puede resultarte útil movilizar la energía de la «alarma» a través del movimiento, empujando contra una pared o dando pisotones fuertes, es decir, cualquier acción que libere la energía que se agitó en cuanto comenzaste a relajarte. Luego, deja que tu atención vuelva a lo que fue liberado (relajado) y a donde hay comodidad. Trata de permanecer unos segundos más en la comodidad y liberación.

Estar en calma acerca a las personas a las emociones que esconde el estrés. Para los adictos al drama, esto activa una respuesta de aceleración, que es su forma de reprimir y evitar las emociones subyacentes.

Las consecuencias de esta represión, junto con la atención excesiva a las fuentes de estrés, producen ansiedad. Cuando trabajo con adictos al drama que expresan niveles elevados de esta, suelo presentarles el siguiente punto de vista: «La ansiedad es el timbre del teléfono de tu cuerpo, el cual te está pidiendo que tomes ese teléfono para conectar con lo que hay ahí... ¿puedes dejar de enfocarte en el timbre para contestar el teléfono y escuchar?». En esencia, les sugiero que las señales de su cuerpo no necesariamente significan amenazas o sobrecogimiento, pueden ser solo emociones que necesitan ser reconocidas, sentidas y metabolizadas.

Pensar o decir «estoy estresado» o enfocarte en todo lo que podría estresarte es una forma de aceleración. Cuando reconozcas que está ocurriendo, nómbrala, no sientas vergüenza. Di para ti mismo que algo te sacó del momento presente y está bien encontrar tu camino de vuelta al aquí y ahora de tu cuerpo y tus sentimientos.

La meta final es que poco a poco liberes la identidad que se ha formado alrededor del estrés y el sufrimiento habitual.

Observación y práctica

Los tres objetivos principales son:

1. Aumentar tu capacidad de estar en el aquí y el ahora (presencia).
2. Distanciarte de las fuentes de estrés acumuladas y el apego a esa acumulación.
3. Crear mayor tolerancia a la comodidad.

Prácticas sugeridas: Sentir comodidad (página 278); Distanciarte de las fuentes de estrés (página 279); Pandiculación (página 280).

Frases de autosanación

Está bien sentir calma y comodidad.

Me encontraré conmigo mismo un paso a la vez; lentitud y firmeza ganan la carrera.

EL NARRADOR DRAMÁTICO: «ENTONCES, ÉL DIJO...; LUEGO, ELLA DIJO...» «¿PUEDES CREER QUE...?»

El narrador dramático hace un inventario de la vida de los demás y comparte sus historias, usando la narrativa y la dramatización para animar el lugar y sincronizarse con otras personas, con el fin de evitar las sensaciones y sentimientos internos.

El narrador dramático exhibe los siguientes patrones y conductas de pensamiento:

- Chismear.
- Usa un lenguaje exagerado.
- Emplea acciones que van más allá del instinto y la respuesta, con el fin de recibir atención y determinar la manera en que los demás lo perciben.
- Embellece las historias con tal de entretener o generar una reacción en los demás.
- Comparte historias para validar sus conductas o la enormidad de sus sentimientos.
- Está obsesionado con los asuntos ajenos.
- Habla mal de otros.

- Repite y transforma las historias para aumentar y alardear de su sentido de poder.
- Está hiperenfocado en actividades y experiencias para tener una historia que compartir después, o para publicar fotos del suceso en redes sociales.
- Es juez, jurado y verdugo de todos los demás.
- Sobreanaliza o «caza» la motivación de las conductas de otras personas.
- Reporta a los demás lo que vio en redes sociales.

Preguntas de apoyo

Estas preguntas pueden interrumpir el patrón, crear autoconciencia y ayudar a sanar:

- Cuando te enfocas demasiado en los demás, ¿de qué manera eso te distrae de ti mismo?
- ¿Qué no eres capaz de atender cuando te enfocas en la vida de los demás?
- Observa si hablas demasiado sobre otras personas, ¿en qué te relacionas con esta historia?
- Al describir los errores y acciones de otras personas, ¿qué haces por ti?, ¿qué te haces a ti?
- ¿De qué manera te vuelve superior o inferior recontar una historia?
- Al presentar de cierta manera a las personas en la historia, ¿cómo aumenta la emoción, el entretenimiento o la intensidad de esta? ¿Sientes que necesitas hacer esto para atraer una audiencia y recibir atención?

Un terapeuta sugeriría...

Si un adicto al drama habla sobre los demás sin involucrarse a sí mismo a través de una perspectiva en primera persona o sin aceptar sus sentimientos, entonces intenta evitar la conexión consigo mismo y que los demás vean su verdadera identidad. También es un reflejo de la inhabilidad de sentirse sólido en su persona y de abrirse a la vulnerabilidad de la conexión con los demás, por lo que, a falta de un sentido de identidad firme, se vuelve autocrítico.

La autocrítica casi siempre toma el control con frases como: «No soy suficiente para que los demás se interesen en mí o me quieran... pero ellos y sus historias sí lo son». El atractivo de ser un narrador dramático es que esta actitud captura la atención de otras personas y anula el dolor de tener que escuchar la crítica.

La sanación ocurre cuando la persona puede pasar de narrar historias a expresar sus sentimientos, sus necesidades y su verdadera identidad.

Observación y práctica

La próxima vez que estés en una conversación en la que alguien esté contando algún chisme o narrando algo de manera dramática, presta atención a lo siguiente:

- ¿Cómo te sientes?
- ¿De qué manera quieres involucrarte?
- ¿Te sientes arrastrado o retiene tu atención?
- ¿Le crees a la persona?
- ¿Te sientes seguro en su presencia?
- ¿Qué pensamientos te genera respecto a ti mismo?

La próxima vez que estés en una conversación en la que tú estés contando algún chisme o narrando algo de manera dramática, presta atención a lo siguiente:

- ¿Cómo me siento?
- ¿Esta historia resulta sincera?
- ¿Siento que puedo parar?
- ¿Qué quiero o necesito al compartirla?

Prácticas sugeridas: Elegir tu estilo narrativo (página 292); Práctica de narrativa reflexiva (página 294).

Frases de autosanación

Ya no necesito ocultarme en las historias y la vida de los demás.

Hacer menos a los demás no me hace sentir mejor.

Mi historia y la verdad serán aceptadas y recibidas.

EL MÁRTIR: «NO PUEDO ALEJARME, SOY LO ÚNICO QUE TIENEN; ¡QUEDARÍAN DEVASTADOS!»

Facilitar las conductas de otros es una manera de obtener control y estabilidad. El mártir exhibe los siguientes patrones y conductas de pensamiento:

- Se siente importante al ser el rescatista.
- Juega a ser el árbitro en el caos de otras personas.
- Necesita controlar la situación.

- Mantiene su estabilidad al involucrarse en el drama de otras personas.
- Realiza actividades para poder compartir que las realizó.
- Confunde la simpatía con la lástima.
- Corre a apagar los incendios que comenzaron otras personas.
- Siente que el mundo está fuera de control y solo él puede hacer algo al respecto.
- Necesita ser reconocido por lo generoso que es con sus cuidados, su tiempo y su ser.
- Crea condiciones y escenarios en los que es necesitado; por lo general, a través de la manipulación.
- Se vuelven invaluables para las personas necesitadas, lo que le permite tener el control de cuándo la otra persona puede o no puede irse.
- Ofrece su ayuda y luego resiente a quienes la aceptan.
- Espera que los demás desmantelen la relación para poder salir de ella.
- Como es incapaz de controlar su experiencia, intenta controlar la de alguien más.
- Limpia el desorden de las catarsis ajenas.
- Favorece la intensidad de los demás.

Preguntas de apoyo

Estas preguntas pueden interrumpir el patrón, crear autoconciencia y ayudar a sanar:

- ¿Quién serías si no te necesitara alguien más?

- Cuando satisfaces las necesidades de los demás, ¿quién atiende las tuyas?
- ¿Qué piensas que ganas al ser invaluable para otro en sus momentos de dolor, caos y estrés?
- ¿De qué manera contribuyes al caos y a la adicción al drama de las personas?
- ¿Te es posible sentir que alguien quiere conectar contigo incluso si no te necesita en sus momentos de malestar?

Un terapeuta sugeriría...

Este arquetipo de adicción al drama suele crearse cuando la persona ha tenido que ser el mediador entre el orden y el caos de las relaciones en su pasado. Bajo la fachada de ser una buena persona yacen tanto una ansiedad y un miedo profundos, como la necesidad de control; este lo ejerce al volverse indispensable y querido. Con frecuencia siente que sus necesidades no importan y que solo tiene valor si ayuda a alguien más, por lo que busca volverse indispensable para la persona con problemas. Busca su valía, poder, validación y un sentido de identidad a través de la opinión de alguien más, en vez de una perspectiva intrínseca que surja de su interior.

Esto es algo que se debe tener en cuenta en personas que eligen o que se sienten naturalmente atraídas hacia profesiones dedicadas a arreglar, atender o sanar a otros, ya que a menudo las acciones que realizan en respuesta a su deseo profundo de pertenencia ocurren a expensas del mantenimiento de sus límites.

Sanar la adicción al drama reducirá el cansancio y el agotamiento, y hará que el trabajo terapéutico se centre realmente en el proceso del paciente, en vez de ser un medio para distraerse de su propia vida o para recibir una dosis de drama.

Observación y práctica

Preguntas para tu diario:

- ¿Sobre qué elementos de mi vida tengo control?
- ¿Sobre qué elementos de mi vida no tengo control?
- Cuando atiendo la vida de alguien más, ¿qué dejo de atender en la mía?
- Cuando no estoy intentando controlar o arreglar otras situaciones, ¿qué elemento de mi ser no puede sanar o satisfacerse?

Prácticas sugeridas: Límites y voluntad con tu espacio personal (página 271); Controlar el caos (página 272).

Frases de autosanación

Soy capaz de permanecer afianzado mientras permito que el caos y las crisis ocurran a mi alrededor.

Los demás son capaces de manejar su propia vida.

Soy más de lo que ofrezco en una relación.

EL BUSCADOR DE APEGOS: «¿POR QUÉ NO PUEDO ENCONTRAR A UN BUEN HOMBRE/UNA BUENA MUJER/UNA BUENA PAREJA?»

El buscador de apegos se encuentra constantemente en el ciclo de «no encontrar a la persona adecuada» porque se siente atraída por la persona equivocada (como el «chico malo» o alguien sin estabilidad, consistencia o seguridad), y se encuentra a sí mismo repitiendo perpetuamente la misma experiencia en sus relaciones sin aprender, crecer o cambiar.

El buscador de apegos exhibe los siguientes patrones y conductas de pensamiento:

- Está ausente o se disocia mientras hay intimidad o conexión.
- Un gran amor equivale a grandes peleas.
- No siente atracción por el «chico bueno».
- Repite los mismos patrones con parejas diferentes.
- Es incapaz de confiar o de recibir intimidad.
- Comienza discusiones solo para sentirse conectado.
- Magnifica el dolor de relaciones previas.
- Confunde las *red flags* con emoción, y la emoción con pasión o conexión.
- Su «amor» por su pareja es más intenso durante o después de una pelea.
- Usa el trauma como agente de vinculación o «pegamento» de la relación.
- Se enfoca en lo que está mal en la relación y en la otra persona, no en lo que está bien.
- Una persona centrada y estable lo hace sentir fuera de sincronía y aburrido, como si siempre pudiera haber algo mejor para él.

Preguntas de apoyo

Estas preguntas pueden interrumpir el patrón, crear autoconciencia y ayudar a sanar:

- ¿Conoces tus *red flags*? ¿Qué haces cuando las notas? ¿Intentas ignorarlas cuando comienzan a surgir?

- ¿Qué patrón notas que surge continuamente cada vez que intentas tener o tienes una relación?
- ¿Cómo imaginas que tu pareja real o potencial percibe tu rol en esta situación?
- ¿Cómo fue tu relación con tus padres?
- Cuando eras niño, ¿cómo lucían el amor y la conexión?
- ¿Cómo define el amor cada miembro de tu familia? ¿Cuáles fueron las herramientas que usaron para obtenerlo y mantenerlo?

Un terapeuta sugeriría...

Por lo general, los adictos al drama repiten en sus relaciones las heridas de apego que sufrieron en etapas tempranas de la vida y, al buscar grandes emociones, experimentan decepciones todavía mayores. Las peleas, la desconfianza y la actitud defensiva ante la intimidad son temas recurrentes.

A menudo tienen una mentalidad de víctimas en el amor y la intimidad sin la disposición de ver cómo contribuyen al desarrollo del patrón, y confunden la intensidad con atracción y conexión.

Si crecimos con padres o tutores que principalmente mostraron atención en momentos acentuados, negativos o intensos, es probable que comencemos a adaptar eso como nuestro lenguaje de amor. El lenguaje de amor es la manera en que expresamos el amor, y también la manera en que lo recibimos, y a veces puede manifestarse al comenzar peleas sin motivo aparente, sentir cercanía cuando la otra persona se está alejando, coacelerar en vez de corregular con la pareja, etcétera.

Una parte importante al sanar la adicción al drama está relacionada con el restablecimiento de las conexiones seguras, que incluyen la conexión contigo mismo y con los demás, lo que a menudo involucra encontrar a quienes te verán y amarán lenta e incondicionalmente, permitiéndote ser visto y formar conexiones.

Observación y práctica

Tarea para tu diario: haz una lista de no negociables en una relación para que puedas observar de la mejor manera el patrón y satisfacer tus necesidades en vez de convertirlo en una experiencia repetitiva.

Tarea para tu diario: enlista todas tus necesidades insatisfechas en la infancia. Luego, enlista todas tus necesidades insatisfechas en relaciones anteriores. Por último, repasa ambas listas e identifica de qué manera podrías satisfacer esas necesidades por ti mismo, o cómo podrías permitir que otros las satisfagan.

Contemplación: observa tu propia ansiedad cuando estás en niveles más profundos de intimidad. ¿De qué manera puedes cuidar de ti mismo en cada etapa sin desconectarte de la otra persona?

Prácticas sugeridas: Meditación de abrazos (página 274); Permitirte sentir y ser sentido (página 276).

Frases de autosanación

Me estoy convirtiendo en la persona que busco realmente.

Ser vulnerable es seguro.

Estoy reclamando mi intimidad al permitirme ser visto y reconocido.

EL CUENTACUENTOS: «NO, DÉJAME CONTARTE LO QUE REALMENTE SUCEDIÓ»

El cuentacuentos crea historias en su mente, llena los vacíos al crear escenarios llenos de imaginación y los proyecta sobre la realidad como si fueran verdad. Aunque el escenario sea fabricado, la respuesta psicológica es real.

El cuentacuentos exhibe los siguientes patrones y conductas de pensamiento:

- Representa todo internamente en su mente y luego responde externamente.
- Superpone el pasado sobre el presente sin poder acceder a una nueva realidad.
- Encuentra/inventa evidencias que respalden su punto de vista.
- Tiene una imaginación vívida donde representa de manera repetida cada parte de una historia.
- Duda o desconfía perpetuamente de los demás como forma de protección.
- Usa generalizaciones exageradas y globaliza sus sentimientos o creencias (como sentirse triste en un momento y decir que siempre está triste, o que alguien siempre hace algo).
- Diagnostica a alguien con algún trastorno psicológico y crea historias que se ajusten a ese diagnóstico.
- Es incapaz de distinguir lo que ocurrió realmente de lo que cree que sucedió.
- Hay un conflicto entre las realidades (y se asegurará de que su realidad siempre gane).
- Desea vivir o sentir con anticipación los conflictos y las confrontaciones en su mente.
- Dice frases comunes, por ejemplo: «¿Cómo pudiste?», «¿Cómo te atreves?» o «¿Puedes creer que...?».
- Sus creencias y percepciones son rígidas e inflexibles.
- Se imagina a sí mismo representando historias en las que sus necesidades son satisfechas.

- Para él, no hay nada nuevo, misterioso o asombroso en la vida porque la ha estado viviendo en su mente.
- Su vida emocional plena solo existe en la relación que ha imaginado con otros.
- Es incapaz de conectar con otras personas en la vida real porque se ha relacionado con sus versiones imaginarias. A menudo espera que los demás estén al tanto de las conversaciones que solo han ocurrido en su cabeza, lo que crea todavía más distanciamiento en la relación.
- Imagina tragedias o su propio funeral y representa lo que cree o espera que los demás dirían sobre él.

Preguntas de apoyo

Estas preguntas pueden interrumpir el patrón, crear autoconciencia y ayudar a sanar:

- Si haces las historias a un lado, ¿qué percibes y sientes en este momento? ¿Qué necesitas?
- ¿Qué esperas del resultado de esta historia imaginada? ¿Puedes darte por y para ti mismo ese resultado?
- Antes de pasar a la imaginación activa, ¿qué sentimiento fuiste incapaz de tolerar? ¿De cuál tuviste la necesidad de escapar?

Un terapeuta sugeriría...

Es frecuente que las personas imaginen escenarios o motivos por los que algo ocurre, y luego creen o representen esa escena en su mente. El cuerpo no es capaz de diferenciar entre la realidad y la imaginación activa, lo que crea confusión y aumenta la desconexión de la realidad. Por ejemplo, Recce, uno de mis pacientes, me contó hace poco que estaba preparándose para una cena festiva cuando su novio le mandó un mensaje diciéndole que necesitaba una siesta, y él saltó de inmediato a una historia en la que su pareja le estaba diciendo que no iría a ayudarlo y, aún peor, llegaría tarde a la cena. Se sintió totalmente abandonado y en consecuencia se bloqueó. Comenzó a pensar en que su pareja no era la persona adecuada para él y que esa situación era el ejemplo perfecto de que nunca estaría verdaderamente presente; se enojó consigo mismo por elegirlo, además de enfurecerse con su pareja y resentirla por abandonarlo. Pese a que su pareja le envió varios mensajes donde le aseguraba que, aunque necesitaba una siesta, ya iba en camino, Recce no pudo asimilarlos y se atascó en su historia, como si su cuerpo se congelara en el tiempo con esa falsa verdad, y no había nada que él u otra persona pudiera decirle para sacarlo de ahí.

Para el adicto, el simple hecho de expresar cómo se siente y comunicar sus verdaderas necesidades es tan difícil que el único lugar seguro para que ocurra es en su imaginación activa, y como nunca expresa estos sentimientos en la vida real, comienzan a surgir resentimientos hacia los demás, lo que también resulta en la creación de fantasías internas, en las que se pueden recrear victimizaciones, venganzas y abandonos.

Las historias creadas para generar aceleración son escudos que protegen el corazón. Nada entra y nada sale, y el adicto se separa de la realidad hasta quedar atrapado dentro de su propia imaginación. Debemos estar dispuestos a prescindir de nuestra imaginación y a sanar el pasado para enfrentar lo que de verdad ocurre en el presente.

Observación y práctica

Tarea para tu diario: cuando te encuentres en una experiencia desagradable, regresa e identifica la historia que te contaste respecto a lo que ocurrió o iba a ocurrir antes de la experiencia desagradable. Observa las diferencias entre tu historia interior y la experiencia real.

Prácticas sugeridas: Práctica de narrativa reflexiva (página 294); Dejar de crear historias a partir del pasado (página 295); Dejar de crear historias a partir de un futuro imaginado (página 295); Aléjate de las historias (página 294).

Frases de autosanación

Cuando me afianzo en mis sentimientos y necesidades, y acepto que no siempre pueden ser satisfechos, puedo permanecer en mí y no en mis historias.

La vida me ofrece más en el futuro de lo que puedo saber.

Puedo confiar en lo que ocurre en este proceso.

CAPÍTULO 13

Un ave en la tormenta: cómo prosperar en una relación con un adicto al drama

Como mencionamos en capítulos anteriores, hay muchas respuestas comunes al encontrarte con un adicto al drama, entre las cuales se encuentran la frustración, el agotamiento, la desorientación, el desarraigo y a veces hasta la emoción.

Interactuar con un adicto al drama requiere de muchos recursos internos y externos y, ciertamente, debes prestar atención adicional a tu propio bienestar. El cuidado personal significa atender necesidades físicas, psicológicas y emocionales para preservar tu salud y prosperar. A continuación, te comparto un conjunto de prácticas para optimizar tu cuidado personal si te relacionas con un adicto al drama.

IDENTIFICAR SIN JUZGAR

Es probable que, antes de leer este libro, tuvieras encuentros con adictos al drama, pero no pudieras entender lo que sucedía o no tenías el término apropiado al cual anclar la experiencia. El simple hecho de identificar lo que ocurre (por ejemplo, «reconozco esto como adicción al drama») puede liberar una cantidad importante de tensión y ansiedad.

No obstante, si el término «adicto al drama» se convierte en una etiqueta despectiva, puede significar que tienes algunos sentimientos subyacentes respecto al encuentro que deben ser reconocidos y atendidos, lo cual es una parte importante de tu cuidado personal.

Además, ser capaz de identificar la situación y los patrones comunes de esa persona puede empoderarte al darle contexto a tu experiencia, orientarte respecto a lo que ocurre y por qué ocurre, y a generar más conciencia respecto a lo que necesitas para ti mismo en esa situación. Entender y «etiquetar» sin juicios es señal de que te estás brindando apoyo con más claridad y de que no estás reteniendo ninguna emoción no procesada debido al encuentro.

COMPRENSIÓN EMPÁTICA Y DISTANCIAMIENTO

Con suerte, tras leer este libro, serás consciente de que no es fácil que un adicto al drama cambie su conducta y tome mejores decisiones, sin importar lo mucho que lo intentes o desees, lo que puede causarte frustración, decepción, cansancio e incluso una sensación de fracaso. Si comienzas a decir cosas como: «Si tan solo supiera lo que hace» o «Si me mantengo firme, parará», debes regresar tu atención a ti mismo. Abrázate y permítete saber que lo más importante es tu salud y tu bienestar, y que no es tu responsabilidad arreglar la adicción al drama de esa persona: su sanación está en sus propias manos.

Una práctica particular que recomiendo es la reformulación, cuyo objetivo es cambiar tu orientación respecto a la conducta para ayudar a modificar y suavizar tu respuesta. Cuando veas que alguien comienza el ciclo del drama, ofrécete afirmaciones que te permitan cierto distanciamiento y espacio, por ejemplo:

Esta persona...

- está siendo arrastrada por las ansias de drama de nuevo.
- se está acelerando, o al menos eso aparenta.
- trata de evitar algo muy doloroso en su interior en este momento.
- busca algo que está realmente fuera de su nivel de atención.
- solo sabe conectar de esta manera en este momento.
- sortea sus traumas a través de la mejor forma que conoce ahora.
- necesita ser así de grande e intensa porque quiere ser vista.
- se recuerda a sí misma que está viva de esta manera.
- probablemente, le da temor ser vista.
- está reflejando su sensación de inutilidad.
- se siente importante y necesitada al participar en chismes y compartir malas noticias.
- se detendría a sí misma si pudiera.

Esta «reformulación» no pretende crear excusas; su objetivo es ayudarte a no ser arrastrado al drama y, en lugar de ello, ser un testigo compasivo. A menudo podemos quitarnos nuestra armadura unos momentos y encontrar compasión respecto a una situación si les mostramos amabilidad a los demás.

TEN CLAROS TUS LÍMITES

Muchas personas sienten que deben endurecerse y «ponerse una armadura» en presencia de un adicto al drama. El desafío es que, cuando quienes nos importan sienten que alguien se pone una coraza, lo interpretan como una forma de abandono. Quizás puedas redefinir tus límites como la creación de la cantidad apropiada de espacio que te permita cuidar de ti mismo y a la vez mantener una relación con esa persona. Si bien a veces eso signifique no hablar o estar en su presencia por un tiempo, también hay formas de crear espacio y seguridad al estar cerca de ella.

Revisa el espacio. Cuando estés cerca de un adicto al drama, presta atención al espacio real entre ambos. Imagina que esa distancia es un amortiguador entre los dos, y que puedes usarlo para mantener los límites.

Establece tiempos. Determina la cantidad de tiempo que tendrás disponible para esa persona. Puedes decir algo como: «Eres importante para mí y tengo diez minutos antes de mi siguiente reunión» o «Lamento que estés sufriendo y en este momento puedo estar presente por 15 minutos».

Deja en claro lo que puedes oír. Aclara lo que estás dispuesto a escuchar y lo que no. Por ejemplo:

- «Estoy pasando por un momento difícil y justo ahora no puedo hacer espacio para esto».
- «Estoy abierto a escuchar cómo te sientes y qué tipo de apoyo necesitas ahora, pero no dispongo del espacio para escuchar los detalles de la historia».
- «Puedo estar presente para escuchar lo que ocurrió, pero no tengo la capacidad de escuchar quién tuvo la culpa o causó la situación».
- «Ahora no es un buen momento. ¿Estás disponible más tarde?».

Sé breve. Mantén la brevedad en tus reflexiones, por ejemplo: «Lo lamento», «Te entiendo», «Eso parece difícil», «No puedo imaginarlo» o «Auch». Evita hacer preguntas respecto a las historias.

Una cosa a la vez. Sé claro respecto a solo poder atender un tema a la vez. «Entiendo que hay mucho que quieres compartir, y para poder escucharte de la mejor manera hablemos de un tema a la vez».

No dejes que te acorralen. No te permitas quedar atrapado en un espacio pequeño. De ser posible, encuentra lugares para conversar que sean espaciosos. Di algo como: «Estoy abierto a escucharte, pero necesito hacerlo mientras caminamos en la naturaleza».

Toma un descanso. Puedes pedir pausas durante la conversación. «Hay mucho por compartir; necesito una pausa/un descanso para reflexionar o refrescarme».

Oriéntate en el presente. Si sientes que estás siendo arrastrado hacia el pasado de la persona, oriéntate en el momento presente observando los colores y objetos a tu alrededor. Puedes decir algo como: «Hay mucho por compartir respecto al pasado; necesito un momento para enfocarme en el ahora», o preguntar: «¿Te sientes seguro en este instante?».

Pregunta sobre las necesidades. Invita a la resolución, por ejemplo: «¿Qué crees necesitar?» o «¿Qué podrías necesitar para encontrar una solución?».

AFIANZAMIENTO EN MEDIO DE UN TORBELLINO

Una de las experiencias más difíciles y generalizadas en presencia de alguien en el ciclo activo del drama es la creación de torbellinos. Puedes sentir repentinamente y sin advertencia que el cuarto da vueltas y te falta el aire; también puedes sentirte desorientado, confundido, desarraigado y desconectado de ti mismo, como si estuvieras en una montaña rusa sin elección. No importa qué tan claros sean tus límites, a veces la fuerza del torbellino puede arrancarte del suelo con un impacto dramático. Las siguientes son algunas sugerencias que te pueden servir de apoyo durante un torbellino.

Identifícalo

Cuando reconoces que estás siendo arrastrado hacia el torbellino de una persona, nómbralo. Di para ti mismo: «Este es su torbellino», y recuérdate el motivo por el que esto ocurre y las opciones que tienes:

- «Está tratando de arrastrarme con el fin de sentir una conexión. Puedo negarme a conectar de esta manera».
- «Ahora mismo, esta es la única forma en que puede mostrar su trauma no procesado. Como lo está depositando en mí y en el entorno, no seré capaz de encontrarle sentido, así que no lo intentaré».
- «Esta situación se ha vuelto el escenario de su dolor. Puedo elegir no ser parte de esta recreación».

Mantente presente, en el aquí y el ahora

Cuando estás atrapado en el torbellino dramático, quizá sea difícil orientarte hacia lo que ocurre en el momento y tengas una percepción deformada del tiempo y el espacio. Oriéntate en el presente haciendo lo siguiente:

- Respira lento y profundo diez veces mientras sientes el calor de tu aliento entrando y saliendo de tu nariz. Enfócate solo en tu respiración. Recuérdate a ti mismo que lo verdaderamente importante en el momento presente es tu respiración y el aire que entra y sale de tu cuerpo.

- Acumula un poco de saliva en tu boca y presta atención a su movimiento dentro de ella y al bajar por tu garganta.
- Desbloquea tus ojos mirando al espacio a tu alrededor, viendo y nombrando los colores presentes en ese espacio.
- Enlista y nombra cinco sonidos que puedas escuchar.

Afiánzate

Quienes estuvieron en un torbellino dramático reportan haberse sentido arrastrados hacia un caos en el que les resultó difícil encontrar su estabilidad física y emocional. El objetivo principal de esta recomendación es reclamar tu sentido de anclaje y, a partir de esa estabilidad, recalibrar.

- Planta tus pies en el suelo, haz presión y nota el piso que te sostiene por debajo.
- Pon tus manos en el suelo o en una superficie plana. Siente la activación de tus músculos al hacer presión.
- Apoya tu espalda y tu pelvis en una pared o una silla. Nota el apoyo en los puntos de contacto.
- Levanta las manos por encima de tu cabeza, siente la ligera compresión y la gravedad que fluye por ella, pasando por tu columna y tus piernas hasta tus pies.
- Reexamina la situación partiendo de la sensación de anclaje y afianzamiento.

Regresa a ti mismo

Una vez que te hayas anclado, enfócate en regresar tu atención a ti mismo. A menudo las personas que se encuentran en esta situación sienten que el torbellino las saca de sí mismas, algo similar a cuando alguien se siente perdido en un empleo o una relación. Haz lo siguiente:

1. Reclama tu atención y vuelve a enfocarte en ti.
2. Presta atención a tu sentir.
3. Después, enfócate en lo que necesitas y cómo puedes obtenerlo.

Mantente enfocado en lo que es real

Ser arrastrado hacia un torbellino puede sentirse como si la realidad que conocieras girara sin control. Arriba se vuelve abajo, y lo que pensabas que era verdadero y correcto queda deformado y sin claridad. Por el momento:

- Evita llegar a cualquier nueva conclusión o entendimiento de ti mismo o del mundo en este estado.
- Mantente enfocado en lo que sabes que es cierto; pueden ser cosas simples como que el mundo es redondo, las manzanas crecen en los árboles, el pasto es verde y el cielo es azul.
- Aférrate a los hechos absolutos que no están abiertos a interpretaciones.

SACÚDETE

Recuerda que toda la activación que está circulando por el adicto al drama es contagiosa y si pasas tiempo con él mientras está en la fase activa de la adicción, absorberás una cantidad de drama de segunda mano. Es importante que conectes con la activación absorbida y la movilices. Puedes sacudirte ligeramente, hacer ejercicio, yoga o cualquier actividad que te permita descargar esa energía de la mejor manera.

Una práctica simple es notar el área de tu cuerpo en la que se encuentra esa activación o carga residual y entrar en contacto con ella para traerla a la superficie, o imaginar que la extiendes por todo tu cuerpo para dispersarla. Después, moviliza esa activación mediante cualquiera de los métodos ya sugeridos.

Identifica lo que te restaura y recupera

A menudo quienes interactúan con un adicto al drama reportan percibir residuos del drama y quedan exhaustos. Las siguientes son algunas sugerencias que te pueden servir de apoyo en esos momentos.

Puedes acercarte a la naturaleza, escuchar música, ejercitarte o realizar algún tipo de movimiento, comer algo nutritivo o crear arte. Haz una lista y consúltala después de una interacción, y asegúrate de tomarte el tiempo para recuperarte. No fue una decisión consciente ceder tanta energía (así como drenar tu energía no fue una decisión consciente del adicto al drama). Sé gentil respecto a la razón por la que ocurrió y enfócate en cuidar de ti.

Usa rituales de purificación

Planea un ritual que te ayude a remover los residuos de la interacción o exposición a un torbellino dramático. Algunos ejemplos son:

- **Lavarte las manos:** Lava literalmente tus manos o solo imagina que lo haces. Al lavarlas, visualiza que limpias todos los residuos.
- **Bañarte:** Al igual que lavarte las manos, a veces podrías necesitar meterte al agua para purificarte de cualquier nudo o residuo de la interacción.
- **Vista panorámica:** Puede que te sientas «atrapado» con esa persona, con lo que dice o con su conducta. Lleva tu mente

a una vista panorámica, como si fueras un pájaro, para que puedas ver todo el espacio que hay entre esa persona y tú. Trata de imaginar una corriente refrescante de aire que se mueve por el espacio entre los dos.

- **Afirmación:** Puede resultar útil repetir una afirmación de purificación, por ejemplo: «Lo que es mío es mío, y lo que es tuyo es tuyo». Repite esta afirmación mientras colocas una mano sobre tu pecho y extiendes la otra frente a ti con la palma hacia adelante, e imagina que tu mano extendida le devuelve a la persona cualquier residuo que hayas absorbido.
- **Sahumerio:** Quemar incienso, también conocido como sahumerio o sahumado, es un ritual de purificación proveniente de tradiciones indígenas que ayuda a purificar un espacio y a cambiar la composición del aire. Mientras mueves el incienso alrededor de tu cuerpo, imagina que expulsas cualquier energía o activación ajena y que esta se aleja con el humo.
- **Nombra tu experiencia:** Es útil que solo reconozcas para ti mismo o frente a otro que convivir con esa persona mientras se encontraba en el ciclo del drama fue una experiencia difícil o pesada.
- **Luz purificadora:** Imagina una poderosa luz purificadora que te atraviesa. Cuando termine de atravesarte, permite que se lleve cualquier energía o sentimiento que hayas absorbido durante el encuentro.
- **Corta los vínculos:** Dibuja un símbolo de infinito en un trozo de papel. Escribe tu nombre en uno de los bucles y el de la persona adicta en el otro. Después, toma unas tijeras y corta el «vínculo» entre los bucles.
- **Cepilla tu cuerpo:** Con tus manos, cepilla todo tu cuerpo desde la cabeza hasta los dedos de los pies; sacude cualquier nudo que lleves contigo.

ROMPER CON UN ADICTO AL DRAMA

Si bien las herramientas ya mencionadas te permitirán afianzar y fortalecer tus límites con respecto al adicto al drama, lo cierto es que a veces no bastan para mantener o sostener la relación. A veces simplemente debes alejarte y terminar la relación (por ahora) con una pareja, amigo o familiar por tu propio bien. Aunque frecuentemente usamos términos como «romper», «alejarnos de alguien» o «dejar la relación», la realidad es que estamos tomando la decisión consciente de regresar nuestra energía y atención hacia nosotros. Te alejarás de las conductas de la adicción y, por el momento, eso también significa alejarte de la persona adicta.

El proceso de dejar la relación y volver a ti mismo tiene varias etapas.

1. **Reconocer que se necesita un cambio.** En esta etapa reconoces que las condiciones y el entorno con un adicto al drama no te permiten sentirte estable, seguro, equilibrado, empoderado y sano. No es tu tarea curar a la persona o hacer que todo esté bien; tu trabajo es cuidar de ti. Lo cierto es que, si no eres capaz de estar presente para ti en esta relación, terminarás siendo parte de las recreaciones traumáticas de su sensación de abandono. Repetir este ciclo, donde no eres capaz de cuidar tu propio bienestar, es una señal importante de que algo debe cambiar; en específico, por una pausa significativa o la terminación de la relación.
2. **Establecer tu sistema de apoyo.** En cualquier cambio relevante de una relación, será útil quitar tu atención de aquello de lo que te alejas y redirigirla a lo que te aproximas. Esto incluye establecer las estructuras de en qué o en quién te enfocarás durante la transición. Una transición sana incluye sentirte seguro y protegido al salir de esta relación, para lo cual hace falta contar con apoyo. Todos necesitamos a alguien que nos atrape cuando nos caemos de lo conocido y familiar, ya sean amigos, familiares, un

terapeuta o incluso un grupo de apoyo. Crea una lista de ayudantes y comienza a acercarlos más a tu vida.

3. **Cuidar de ti mismo.** Si tuviste cualquier tipo de relación con un adicto al drama, una buena parte de tu energía, atención y recursos estuvo enfocada en sus torbellinos y fue arrastrada hacia ellos. Cualquier tipo de cambio importante requiere energía, y de hecho es más fácil no hacer nada porque la energía inicial requerida es menor que la necesaria para el cambio. Por ello es fundamental que comiences a recuperar vitalidad y recursos para iniciar la transición. Puedes reconectar con tus pasatiempos, visitar lugares especiales, comer sanamente, dormir lo suficiente e involucrarte en actividades de recuperación que aumenten tu vigor.
4. **Aclarar y establecer tus límites.** En esta etapa vas a dejar en claro cómo luce dejar la relación durante el proceso y una vez que concluye. Ya que es frecuente que en estas relaciones no se establezcan o mantengan límites, será útil acercarte a tus redes de apoyo para crear un plan de escape definido, que no resulte en que vuelvas a la relación. Siempre tienes la posibilidad de reconectar con la persona más adelante, pero, en este punto, tu bienestar es la prioridad.
5. **Separación.** Como parte de tu plan de acción para la separación, decide la cantidad de comunicación que tendrás con la persona, lo que deseas comunicar y los lugares donde sientas que es más seguro decir lo que ocurre (por ejemplo, frente a otras personas o en un parque). Si bien lo que decidas hablar depende de ti, recomiendo compartir solo lo necesario. Al llevar a cabo la separación, enfócate en que la transición o el cambio es en favor de tu bienestar.

Elementos adicionales para tener en mente:

- **Alejarte detonará una reacción en el adicto.** Al establecer tus límites y negarte a la relación así y en ese momento, activarás la sensación de abandono y daño del adicto. Es probable que percibas cómo escalan su intensidad y sus acciones, que pueden incluir ira, negación, culpa o mucho llanto, así como chismes sobre ti o incluso el uso de la empatía como arma. Sea cual sea su reacción, y es seguro que la tendrá, enfócate en las personas y los objetos que te brinden apoyo y presta atención a la razón por la que eliges crear más límites y alejarte de la persona en este momento. Observa si para hacerlo te has puesto una armadura, y cuando sea posible trata de quitártela para que no la lleves contigo a otras relaciones u otros aspectos de tu vida.

- **Mantén al frente tu sentido de seguridad.** Si la persona responde de una forma que percibas como dañina para cualquiera de los dos, es fundamental que busques el consejo y apoyo de un profesional o una autoridad. Por favor, no comprometas más tu bienestar cuando hay profesionales entrenados para apoyarte.
- **Reconoce tu propio síndrome de abstinencia.** Recuerda, a diferencia de muchas otras adicciones, el drama es contagioso. Al alejarte de un adicto al drama, experimentarás alivio y abstinencia. Esa abstinencia puede manifestarse como fatiga o colapsos, o incluso te llevará a pensar en la persona y a inventar excusas para volver con ella. También es posible que comiences a crear agitación en otras áreas de tu vida para recibir una dosis fresca de lo que experimentaste al estar en ese vínculo. Es útil reconocer la abstinencia y ser honesto contigo mismo si encontraste alternativas para recibir dosis de drama. Con el tiempo, reconocerlo y elegir no participar en la aceleración te ayudará a reducir el síndrome de abstinencia y en ese punto comenzarás a recuperar tu energía.

Conforme sanas de tu propia exposición secundaria al drama, recuerda que tienes la elección y el poder de preservar tu energía y tu bienestar. Al restablecer tu sensación de afianzamiento y al reparar tus límites, recuerda que no estás solo: muchas personas están en caminos similares para devolver la paz y la estabilidad a su vida luego de involucrarse con el drama.

Epílogo: Decir adiós

Es el fin del mundo que conocemos. No, claro que no lo es... pero decir adiós es difícil. Para quienes hemos sido adictos al drama, las despedidas normalmente ocurren ante el calor abrasador de un incendio, después se asienta la sensación demasiado familiar de la ausencia y la agitación del drama comienza a alejarnos del dolor.

A veces es útil terminar donde empezamos. La adicción al drama es mucho más complicada, tiene más capas y es más generalizada que una simple y extravagantemente ruidosa súplica por atención. Es una manera de intentar existir en un mundo con el que constantemente estás fuera de sintonía, cazando sensaciones para sentirte vivo y buscando crisis, con el fin de validar un malestar imposible de identificar y de saciar. Ser adicto al drama es como si una tormenta con vida propia buscara un pararrayos y en consecuencia arrastrara todo hacia su vórtice mientras destruye el terreno mismo en el que trata de amainar. Este fenómeno lleno de matices, en el que muchos quedamos atrapados, no es diferente a una droga que puedes ingerir, inhalar o inyectarte. Excepto que la «droga» no es algo tangible que puedas sujetar: solo puedes buscarla o fabricarla.

El drama es la agitación, la emoción, la exageración, la erupción, la inquietud y la batalla por sentirte vivo en relación con el adormecimiento del mundo interno y del externo. Y no solo es increíblemente adictivo, también es contagioso.

En cierta medida, todos estamos expuestos o somos adictos al drama. Pero no estamos rotos. No somos problemas a la espera de ser resueltos. Somos seres humanos que quieren desenredar las ataduras que nos han hecho perseguir o ser perseguidos por las caídas y los golpes de nuestra respuesta al estrés; solo estamos tratando de volver a nuestro hogar. Para algunos, un hogar implica estar rodeados por personas sin vórtices de caos que los arrastren, personas con quienes puedan estar sentados en silencio o jugar y sentir calma. Para otros, el hogar significa sentirse a salvo en su propio cuerpo, percibir sus sentimientos y expresar sus necesidades, y saber que los unos y las otras no tienen nada de malo. También significa que nuestro yo verdadero y más auténtico no es ni demasiado ni muy poco, sino lo apropiado. Volver a nuestro hogar significa que ya podemos exhalar y bajar la intensidad de la tensión generalizada, para que por fin podamos ser sostenidos.

Todos somos seres humanos que solo intentan volver a casa.

APÉNDICE

Prácticas e indicaciones para sanar

Ya que los patrones de la adicción al drama están programados profundamente en el cuerpo, resulta muy útil explorar ciertas prácticas que pueden cambiar el sistema nervioso de forma directa. Este apéndice contiene una compilación de prácticas que he usado en mi propio viaje de sanación, así como al dar consultas profesionales a personas que sufren de adicción al drama. Muchas también están dirigidas a las personas relacionadas con los adictos, para que se afiancen y reinicien a sí mismas.

Hay dos secciones: la primera es una colección de ejercicios físicos y meditaciones/visualizaciones guiadas; en la segunda hay apuntes para llevar en un diario y reflexiones guiadas para forjar y explorar tu autoconciencia. Si bien puedes realizar por tu cuenta muchas de estas prácticas, siempre es recomendable contar con un terapeuta profesional que te ayude a procesar tus experiencias y a explorarlas con mayor profundidad. Puede funcionar buscar un terapeuta especializado en terapias de estrés somático o traumas.

Sugiero que leas las prácticas y luego las registres en tu teléfono para que puedas acceder con facilidad a la práctica, reflexión o indicación.

MEDITACIÓN DE ANCLAJE

Esta práctica es para reclamar tu propia atención y presencia, y te ayudará a volver a ti mismo cuando el caos te arrastre.

1. Colócate en una posición cómoda, ya sea sentado, de pie o acostado. Cuando te sientas cómodo, cierra los ojos.
2. Imagina que todo tu cuerpo es una vela.
3. Dentro de la vela hay una mecha; imagina que esta atraviesa el centro de tu cuerpo de arriba abajo.
4. Imagina que enciendes la mecha.
5. Al final de la mecha hay un ancla, algo que le ayuda a afianzarse y mantener la estabilidad.
6. Mantén presente la sensación de estar anclado a tu cuerpo durante varios minutos.
7. Cuando el torbellino de alguien más intente llevarse la llama, regresa tu atención a la mecha y al ancla que la afianza.

MEDITACIÓN DE AFIANZAMIENTO

Si creciste en un entorno caótico y te sientes arrastrado por un torbellino dramático, el afianzamiento puede ayudarte a recuperar la sensación de estabilidad interna.

1. Colócate en una posición cómoda, ya sea sentado, de pie apoyado contra una pared o acostado.
2. Lleva tu atención al área de tu cuerpo que está en contacto con la superficie de apoyo.

3. Imagina que tu respiración se mueve en el espacio que hay entre la superficie de apoyo y tú. Deja que tu atención y tu respiración se ubiquen en la zona en la que estás apoyado.
4. Imagina que la superficie de apoyo se acerca para recibir el peso de tu cuerpo.
5. Nota dónde puedes aceptar y recibir ese apoyo y permite que el peso de tu cuerpo descanse en esa zona (si quieres, puedes agregar una frazada o algo pesado sobre tu cuerpo).
6. En voz alta, nombra los lugares en los que sientes el apoyo y en los que puedes aceptarlos.
7. Por último, lleva tu atención a la zona de tu cuerpo que hace contacto con el suelo. Imagina que en esa zona te crecen raíces que se entierran ahí. Siente el afianzamiento de todo tu cuerpo gracias a ellas.
8. Si percibes que a veces tus pensamientos comienzan a alejarte de ese afianzamiento, solo nótalo y trata de llevar tu atención de vuelta al lugar en el que recibes apoyo y estás arraigado.

PRÁCTICAS SOBRE LÍMITES, PARTE 1: ENCARNAR Y ESTABLECER TUS LÍMITES ENERGÉTICOS

En esencia, los límites son nuestros lineamientos y fronteras personales, y nos dan una idea clara de dónde comenzamos y terminamos. Pueden ser fronteras físicas o limites simbólicos. Los límites emocionales o energéticos son posiblemente la forma más básica de diferenciar entre *yo, tú* y *nosotros*, y tienen que ver con el respeto a los sentimientos. Intenta lo siguiente para apoyarte a ti mismo en la construcción y el mantenimiento de tus límites.

1. Colócate en una posición cómoda, ya sea sentado, de pie o acostado.
2. Lleva tu atención a la parte de tu cuerpo que está en contacto con la superficie de apoyo debajo de ti.
3. Nota dónde puedes recibir ese apoyo por parte de la superficie. Lleva tu atención a donde percibas una sensación de afianzamiento y anclaje.
4. A partir de esa sensación de anclaje, extiende ambos brazos y toca el borde del espacio que puedan alcanzar. Puedes descansar si tus brazos se cansan en cualquier momento de la práctica y continuar cuando te sientas listo.
5. En el límite de la distancia que puedes alcanzar, imagina que una burbuja o membrana te rodea completamente. Usa tus manos para trazar los bordes de esta burbuja/membrana a todo tu alrededor.
6. Una vez que la hayas trazado, imagina que tus manos colorean la cubierta de la membrana: los costados de la burbuja, el frente y las partes posterior, superior e inferior. También puedes exhalar sobre los bordes de la burbuja, imaginando que tu aliento también puede pintar/llenar su superficie interior.
7. Observa lo afianzado y anclado que puedes sentirte dentro de esta burbuja tridimensional.
8. Ahora, lleva tu atención y tus manos hacia la parte de la burbuja que sientas más fuerte, clara y segura. Observa tu respuesta al hacer contacto con esta zona de fuerza en tu límite.
9. Después, identifica la siguiente zona más fuerte y clara en la membrana. Cuando la encuentres, deja que tu atención, tus manos y tu respiración se coloquen sobre ese lugar. Conecta con esa sensación de fuerza, seguridad y claridad. Nota la respuesta de tu cuerpo al hacer contacto con ella.

Si gustas, puedes hacer una pausa aquí o continuar con la siguiente parte.

PRÁCTICAS SOBRE LÍMITES, PARTE 2: RECLAMAR TU ESPACIO

1. Mientras conectas con la burbuja tridimensional a tu alrededor, tómate un momento para observar cómo se siente.
2. En tu mente, mueve conscientemente a todos desde el interior de la burbuja hacia el exterior. Eso incluye a todos y a todo lo que haya traspasado tu límite. Muévelos a la distancia adecuada, cerca o lejos, de modo que te sientas respaldado.
3. Observa la respuesta en tu cuerpo, tus pensamientos y tu respiración al crear este espacio.
4. Si notas que atraes a alguien de vuelta a tu burbuja o que tú sales de ella para atender crisis o a otras personas, vuelve a afianzar tu cuerpo, recupera tu límite y cuida tanto de ti como de lo que sientes y que no habías atendido previamente.

LÍMITES Y VOLUNTAD CON TU ESPACIO PERSONAL

Esta es una práctica en conjunto; sugiero que la explores con alguien de confianza con el fin de reparar rupturas en tus límites. Estas rupturas ocurren cuando nuestras decisiones y nuestro consentimiento son violados. Tener la capacidad de tomar decisiones respecto a qué o a quién decir *sí* o *no* puede ayudarte a recuperar la sensación de poder y a reparar las rupturas. Determinen quién será el participante A y quién el participante B.

1. El participante A se colocará a unos seis metros del participante B.
2. El participante A cerrará los ojos si se siente seguro al hacerlo, y también levantará la mano para mostrarle al participante B las señales de:

- Detente
- Acércate
- Aléjate

3. Participante B, es importante que escuches y respondas exactamente como el participante A indica.
4. Participante A, mantén la mano levantada en todo momento, y escucha tu intuición respecto a lo que necesitas. Usa las señales antes mencionadas para aclarar lo cerca o lejos que quieres que el otro participante se coloque, y para establecer la velocidad con la que te sientes cómodo.
5. Luego de cinco minutos de exploración, haz una pausa para observar cómo se siente tu cuerpo al ser reconocido (visto y escuchado) de esta manera.

CONTROLAR EL CAOS

Esta práctica permite que el caos y las crisis existan sin entrar en ellos, y también reconocer que tu deseo de ser necesitado no compensará por completo el no sentirte visto, escuchado ni reconocido. Debes ser consciente de que mereces ser amado independientemente de lo que puedas ofrecer.

Del mismo modo en que verías pasar un tren o te sentarías en un cine a ver una película, este ejercicio te ayudará a observar a alguien teniendo una experiencia mientras controlas el deseo de hacerla diferente o de controlar la experiencia o los resultados de la otra persona.

1. Siéntate en un lugar agitado o concurrido; puede ser un espacio público o una zona de mucho tránsito en tu casa. Lleva tu atención hacia tu interior y sigue el movimiento de tu respiración.

2. Cada vez que un sonido te saque de tu presencia, nótalo. Por ejemplo, si escuchas los pasos de alguien en tu casa o el sonido de una sirena, observa la manera en que tu mente te conduce a ese sonido, crea una historia acerca de lo que ocurre o por qué ocurre y agrega imágenes para complementarla. Ese es el acto de ser sacado de tu presencia.
3. Al notar que ya no estás en presencia, nómbralo diciendo algo como: «Salí de mí mismo para perseguir algo o a alguien más».
4. Vuelve a ti. Regresa tu atención hacia tu respiración y las sensaciones de tu cuerpo. Puedes dar golpecitos leves en tu cuerpo para dirigir tu enfoque a ese lugar.
5. Sigue notando, nombrando y volviendo a tu presencia. Aprenderás a mantenerte así por más tiempo y serás capaz de volver a ti más rápido luego de alguna distracción.
6. Permítete ver en tu imaginación un suceso reciente sobre alguien o algo que se sintió desafiante o caótico. Realiza la misma práctica de notar, nombrar y regresar a ti hasta que seas capaz tanto de observar lo que ocurre a tu alrededor como de conectar con lo que ocurre dentro de ti. Cada vez que te sientas arrastrado por el caos, nótalo, nómbralo y vuelve a ti.
7. Cuando puedas mantenerte presente en tu interior, estarás listo para intentarlo con personas o situaciones fuera de tu control. Mantente presente para ti mismo, con lo que sea que emerja de tu interior y de las formas en que otros no pudieron estar presentes contigo en el pasado.

MEDITACIÓN DE ABRAZOS (RESTABLECER LA AUTORREGULACIÓN)

El restablecimiento de conexiones seguras contigo mismo y con los demás es un elemento importante para sanar la adicción al drama. Esta meditación proporciona un método físico para reconstruir las conexiones.

1. Toma una almohada grande y ponla sobre tus piernas.
2. Colócate en una posición cómoda, ya sea sentado o acostado. Si estás sentado, apóyate contra la pared o el respaldo de la silla con otra almohada en tu espalda.
3. Si te sientes cómodo haciéndolo, cierra los ojos. Lleva tu atención a las zonas de tu cuerpo que hacen contacto con las superficies de apoyo (por ejemplo, la silla o el piso).
4. Observa cómo la superficie de apoyo recibe los límites de tu cuerpo, como si la tierra se acercara para sujetarte. Nota las áreas en las que te permites ser sujetado y apoyado; en las que permites que todo tu cuerpo (peso y presencia) sea recibido; y en las que sientes su recibimiento.
5. Lleva la almohada de tus piernas al frente de tu cuerpo y abrázala mucho o poco, según desees. Observa qué proporción de la almohada sujeta y da apoyo a la parte frontal de tu cuerpo. Tómate un momento para recibir esa sensación de ser sujetado y respaldado.
6. Dirige tu atención a la almohada detrás de ti. Apóyate en ella conforme te recibe y te sujeta.
7. Ahora dirige tu atención a la sensación de ser abrazado por delante y por detrás. Tómate el tiempo de recibir esa sensación y de ser recibido. Es como si el abrazo de las almohadas dijera: «Estoy aquí contigo».

8. Si estás sentado, coloca una de tus manos sobre la parte superior de tu cabeza. Presiona un poco hacia abajo, para que puedas sentir la suave contención del abrazo entre la parte superior e inferior de tu cuerpo. Tómate un momento para recibir esta sensación de ser abrazado y recibido. Es como si la compresión de tu mano y el suelo dijera: «Estoy aquí contigo». Puedes bajar tu mano para descansar cuando lo necesites.
9. Toma dos almohadas o imagina que ambas abrazan tus costados. También puedes imaginar que las manos de alguien de confianza abrazan suavemente tus costados como si dijera: «Estoy aquí contigo». Tómate un tiempo para recibir la sensación de ser abrazado y recibido.
10. Tómate un momento para un abrazo de cuerpo completo, de adelante hacia atrás, de un costado al otro y de arriba abajo. Observa las zonas en las que te permites recibir el abrazo y el apoyo. Puedes repetir las siguientes palabras: «Estoy aquí contigo». Toma todo el tiempo que necesites para absorber e internalizar lentamente la experiencia de ser abrazado y recibido.
11. Mientras eres abrazado, lleva tu atención a tu interior, hacia cualquier sensación o sentimiento presente.
12. También puedes preguntarte a ti mismo qué en tu interior quiere ser reconocido o aceptado (algo ocurrido en el día o en la semana, o sobre un suceso o una situación en particular). Permite que cualquier sensación, sentimiento, imagen o recuerdo entre en tu conciencia.
13. Mantente presente con lo que sientes. Si notas que te alejas de las sensaciones y sentimientos en tu cuerpo, reconéctate sintonizando con el suelo y apretando el abrazo de las almohadas.
14. Mientras te permites estar presente con las sensaciones y sentimientos, expande tu conciencia hacia la sensación de ser

abrazado y respaldado, como si el abrazo de las almohadas dijera: «Estoy aquí contigo».

15. Sé paciente con esta práctica, ya que estás reprogramando la experiencia para que puedas ser abrazado y recibido con lo que sea que sientas y expreses.
16. Luego de practicar por tu cuenta, puedes acercarte a alguien de confianza que reemplace las almohadas y a quien puedas decirle: «Estoy aquí contigo».

PERMITIRTE SENTIR Y SER SENTIDO

Los adictos al drama perciben la intimidad como algo peligroso. Esta práctica tiene la intención de familiarizarte con la apertura y la intimidad.

1. Colócate en una posición cómoda, ya sea sentado o acostado.
2. Coloca tus manos sobre tu corazón.
3. Permite que tu respiración fluya hacia tus manos y al espacio alrededor de tu corazón.
4. Lleva tu atención al lugar en que tus manos tocan tu corazón.
5. De ser posible, recibe el tacto y el calor de tus manos, y permite que tu corazón haga lo mismo.
6. Imagina que abres unos ductos de aire pequeños en tu piel y tu corazón para permitir que la temperatura y textura de tus manos entren en ti. Si notas que te cierras o aún no eres receptivo, solo mantente en el momento mientras generas confianza.
7. Nota cómo se siente que tu corazón sea sentido.
8. Explora la misma práctica en diferentes partes de tu cuerpo.

Después de practicar sintiéndote a ti mismo y permitiéndote ser sentido, puedes buscar a alguien de confianza con quien te gustaría intentar esta práctica. Ve despacio y haz pausas cuando percibas que te cierras a sentir o ser sentido. Puedes pedir más espacio o lo que sea que necesites en el momento para reconectar contigo mismo y también con la otra persona.

EXPLORACIÓN DE LA SEGURIDAD

A veces los adictos al drama crean crisis (algo que esté mal) para sentirse «seguros». Cuando un niño crece en un entorno caótico o inconsistente siente que algo malo pasará en cualquier momento y, debido a esto, la seguridad y los sentimientos positivos nunca forman una conexión. En su lugar, asocia la seguridad con saber lo que está o estará mal. Esta práctica puede ayudarte a explorar qué es realmente la seguridad y a acostumbrarte a su versión sana.

1. Colócate en una posición cómoda, ya sea sentado, de pie o acostado.
2. Tómate un momento para observar el espacio en el que estás (un cuarto). Nota todos los elementos del cuarto que te hagan sentir cómodo ahí (por ejemplo, objetos, colores u olores).
3. Tómate el tiempo para recibir la presencia de esos elementos que te generan comodidad.
4. Después, lleva tu atención hacia tu interior y nota en qué parte de tu cuerpo está presente la comodidad.
5. Mientras percibes la sensación de comodidad, pregúntate: «¿Estoy seguro aquí?». Observa la respuesta de tu cuerpo.
6. Abre los ojos lentamente, llevando tu atención de vuelta al espacio (cuarto) y a los elementos que te producen comodidad. Vuelve

a conectar con ellos. Pregúntate: «¿Estoy seguro aquí?». Observa la respuesta de tu cuerpo.

7. Vuelve a cerrar los ojos y pregúntate: «¿Estoy seguro aquí?».
8. Si la respuesta es *sí*, observa qué parte de tu cuerpo te permite saber que estás seguro. Describe la sensación de seguridad percibida (por ejemplo, calor, firmeza o protección).
9. Si la respuesta es *no*, mantente conectado con los elementos reconfortantes del cuarto. A veces necesitamos estar cómodos más tiempo antes de que emerja la sensación de seguridad.

SENTIR COMODIDAD

Cuando un adicto al drama comienza a relajarse o tranquilizarse, llega el momento en el que se distrae con el dolor, la autocrítica, la disociación o las historias sobre otras personas. Es como si tuviera un reflejo de aceleración que se activa cuando alcanza el umbral de comodidad de su sistema nervioso. Esta práctica te ayudará a habituarte a la sensación de calma y tranquilidad.

1. Colócate en una posición cómoda, ya sea sentado, de pie o acostado.
2. Tómate el tiempo que haga falta para sentirte realmente cómodo.
3. ¿Puedes lograr un poco más de comodidad? ¿Puedes lograr todavía más que eso?
4. Describe la comodidad. ¿Dónde se encuentra? ¿Cómo se presenta en tu cuerpo?
5. ¿Puedes relajarte en esa comodidad como te relajarías en una tina?

6. Identifica lo que te permite mantenerte en la comodidad o lo que te saca de ella.

DISTANCIARTE DE LAS FUENTES DE ESTRÉS

Pensar o decir «estoy estresado», o enfocarte en todo lo que podría estresarte, son formas de aceleración. Esta práctica te ayudará a quitar el pie del acelerador y a distanciarte mentalmente de las fuentes de estrés percibidas.

1. Reúne entre cinco y diez almohadas y amontónalas una sobre otra.
2. Las almohadas representan todas las fuentes de estrés en tu vida que se yuxtaponen y forman el estrés compuesto que a menudo nos hace sentir pesados e inmóviles.
3. Puedes colocar el montón de almohadas sobre tus piernas para sentir el peso metafórico de esos estresores.
4. Empieza por la parte superior del montón. Asigna a la primera almohada el nombre de una de tus fuentes de estrés y luego arrójala o colócala en algún lugar del cuarto.
5. Tómate un momento para observar cómo se siente quitarte ese peso de encima.
6. Repite los pasos con cada almohada restante, asignándoles estresores y colocándolas o arrojándolas por el cuarto.
7. Al separar cada factor de estrés, tómate el tiempo de sentir la disminución del peso del montón, que tal vez se vea reflejada en la disminución de la presión y el peso sobre tu cuerpo. ¿Puedes permanecer en esa disminución de peso y presión?
8. También presta atención al espacio literal entre cada una de las almohadas (fuentes de estrés).

9. Mientras reconoces el espacio entre ellas, observa la sensación que se produce en tu cuerpo.
10. Nota si hay alguna parte de ti que intente devolver a tu conciencia cualesquiera de los estresores. Vuelve a mirar y respirar en el espacio entre tú y las fuentes de estrés, y al espacio entre cada una de ellas.
11. La intención es generar una mayor capacidad, no acumular o traer de vuelta las fuentes de estrés.
12. Mientras creas más espacio para ti, observa qué sensaciones y sentimientos se presentan en ese espacio.

PANDICULACIÓN

La pandiculación es una práctica simple que ayuda a identificar el nivel actual de tensión en el sistema neuromuscular e incluso a reducir la tensión. Cuando esta se vuelve parte integral de la vida diaria, dejamos de atenderla de manera consciente. Incluso si no somos conscientes de ellos, el tono muscular y la tensión tienen un impacto importante en nuestra postura y atención, y pueden generar respuestas excesivas ante los estímulos.

La pandiculación es contraer y liberar intencionalmente la tensión en áreas específicas del cuerpo en sucesión, trabajando cada área de manera aislada, y al final se realiza una pausa para notar los cambios en las sensaciones; la meta es percatarnos de nuestra tendencia subconsciente a retener la tensión para que podamos tomar la decisión de soltarla.

Si notas que un área se tensa al activar otra (lo cual se llama tensión compuesta), haz una pausa e intenta relajarla. El objetivo es ser capaces de separar estas áreas compuestas. Si notas que la relajación de un área de tu cuerpo hace que otra se relaje, entonces ya eres consciente de una respuesta reflexiva para mantener cierto nivel de tensión corporal. Abordaremos más a esto en la sección sobre chocar con estantes.

1. Colócate en una posición cómoda, ya sea sentado, de pie o acostado.
2. Comienza cerrando las manos hasta apretar los puños (una activación fuerte) y luego relájalas lentamente.
3. Contrae los antebrazos con una activación fuerte, y luego relájalos lentamente.
4. Contrae los brazos con una activación fuerte, y luego relájalos lentamente.
5. Contrae los hombros con una activación fuerte, y luego relájalos lentamente.
6. Contrae el cuello con una activación fuerte, y luego relájalo lentamente.
7. Contrae la cabeza y la cara con una activación fuerte, y luego relájalas lentamente.
8. Contrae el pecho con una activación fuerte, y luego relájalo lentamente.
9. Contrae la parte superior de la espalda con una activación fuerte, y luego relájala lentamente.
10. Contrae el abdomen con una activación fuerte, y luego relájalo lentamente.
11. Contrae la espalda media/baja con una activación fuerte, y luego relájala lentamente.
12. Contrae la pelvis con una activación fuerte, y luego relájala lentamente.
13. Contrae los muslos con una activación fuerte, y luego relájalos lentamente.
14. Contrae las pantorrillas con una activación fuerte, y luego relájalas lentamente.

15. Contrae los pies con una activación fuerte, y luego relájalos lentamente.
16. Haz una pausa al final de la liberación para notar y absorber el cambio de tono muscular/activación.

A veces la práctica de pandiculación libera un área que ha estado tensa y el resultado es una corriente de energía almacenada en los tejidos. Puedes realizar algún tipo de movilización, como sacudirte o caminar; esa energía desea moverse.

RESPIRAR ALTERNANDO LAS FOSAS NASALES

En esta práctica explorarás lo que se siente estar en pausa con una ligera retención de la respiración. Puedes imaginarlo como si tu cuerpo fuera una esponja absorbiendo el respirar completamente, o quizás más como sentir la respiración difuminándose en la sangre y transportándose a todo el cuerpo, donde es distribuida y absorbida por todas las células. La práctica de la pausa y la absorción genera una sensación de espacio y también te ayuda a sentir el interior de ese espacio. Baja la velocidad y haz una pausa profunda entre la inhalación y la exhalación de cada ronda.

1. Colócate en una posición cómoda, ya sea sentado, de pie o acostado.
2. Lleva tu mano derecha hacia tu nariz.
3. Exhala completamente por ambas fosas nasales.
4. Coloca el pulgar en la parte exterior de tu fosa nasal derecha y cierra su pasaje respiratorio.
5. Inhala por la fosa izquierda. Después cierra la fosa izquierda con uno de tus dedos.
6. Haz una pausa en el espacio entre la inhalación y la exhalación.

7. Abre la fosa derecha (levantando el pulgar) y exhala.
8. Extiende la pausa entre la exhalación y la siguiente inhalación.
9. Inhala a través de la fosa derecha. Después, cierra esta misma fosa con el pulgar.
10. Haz una pausa en el espacio entre la inhalación y la exhalación.
11. Abre la fosa izquierda (levantando el dedo) y exhala.
12. Extiende la pausa entre la exhalación y la siguiente inhalación.
13. Hasta aquí es un ciclo completo.
14. Realiza diez ciclos o una secuencia de ciclos durante cinco minutos.

TOMAR TIEMPO PARA SABOREAR LA COMIDA

Esta práctica simple de conciencia plena puede ayudarte a reducir la velocidad y reconectar con las sensaciones internas.

1. Elige algunos alimentos simples, con uno o dos ingredientes.
2. Lleva la comida lentamente hacia tus labios. Reduce la velocidad de los procesos entre el primer contacto de la comida con tu boca y cuando la colocas en su interior.
3. Pasa algunos minutos saboreando y conectando con el pedazo de comida. Tómate el tiempo para sentir las texturas, el peso y la densidad, así como las capas de sabores.
4. Nota cómo responde todo tu cuerpo a la reducción de la velocidad y a la inmersión en lo que comes.

REFLEXIONES Y APUNTES PARA TU DIARIO

CREAR ESPACIO, SENTIR EL ESPACIO, DESCANSAR EN EL ESPACIO

Durante miles de años y a través de prácticas de conciencia plena, diversas filosofías orientales han identificado y trabajado con la tendencia a llenar cualquier espacio vacío con pensamientos o actividades. Por ejemplo, la práctica de encontrar el Madhya (que significa *centro*) se originó a partir de la filosofía tántrica no dual. La intención de la práctica es encontrar la brecha (espacio) al final de un pensamiento o una respiración, notar las ansias por llenar ese espacio y crear tolerancia a estar presente en ese espacio y en lo desconocido. Victor Frankl dijo una vez: «Hay un espacio entre el estímulo y la respuesta. En ese espacio se encuentra nuestro poder para elegir una respuesta, y en esta respuesta yacen nuestro crecimiento y nuestra libertad». De esta forma, desarrollar una práctica para ser capaces de asimilar el espacio lleva, en última instancia, a la voluntad y a la sensación de poder en el mundo, sentimientos que nos son arrebatados por la naturaleza de las estrategias de supervivencia reflexivas y por la adicción a la activación constante.

¿Dónde podemos encontrar estos momentos de espacio?

- En el espacio entre la inhalación y la exhalación.
- En el silencio entre sonidos.
- En las sinapsis entre los impulsos.
- En el espacio entre los pensamientos.
- En el tiempo entre el crepúsculo y el alba.

En tu diario, comienza por identificar los momentos o situaciones en los que puedes crear espacio, y permítete sentirlo y descansar en él.

TRABAJAR EN AQUELLA PARTE DE TU SER QUE NO FUE VISTA

La parte de tu ser que no fue vista es, con frecuencia, la que retiene una buena cantidad de dolor y traumas. Es como si esa parte que no fue vista ni escuchada a una edad temprana se quedara congelada en el tiempo junto con el dolor, lo cual puede devenir de la internalización de esa experiencia, o porque los traumas u otros eventos de la niñez hicieron que no fuera seguro estar presente cuando sucedían para metabolizarlos. En el núcleo de no querer ser visto se encuentra el deseo de serlo y de conectar, por lo que es importante ir despacio y no apresurar el proceso. Hace falta algo de tiempo para dejar de relacionar el ser reconocido con quedar expuesto, o para forjar la confianza de que mereces serlo y de que hay espacio, tiempo, permiso y apoyo para ello. Puedes realizar los siguientes ejercicios con alguien de confianza, o llevar un registro para que puedas visitar tus descubrimientos más tarde. Avanza despacio, sé paciente, y vuelve a este ejercicio tanto como lo necesites para sentirte visto y escuchado.

1. Colócate en una posición cómoda, en un entorno cómodo. Tómate algunos minutos para llegar al interior de tu cuerpo, encontrando el respaldo del suelo y tu respiración.
2. Llama a la parte que no ha sido vista. Puede que experimentes su presencia como una sensación en tu cuerpo, como tu niño interior, como una imagen o como una voz interna.
3. Si esta parte no se siente accesible, o incluso si lo es, declara tu intención máxima de querer conectar con ella.
4. ¿Dónde y cómo percibes la presencia de esta parte en tu cuerpo?
5. ¿Cómo luce?
6. Llegamos a conocer las partes que nos conforman haciéndoles preguntas y escuchando sus respuestas. Pueden darnos información

a través de palabras, imágenes, sensaciones corporales, emociones o conocimiento directo. Invita a este protector a sentarse frente a ti. De nuevo, hazle saber que quieres escuchar sus sentimientos y experiencias como un testigo y como apoyo.

7. Una vez que tengas una imagen o percibas que está presente, trata de tener contacto consensuado con esta parte: acércate a ella, háblale directamente, envíale amor, contacto físico, contacto visual, canten juntos una canción o muévanse y respiren al mismo ritmo.
8. Una vez que estés en contacto con esta parte, hazle las siguientes preguntas en voz alta. Deja que tu imaginación elimine todos los filtros y ábrete a cualquier respuesta.
   - ¿Cómo te gustaría que te llame? ¿Tienes un nombre?
   - ¿Cuál es tu función en mi sistema? ¿Qué haces?
   - ¿Qué sientes?
   - ¿Qué te hace sentir de esa manera?
   - ¿Cuánto tiempo llevas aquí realizando esa función?
   - ¿Qué quieres y necesitas?
   - ¿Qué te gustaría que sepa sobre ti?
9. Al recibir las respuestas, ¿qué te gustaría decirle en voz alta a esta parte? ¿De qué manera te responde?
10. A continuación, pídele que te diga cuándo comenzó a sentir que no la veían ni escuchaban. Pídele que comparta contigo una imagen o recuerdo de esta experiencia (nota: los recuerdos pueden presentarse como sensaciones o imágenes no lineales, respeta todo lo que surja como parte del proceso de sanación).
11. Invítala a compartir tantos detalles como quiera respecto a esta imagen o recuerdo. Pregunta cómo se sintió cuando eso ocurrió. Hazle saber que estás presente.

12. Pregúntale si hay algo más que quiera que sepas o entiendas.
13. Si esta parte está de acuerdo, pregúntale si puedes incluirte en este recuerdo o imagen para brindarle apoyo y cualquier tipo de ayuda.
14. Pregúntale de qué manera le gustaría que tú, el adulto, se involucrara en esta experiencia. ¿Qué podrías hacer de forma diferente a lo que era posible en ese entonces? Proporciona lo que sea necesario a través de tu visualización e imaginación.
15. Tómate el tiempo de ofrecer el apoyo o recibir las peticiones de esta parte. Nota cómo se siente tu cuerpo al hacerlo. Invítala a marinarse en lo bueno de ser apoyada, vista y escuchada.
16. Con gentileza, hazle saber a esta parte que ha estado viviendo en el pasado y que te gustaría que viniera al presente, donde las circunstancias son diferentes. Si lo deseas, en este momento puedes invitarla a dar un paseo contigo.
17. Al pasar tiempo juntos en el presente, crea un ritual para liberar a esta parte de cualquier peso o dolor presente. Quizá puedas liberarla en el viento, en la tierra o en el sol; algo que la reviva y la transforme.
18. Agradécele por permitirte conectar con ella, verla y escucharla. Una vez que completes este paso, observa lo que a esta parte le gustaría hacer ahora.
19. Nota lo que sientes diferente en ti.

AUTOCONSULTA PARA REDES SOCIALES

Nuestros avatares en redes sociales (véase la página 192) pueden crear una distancia entre nosotros y nuestra verdad interior. Usa esta práctica para entrar en contacto con tus necesidades más profundas.

1. Durante una semana, cada vez que quieras compartir algo en internet, haz una pausa y pregúntate:
   - ¿Qué necesito en este momento?
   - ¿Cuál es el objetivo de esta publicación?
   - ¿Qué deseo realmente? (Por ejemplo, atención, conexión, que mi tristeza sea vista y sentida, saber que no me han olvidado).
2. Haz una pausa antes de publicar; mantente presente en el sentimiento y la necesidad que descubriste al bajar la velocidad. Hazte las preguntas anteriores.
3. Nota lo que ocurre cuando estos sentimientos y necesidades son reconocidos.
4. Si decides publicar, observa lo que ocurre en relación con las necesidades que identificaste, ¿fueron satisfechas?

IDENTIFICAR CUÁN PRESENTES ESTÁN EN TU VIDA LAS EMOCIONES

Usa las siguientes preguntas como guía para tu diario; sé tan honesto como te sea posible.

1. Haz una lista de emociones:

   Ira, tristeza, disgusto, estimulación, decepción, desesperanza, alegría, sensualidad, placer, soledad, esperanza, preocupación, ansiedad, empoderamiento, ruptura de corazón, impresión, ternura, paz...
2. Pregúntate respecto a cada una de estas emociones:
   - ¿Cuáles está bien que sienta?

- ¿Con cuáles conecto y cuáles siento?
- ¿Cuáles está bien que exprese?
- ¿Cuáles expreso?

CONTACTAR CON LOS SENTIMIENTOS (EMOCIONES) EN TU CUERPO

Las emociones se dividen en dos categorías: emociones primarias (nucleares) y emociones secundarias (repositorias). Las emociones primarias son nuestra experiencia más real y residen en nuestro cuerpo para guiarnos; las secundarias disfrazan los sentimientos fundamentales y sirven como sustituto cuando las emociones nucleares son demasiado fuertes o se reprimen. Usa esta práctica para entrar en contacto con las emociones primarias.

1. Identifica un sentimiento o una emoción presente.
2. Consulta tu cuerpo explorándolo para ver si ese sentimiento está presente en este momento. Si la palabra para el sentimiento no es la adecuada, vuelve y encuentra la que lo sea.
3. En una escala del 1 al 10, ¿qué tan presente está el sentimiento en este momento?
4. ¿En qué parte de tu cuerpo reside ese sentimiento?
5. ¿Puedes dirigirte hacia ese sentimiento, preparando tu cuerpo para contactar gentilmente con él, como si metieras los dedos de los pies o las manos en un lago o estanque?
6. Al contactar con el sentimiento (emoción), observa cómo puedes describirlo. ¿Cuáles son las cualidades del sentimiento (por ejemplo, grande, cálido, afilado, pesado, congelado, ligero o brillante)?

7. Mantente en el sentimiento, notando si el contacto le permite movilizarse. Ya que las verdaderas emociones están en movimiento, ¿puedes darle permiso de moverse a través de tu cuerpo?

CONEXIÓN DE SENTIMIENTOS Y NECESIDADES

Esta es una práctica de completar oraciones para generar más conciencia respecto a tus sentimientos y necesidades.

1. Cuando ______________ ocurrió,
2. sentí ________________ [puede ser más de un sentimiento, por ejemplo: afección, esperanza, felicidad, confianza, emoción, agradecimiento, inspiración, frescura, admiración, amor, satisfacción, miedo, frustración, culpa, pena, ira, disgusto, dolor, vulnerabilidad, confusión, aversión, deseo, tristeza o tensión].
3. Me recuerda ______________________________ [un recuerdo o reconocimiento de experiencias asociadas].
4. Y lo que necesito es __________________________ [puede haber más de una necesidad, por ejemplo: significado, conexión, confianza, apoyo, empatía, ser visto/escuchado, seguridad, juego, pertenencia, tranquilidad, acción o compasión].

TRABAJAR CON LIBRETOS DE CONFIRMACIÓN

Los libretos de confirmación son el monólogo interno compuesto por las creencias que nos repetimos a nosotros mismos. Son discos rayados que no dejan de sonar en el tocadiscos: «Nadie me ama», «Ellos tienen una mejor vida que yo», «Voy a quedarme solo», etcétera.

Cuando bajamos la velocidad y conectamos con nuestro cuerpo en el momento presente, comenzamos a reconocer cómo alimentamos estos libretos de confirmación: alterándonos en vez de responder a lo que está presente en nuestro cuerpo. Los libretos de confirmación son las creencias que justifican la adicción al drama y las conductas que emergen de ella, como: «Tengo que luchar para que mi voz sea escuchada porque nadie me ve» o «Tengo que mantenerme vigilante porque soy el único que puede proteger a mi familia».

A menudo los libretos de confirmación se convierten en nuestra identidad y encontramos las situaciones o las interpretamos de formas que los comprueban. Si dices líneas familiares repetidamente respecto a numerosas situaciones, es muy probable que sean libretos de confirmación.

Cuando reconozcas uno de estos libretos, etiquétalo como tal: «Esta frase es un libreto que uso para justificar el acto de alejarme de mí mismo... es parte de mi aceleración» o «No soy estos pensamientos ni soy estas condiciones». También puedes imaginar que les pones una etiqueta a estas frases con el texto «libreto de confirmación» para que estén claramente etiquetadas cada vez que surjan.

ANALIZAR LOS ORÍGENES DE UN LIBRETO DE CONFIRMACIÓN

Una característica clave común en los adictos al drama es la falta de confianza en sí mismos (que puedes percibir como ajetreo subyacente), de valía propia o de la capacidad para confiar en otros. La falta de confianza aparece en las historias o los libretos de confirmación que nos decimos a nosotros mismos, que surgen de las ocasiones en las que alguien no nos vio, escuchó o reconoció. Responde las siguientes preguntas e indicaciones en tu diario:

1. ¿En qué áreas de tu vida se presenta la falta de confianza?
2. ¿En qué momentos no te vio o escuchó alguien?

3. ¿Qué historia creaste sobre ti mismo para explicar la razón por la que esa persona no te vio o escuchó?

4. Para contrarrestar los libretos de confirmación negativa, escribe una ocasión en la que alguien te vio y te escuchó de una forma que se sintió segura. Describe esa experiencia. ¿Cómo se sintió? ¿Qué libreto positivo puedes crear a partir de esta experiencia?

ELEGIR TU ESTILO NARRATIVO

Esta es una práctica de experiencias que atraviesa tres variaciones narrativas. Observa para ti mismo, después de cada una, si se siente familiar o ajena.

1. Elige una historia de tu vida que tenga un nivel moderado de activación o de intensidad. Es decir, un nivel 4 o 5 en una escala del 1 al 10.
2. Programa un temporizador por cuatro minutos.
3. Para esta primera ronda, comparte en voz alta lo que ocurrió, incluyendo lo que los demás hicieron o dijeron.
4. Al terminar los cuatro minutos, haz una pausa y observa cómo te sientes después de compartir la historia de ese modo. ¿Se siente familiar o ajena?
5. Vuelve a programar el temporizador por cuatro minutos.
6. Para esta ronda, enfócate en lo que ocurre en ti. Puedes pasar como máximo el 20% del tiempo hablando de lo que pasó (poco menos de un minuto), y el resto del tiempo te enfocarás en cómo te sientes en el momento en respuesta al suceso. Usa frases como: «En este momento me siento...», y luego describe las cualidades de esa sensación en tu cuerpo. Si lo deseas, puedes cerrar los ojos.

7. Al terminar los cuatro minutos, haz una pausa y observa cómo te sientes luego de compartir la historia de este modo. ¿Se siente familiar o ajena?
8. Programa el temporizador por cuatro minutos.
9. Para esta tercera ronda, comparte la misma historia desde una perspectiva en la que eres el héroe. La historia del héroe habla sobre cómo superaste esta dificultad y cómo eres capaz de hablar al respecto ahora. También puedes hacer alusión a lo que aprendiste y cómo creciste gracias a la experiencia.
10. Al terminar los cuatro minutos, haz una pausa y observa cómo te sientes después de compartir la historia de este modo. ¿Se siente familiar o ajena?

Observa y anota en tu diario cómo se sintió cada estilo narrativo en relación con los otros. El primero se llama narrativo dramático; está enfocado en la narración causa-efecto, y en la progresión lineal de la historia (por ejemplo, «él hizo esto, y luego ella dijo aquello»). El segundo estilo se llama narrativo reflexivo, ya que se enfoca más en la experiencia individual interna en el aquí y el ahora. El tercero recibe el nombre de narrativa del héroe y se enfoca en el crecimiento y aprendizaje de la experiencia. La intención de esta práctica es que seas capaz de descubrirte en una narración dramática, en la que te enfocas en las acciones y conductas de los demás, adornándola para lograr intensificarla. Cuando te identifiques en la narrativa dramática, haz una pausa, arráigate e indaga en lo que hay debajo de querer compartir desde una expresión dramática; ¿qué sientes? Colócate en relación con lo que quieres comunicar. ¿Qué debe ser reconocido o abordado por su importancia? ¿Qué es lo que necesitas? Observa lo que puedes compartir a través de una narrativa reflexiva.

PRÁCTICA DE NARRATIVA REFLEXIVA

Cuenta en voz alta una historia sobre ti o sobre alguien más. Luego de cada oración, haz una pausa y pregúntate: ¿cómo me siento en este momento? Mientras hablas, ¿puedes sentir tu respiración, el peso de tu cuerpo o la sensación de estar anclado (conectado) al suelo? Si te sientes desconectado de ti mismo durante la historia, haz una pausa para volver a conectarte.

ALÉJATE DE LAS HISTORIAS

Cuando sientas que caes en una historia mental, usa tus sentidos y tu respiración para salir de tu imaginación y volver al momento presente. Otras herramientas para estar presente son:

- Notar los colores en tu cuarto.
- Escuchar los sonidos a tu alrededor.
- Sentir el contacto de tu piel con el suelo.
- Notar la calidad del aire y la temperatura.
- Comenzar una lista de hechos sobre lo que ocurre, aquello que sabes con certeza que es verdad. ¿Qué te permite saber lo que es verdad en este momento?
- Hacer una lista sobre todos los elementos que son historia, especulación o imaginación.
- Preguntarte de qué manera es parecida esta historia que cuentas sobre ti o sobre otros a otras historias que has contado en el pasado.

DEJAR DE CREAR HISTORIAS A PARTIR DEL PASADO

Una táctica de aceleración común es revivir y recrear historias del pasado. La intención de esta práctica es notar cuando estés siendo sugestionado por un recuerdo que te altera, para poder alejarte de él.

1. Nota cuando estés repitiendo una memoria del pasado. Reconoce si estás realizando alguna de las tres *r*: repetir, revivir o recrear.
2. Imagina que depositas el recuerdo temporalmente en una caja. Después, coloca unos conos alrededor de esta y cuelga en ellos una cinta amarilla que diga *precaución*. Separa esta caja y el espacio que contiene este recuerdo. Esto no significa que el recuerdo sea malo o peligroso, solo te estás previniendo hipnóticamente para no usarlo como un medio para acelerarte. Si intentas usar el recuerdo como combustible, tendrás que pasar por la cinta de precaución, lo que hará que tus acciones sean más conscientes.
3. Luego de colocar la cinta de precaución, observa la cantidad de espacio entre el recuerdo y tú. Si quieres, deja que tu respiración llene el espacio.
4. Ahora, lleva tu atención hacia ti. ¿Qué está presente en ti?

DEJAR DE CREAR HISTORIAS A PARTIR DE UN FUTURO IMAGINADO

Otra táctica de aceleración común es proyectarte sobre escenarios futuros potenciales. Es como si estuvieras en una clase de yoga o de meditación y de pronto te encontraras en la fantasía de estarle gritando a una pareja del pasado o al representante de atención al cliente que te hizo sentir agraviado. Este ejercicio te ayudará a deconstruir y apartar el «recuerdo» futuro.

1. Observa cómo creas una historia sobre otras personas o respecto a algo que está en el futuro. De nuevo, nota si inventas algo que no está ocurriendo en el presente y si comienzas a repetir, revivir o recrear diferentes versiones de esa historia.

2. Da un paso atrás. A menudo yo uso las frases: «Estoy poniendo el mantel para alguien que no vendrá a cenar», «Estoy comprando una herramienta para un proyecto que no voy a realizar» o «Estoy comprando una motocicleta cuando ni siquiera sé manejar»; o alguna variante.

3. Luego de repetir la frase, entra en acción para deconstruir el recuerdo futuro. Por ejemplo, si usas la primera frase sobre una cena, visualízate guardando todos los trastes: las copas, los platos, los vasos, los cubiertos y los manteles. Regrésalos a sus respectivos cajones. Luego vuelve a la mesa y siéntate frente a ella con lo que está y con quienes están ahí. En otras palabras, vuelve a lo que ocurre en el momento presente, como la clase de yoga o la de meditación.

Agradecimientos

AUNQUE PASÉ DEMASIADAS HORAS ESCRIBIENDO E INVESTIGANDO A solas en un cuarto, necesité de toda una comunidad de apoyo y de seres humanos increíblemente expresivos y honestos para escribir este libro. Estoy agradecido con cada una de las personas que contribuyeron a la investigación y la formación de este manuscrito. A mis queridos amigos Rae Johnson, Nkem Ndefo, Arielle Schwartz, Caitlin Cady, Heather Lord y Lailey Wallace por las conversaciones a altas horas de la noche, la retroalimentación honesta y los ánimos inagotables. A mi familia en Embody Lab, por ser siempre un pilar de apoyo y por ayudarme a volver realidad muchos de mis sueños. A Ally Bogard, por sentarse a mi lado durante muchas horas para deconstruir cada oración y ofrecerme su aliento y sus hermosas ideas para desarrollar el libro. A mi increíble familia: mi mamá, mi papá y Nikki, quienes nunca dudaron en brindarme su emoción y amor incondicional en cada paso del camino. A Luann Fortune, quien me guio con gentileza por el proceso de ser simultáneamente investigador y escritor. A Theopia Jackson, quien creyó en mí y en el propósito de esta obra. A Elizabeth Osgood Campbell, por todas las maravillosas conversaciones sobre desarrollo y por guiarme a través del proceso de escritura de un libro. A Steven Porges, por todas las conversaciones que estimularon la maduración del libro.

A los miembros de Hachette, en especial a Renée Sedliar, quien tomó un riesgo conmigo y creyó con firmeza en hacer que la versión en inglés de *No te tires al drama* llegara al mundo.

Notas

CAPÍTULO 3: SÍNTOMAS Y EFECTOS COMUNES DE LA ADICCIÓN AL DRAMA

1. Shelley E. Taylor y Fuschia M. Sirois, *Health Psychology*, 2.ª ed. (Toronto, ON: McGraw Hill, 2012); Robert Pearl, «Stress in America: The Causes and Costs», *Forbes*, 9 de octubre, 2014, <https://www.forbes.com/sites/robertpearl/2014/10/09/stress-in-america-the-causes-and-costs/>; E. Kozora *et al.*, «Major Life Stress, Coping Styles, and Social Support in Relation to Psychological Distress in Patients with Systemic Lupus Erythematosus», *Lupus* 14, núm. 5 (2005): 363-372, <https://doi.org/10.1191/0961203305lu2094oa>.
2. Bessel van der Kolk *et al.*, «Inescapable Shock, Neurotransmitters, and Addiction to Trauma: Toward a Psychobiology of Post-Traumatic Stress», *Biological Psychiatry* 20, núm. 3 (1985): 314-325, <https://doi.org/10.1016/0006-3223(85)90061-7>.
3. Delana Marie Parker, *In Sync: Daily Mood and Diurnal Cortisol Synchronization Between Pre-adolescents and Their Mothers and Fathers,* UCLA Electronic Theses and Dissertations, 2017, https://escholarship.org/uc/item/1vb60880; S. J. Dimitroff *et al.*, «Physiological Dynamics

of Stress Contagion», *Scientific Reports* 7, núm. 1 (2017): 1-8; B. B. Gump y J. A. Kulik, «Stress, Affiliation, and Emotional Contagion», *Journal of Personality and Social Psychology* 72, núm. 2 (1997): 305-319, <https://doi.org/10.1037/0022-3514.72.2.305>.

CAPÍTULO 5: CREANDO LA TORMENTA PERFECTA: LA BASE DE LA ADICCIÓN AL DRAMA

1. Urie Bronfenbrenner, «Ecological Models of Human Development», en *Readings on the Development of Children*, eds. Mary Gauvain y Michael Cole (Nueva York: Freeman, 1994), 37-43.
2. John A. Astin, «Mind-Body Therapies for the Management of Pain», *Clinical Journal of Pain* 20, núm. 1 (2004): 27-32, <https://doi.org/10.1097/00002508-200401000-00006>; Robert Kugelmann, «Pain in the Vernacular: Psychological and Physical», *Journal of Health Psychology* 5, núm. 3 (2000): 305-313; Naomi I. Eisenberger, «Broken Hearts and Broken Bones: A Neural Perspective on the Similarities Between Social and Physical Pain», *Current Directions in Psychological Science* 21, núm. 1 (2012): 42-47, <https://doi.org/10.1177/0963721411429455>.
3. Kelly A. Davies *et al.*, «Insecure Attachment Style Is Associated with Chronic Widespread Pain», *Pain* 143, núm. 3 (2009): 200-205.
4. Alessia Passanisi *et al.*, «Attachment, Self-Esteem and Shame in Emerging Adulthood», *Procedia—Social and Behavioral Sciences* 191, núm. 2 (2015): 342-346, <https://doi.org/10.1016/j.sbspro.2015.04.552>; David R. Cook, «Shame, Attachment, and Addictions: Implications for Family Therapists», *Contemporary Family Therapy* 13 (1991): 405-419, <https://doi.org/10.1007/BF00890495>; David S. Bennett, Margaret Wolan Sullivan y Michael Lewis, «Neglected Children, Shame-Proneness, and Depressive Symptoms», *Child Maltreatment* 15, núm. 4 (2010): 305-314, <https://doi.org/10.1177/1077559510379634>.
5. Louis Leung, «Leisure Boredom, Sensation Seeking, Self-Esteem, and Addiction», en *Mediated Interpersonal Communication*, eds. Elly A. Konijn *et al.* (Nueva York: Routledge, 2008), 359-381.

6. Laura MacPherson *et al.*, «Changes in Sensation Seeking and Risk-Taking Propensity Predict Increases in Alcohol Use Among Early Adolescents», *Alcoholism: Clinical and Experimental Research* 34, núm. 8 (2010): 1400-1408, <https://doi.org/10.1111/j.1530-0277.2010.01223.x>.

CAPÍTULO 6: PROGRAMADO PARA EL DRAMA: EL PAPEL DEL ESTRÉS

1. Johannes Klacki y Eva Jones, «Effects of Mortality Salience on Physiological Arousal», *Frontiers in Psychology* 10 (2019): 1893, <https://doi.org/10.3389/fpsyg.2019.01893>.
2. Hans Selye, «The Evolution of the Stress Concept: The Originator of the Concept Traces Its Development from the Discovery in 1936 of the Alarm Reaction to Modern Therapeutic Applications of Syntoxic and Catatoxic Hormones», *American Scientist* 61, núm. 6 (1973): 692-699.
3. Selye, «The Evolution of the Stress Concept», *op. cit.*
4. Hans Selye, *The Stress of Life* (Nueva York: McGraw-Hill, 1956).
5. L. Harper, «Epigenetic Inheritance and the Intergenerational Transfer of Experience», *Psychological Bulletin* 131, núm. 3 (2005): 340-360, <https://doi.org/10.1037/0033-2909.131.3.340>; Teresa I. Sivilli y Thaddeus W. W. Pace, *The Human Dimensions of Resilience: A Theory of Contemplative Practices and Resilience*, Garrison Institute, 2014, <https://www.garrisoninstitute.org/wp-content/uploads/2016/03/The_Human_Dimensions_of_Resilience.pdf>; D. S. Goldstein e I. J. Kopin, «Evolution of Concepts of Stress», *Stress* 10 (2007): 109-120.
6. Annina Seiler *et al.*, «Adverse Childhood Experiences, Mental Health, and Quality of Life of Chilean Girls Placed in Foster Care: An Exploratory Study», *Psychological Trauma: Theory, Practice, Research, and Policy* 8, núm. 2 (2016): 180-187, <https://doi.org/10.1037/tra0000037>.

7. Vincent J. Felitti *et al.*, «Relationship of Childhood Abuse and Household Dysfunction to Many of the Leading Causes of Death in Adults: The Adverse Childhood Experiences (ACE) Study», *American Journal of Preventive Medicine* 14, núm. 4 (1998): 245-258, <https://doi.org/10.1016/S0749-3797(98)00017-8>.
8. Shanta R. Dube *et al.*, «Childhood Abuse, Household Dysfunction, and the Risk of Attempted Suicide Throughout the Life Span: Findings from the Adverse Childhood Experiences Study», *JAMA* 286, núm. 24 (2001): 3089-3096, <https://doi.org/10.1001/jama.286.24.3089>.
9. Felitti *et al.*, *Relationship of Childhood Abuse and Household Dysfunction, op. cit.* Tamara B. Franklin *et al.*, «Epigenetic Transmission of the Impact of Early Stress Across Generations», *Biological Psychiatry* 68, núm. 5 (2010): 408-415, <https://doi.org/10.1016/j.biopsych.2010.05.036>.
10. Ann Louise Hunter, Helen Minnis y Philip Wilson, «Altered Stress Responses in Children Exposed to Early Adversity: A Systematic Review of Salivary Cortisol Studies», *Stress* 14, núm. 6 (2011): 614-626, <https://doi.org/10.3109/10253890.2011.577848>.
11. L. Harper, «Epigenetic Inheritance and the Intergenerational Transfer of Experience», *Psychological Bulletin* 131, núm. 3 (2005): 340-360, <https://doi.org/10.1037/0033-2909.131.3.340>.
12. T. Canli, «Toward a 'Molecular Psychology' of Personality», en *Handbook of Personality: Theory and Research*, eds. Oliver P. John, Richard W. Robins y Lawrence A. Pervin (Nueva York: Guilford, 2008), 311-327; R. F. Krueger y W. Johnson, «Behavioral Genetics and Personality», en *Handbook of Personality: Theory and Research*, eds. Oliver P. John, Richard W. Robins y Lawrence A. Pervin (Nueva York: Guilford, 2008), 287-310.
13. Natan P. Kellermann, «Epigenetic Transmission of Holocaust Trauma: Can Nightmares Be Inherited?», *Israel Journal of Psychiatry and Related Sciences* 50, núm. 1 (2013): 33.

14. Hunter, Minnis y Wilson, «Altered Stress Responses in Children Exposed to Early Adversity», *op. cit.*
15. Urie Bronfenbrenner, «Ecological Models of Human Development», en *Readings on the Development of Children*, eds. Mary Gauvain y Michael Cole (Nueva York: Freeman, 1994), 37-43.
16. Sara R. Jaffee *et al.*, «Chaotic Homes and Children's Disruptive Behavior: A Longitudinal Cross-Lagged Twin Study», *Psychological Science* 23, núm. 6 (2012): 643-650, <https://doi.org/10.1177/0956797611431693>.
17. Bernard J. Baars, *In the Theater of Consciousness: The Workspace of the Mind* (Nueva York: Oxford University Press, 1997).
18. Elaine N. Aron, Arthur Aron y Jadzia Jagiellowicz, «Sensory Processing Sensitivity: A Review in the Light of the Evolution of Biological Responsivity», *Personality and Social Psychology Review* 16, núm. 3 (2012): 262-282, <https://doi.org/10.1177/1088868311434213>.
19. Aron, Aron y Jagiellowicz, *Sensory Processing Sensitivity*, *op. cit.*; John E. Richters y Everett Waters, «Attachment and Socialization: The Positive Side of Social Influence», en *Social Influences and Socialization in Infancy*, eds. Saul Feinman y Michael Lewis (Cleveland: Plenum Press, 1991), 185-213.
20. Richters y Waters, *Attachment and Socialization*, *op. cit.*
21. Antonia Bifulco *et al.*, «Adult Attachment Style as Mediator Between Childhood Neglect/Abuse and Adult Depression and Anxiety», *Social Psychiatry and Psychiatric Epidemiology* 41, núm. 10 (2006): 796-805, <https://doi.org/10.1007/s00127-006-0101-z>; K. A. Davies *et al.*, «Insecure Attachment Style Is Associated with Chronic Widespread Pain», *Pain* 143, núm. 3 (2009): 200-2005, <https://doi.org/10.1016/j.pain.2009.02.013>.
22. E. Waters, D. Hay y J. Richters, «Infant-Parent Attachment and the Origins of Prosocial and Antisocial Behavior», en *Development of Antisocial and Prosocial Behavior: Research, Theories and Issues*, eds. Dan Olweus, Jack Block y Marian Radke Yarrow (Nueva York: Academic Press, 1986), 97-125.

CAPÍTULO 7: AFERRADO Y ATRAPADO: CUANDO UNA ESTRATEGIA DE SUPERVIVIENCIA SE CONVIERTE EN UNA ADICCIÓN

1. Bruce E. Compas *et al.*, «Coping with Stress During Childhood and Adolescence: Problems, Progress, and Potential in Theory and Research», *Psychological Bulletin* 127, núm. 1 (2001): 87-127, <https://doi.org/10.1037/0033-2909.127.1.87>.
2. Compas *et al.*, *Coping with Stress During Childhood and Adolescence, op. cit.*
3. Alan I. Leshner, «Addiction Is a Brain Disease, and It Matters», *Science* 278, núm. 5335 (1997): 45-47, <https://doi.org/10.1126/science.278.5335.45>; A. Thomas McLellan *et al.*, «Drug Dependence, a Chronic Medical Illness: Implications for Treatment, Insurance, and Outcomes Evaluation», *JAMA* 284, núm. 13 (2000): 1689-1695, <https://doi.org/10.1001/jama.284.13.1689>.
4. Mark Griffiths, «A "Components" Model of Addiction Within a Biopsychosocial Framework», *Journal of Substance Use* 10, núm. 4 (2005): 191-197, <https://doi.org/10.1080/14659890500114359>.
5. J. D. Kruschwitz *et al.*, «High Thrill and Adventure Seeking Is Associated with Reduced Interoceptive Sensitivity: Evidence for an Altered Sex–Specific Homeostatic Processing in High–Sensation Seekers», *European Journal of Personality* 28, núm. 5 (2014), 472-481, <https://doi.org/10.1002%2Fper.1946>.
6. Johann Hari, *Tras el grito: Un relato revolucionario y sorprendente sobre la verdadera historia de la guerra contra las drogas* (México, Paidós, 2015).
7. Bruce K. Alexander, Patricia Hadaway y Robert Coambs, «Rat Park Chronicle», *British Columbia Medical Journal* 22, núm. 2 (1980): 32-45; Bruce K. Alexander, «The Disease and Adaptive Models of Addiction: A Framework Evaluation», *Journal of Drug Issues* 17, núm. 1 (1987): 47-66, <https://doi.org/10.1177/002204268701700104>.

8. R. Gurung, B. Sarason e I. Sarason, «Close Personal Relationships and Health Outcomes: A Key to the Role of Social Support», en *Handbook of Personal Relationships: Theory, Research and Interventions*, 2.ª ed., eds. Steve Duck *et al.* (Chichester, RU: Wiley, 1997): 547-573; John F. Kelly y Rudolf Moos, «Dropout from 12-Step Self-Help Groups: Prevalence, Predictors, and Counteracting Treatment Influences», *Journal of Substance Abuse Treatment* 24, núm. 3 (2003): 241-250.
9. Gabor Maté, «Addiction: Childhood Trauma, Stress and the Biology of Addiction», *Journal of Restorative Medicine* 1, núm. 1 (2012): 56-63.
10. Gabor Maté, *In the Realm of Hungry Ghosts: Close Encounters with Addiction* (Berkeley: North Atlantic Books, 2010).
11. Andreas von Leupoldt *et al.*, «Dyspnea and Pain Share Emotion-Related Brain Network», *NeuroImage* 48, núm. 1 (2009): 200-206, <https://doi.org/10.1016/j.neuroimage.2009.06.015>.
12. Shelley E. Taylor y Fuschia M. Sirois, *Health Psychology*, 2ª ed. (Toronto, ON: McGraw Hill, 2012).
13. Francis J. Keefe *et al.*, «Coping with Rheumatoid Arthritis Pain: Catastrophizing as a Maladaptive Strategy», *Pain* 37, núm. 1 (1989): 51-56, <https://doi.org/10.1016/0304-3959(89)90152-8>; Steven Stosny, *Treating Attachment Abuse: A Compassionate Approach* (Nueva York: Springer, 1995); Michael J. Sullivan *et al.*, «Theoretical Perspectives on the Relation Between Catastrophizing and Pain», *Clinical Journal of Pain* 17, núm. 1 (2001): 52-64, <https://doi.org/10.1097/00002508-200103000-00008>.
14. Hillel Glover, «Emotional Numbing: A Possible Endorphin-Mediated Phenomenon Associated with Post-Traumatic Stress Disorders and Other Allied Psychopathologic States», *Journal of Traumatic Stress* 5, núm. 4 (1992): 643-675, <https://doi.org/10.1002/jts.2490050413>; Billi Gordon, «Excessive Attention-Seeking and Drama Addiction: Portrait of Neglect», *Obesely Speaking (blog), Psychology Today*, 4 de noviembre, 2014, <https://www.psychologytoday.com/us/blog/obesely-speaking/201411/excessive-attention-seeking-and-

drama-addiction>; Bessel van der Kolk *et al.*, «Inescapable Shock, Neurotransmitters, and Addiction to Trauma: Toward a Psychobiology of Post-Traumatic Stress», *Biological Psychiatry* 20, núm. 3 (1985): 314-325, <https://doi.org/10.1016/0006-3223(85)90061-7>.

15. Maté, *In the Realm of Hungry Ghosts*, *op. cit.*
16. Martin P. Paulus, «Decision-Making Dysfunctions in Psychiatry—Altered Homeostatic Processing?», *Science* 218, núm. 5850 (2007): 602-606, <https://doi.org/10.1126/science.1142997>.
17. Caroline Durlik y Manos Tsakiris, «Decreased Interoceptive Accuracy Following Social Exclusion», *International Journal of Psychophysiology* 96, núm. 1 (2015): 57-63; Lori Haase *et al.*, «When the Brain Does Not Adequately Feel the Body: Links Between Low Resilience and Interoception», *Biological Psychology* 113 (2016): 37-45; J. D. Kruschwitz *et al.*, «High Thrill and Adventure Seeking Is Associated with Reduced Interoceptive Sensitivity: Evidence for an Altered Sex–Specific Homeostatic Processing in High–Sensation Seekers», *European Journal of Personality* 28, núm. 5 (2014): 472-481.
18. Ali Cheetham *et al.*, «The Role of Affective Dysregulation in Drug Addiction», *Clinical Psychology Review* 30, núm. 6 (2010): 621-634; William W. Stoops y David N. Kearns, «Decision-Making in Addiction: Current Knowledge, Clinical Implications and Future Directions», *Pharmacology Biochemistry and Behavior* 164 (2018): 1-3.
19. Jean M. Williams, Phyllis Tonymon y Mark B. Andersen, «Effects of Life-Event Stress on Anxiety and Peripheral Narrowing», *Behavioral Medicine* 16, núm. 4 (1990): 174-181; Tracie J., Rogers y Daniel M. Landers., «Mediating Effects of Peripheral Vision in the Life Event Stress/Athletic Injury Relationship», *Journal of Sport and Exercise Psychology* 27, núm. 3 (2005): 271-288.
20. Jacek Kolacz, Katja K. Kovacic y Stephen W. Porges, «Traumatic Stress and the Autonomic Brain-Gut Connection in Development: Polyvagal Theory as an Integrative Framework for Psychosocial and Gastrointestinal Pathology», *Developmental Psychobiology* 61, núm. 5 (2019): 796-809, <https://doi.org/10.1002/dev.21852>.

21. Jacek Kolacz, Gregory F. Lewis y Stephen W. Porges, «The Integration of Vocal Communication and Biobehavioral State Regulation in Mammals: A Polyvagal Hypothesis», en *Handbook of Behavioral Neuroscience*, ed. Stefan M. Brudzynski (Londres: Elsevier, 2018), 23-34, <https://doi.org/10.1016/B978-0-12-809600-0.00003-2>.
22. Elizabeth A. Krusemark *et al.*, «When the Sense of Smell Meets Emotion: Anxiety-State-Dependent Olfactory Processing and Neural Circuitry Adaptation», *Journal of Neuroscience* 33, núm. 39 (2013): 15324-15332; <https://doi.org/10.1523/JNEUROSCI.1835-13.2013>.
23. Nancy K. Dess y David Edelheit, «The Bitter with the Sweet: The Taste/Stress/Temperament Nexus», *Biological Psychology* 48, núm. 2 (1998): 103-119.
24. F. Ozel, «Time Pressure and Stress as a Factor During Emergency Egress», *Safety Science* 38, núm. 2 (2001): 95-107.
25. John H. Riskind y Carolyn C. Gotay, «Physical Posture: Could It Have Regulatory or Feedback Effects on Motivation and Emotion?», *Motivation and Emotion* 6, núm. 3 (1982): 273-298, <https://doi.org/10.1007/BF00992249>.
26. Susan M. Andersen, Inga Reznik y Lenora M. Manzella, «Eliciting Facial Affect, Motivation, and Expectancies in Transference: Significant-Other Representations in Social Relations», *Journal of Personality and Social Psychology* 71, núm. 6 (1996): 1108, <https://doi.org/10.1037/0022-3514.71.6.1108>; Susan. M. Andersen *et al.*, «Transference in Social Perception: The Role of Chronic Accessibility in Significant-Other Representations», *Journal of Personality and Social Psychology* 69, núm. 1 (1995): 41-57, <https://doi.org/10.1037/0022-3514.69.1.41>; Serena Chen, Susan M. Andersen y Katrina Hinkley, «Triggering Transference: Examining the Role of Applicability in the Activation and Use of Significant-Other Representations in Social Perception», *Social Cognition* 17, núm. 3 (1999): 332-365, <https://doi.org/10.1521/soco.1999.17.3.332>.

27. Robert Soussignan, «Duchenne Smile, Emotional Experience, and Autonomic Reactivity: A Test of the Facial Feedback Hypothesis», *Emotion* 2, núm. 1 (2002): 52.
28. Sally Goddard Blythe, *Attention, Balance and Coordination: The A.B.C. of Learning Success* (West Sussex, RU; John Wiley & Sons, 2009).

CAPÍTULO 8: EL CICLO DEL DRAMA: CAOS EN UN PARPADEO

1. George F. Koob, «The Dark Side of Emotion: The Addiction Perspective», *European Journal of Pharmacology* 753 (2015): 73-87, <https://doi.org/10.1016/j.ejphar.2014.11.044>.
2. Lauren M. Bylsma, Ad J. J. M. Vingerhoets y Jonathan Rottenberg, «When Is Crying Cathartic? An International Study», *Journal of Social and Clinical Psychology* 27, núm. 10 (2008): 1165-1187.
3. Arielle Tambini *et al.*, «Emotional Brain States Carry Over and Enhance Future Memory Formation», *Nature Neuroscience* 20 (2017): 271-278, https://doi.org/10.1038/nn.4468.
4. Jeremy Adams y Robert J. Kirkby, «Excessive Exercise as an Addiction: A Review», *Addiction Research & Theory* 10, núm. 5 (2002): 415-437; Falk Kiefer *et al.*, «Is Withdrawal-Induced Anxiety in Alcoholism Based on β-Endorphin Deficiency?», *Psychopharmacology* 162, núm. 4 (2002): 433-437; Joseph Volpicelli *et al.*, «The Role of Uncontrollable Trauma in the Development of PTSD and Alcohol Addiction», *Alcohol Research & Health* 23, núm. 4 (1999): 256.

CAPÍTULO 9: SOBREESTIMULADOS Y POCO CONECTADOS: LA DROGA GLOBAL DEL DRAMA

1. Brian Resnick, Julia Belluz y Eliza Barclay, «Is Our Constant Use of Digital Technologies Affecting Our Brain Health? We Asked 11 Experts», *Vox*, 26 de febrero, 2019, <https://www.vox.com/science

-and-health/2018/11/28/18102745/cellphone-distraction-brain-health-screens-kids>.

2. Annette Hill, *Reality TV: Audiences and Popular Factual Television* (Nueva York: Routledge, 2005); Julia Stoll, *Most Popular TV Genres in the U.S. 2017,* Statista, 13 de enero, 2021, <https://www.statista.com/statistics/201565/most-popular-genres-in-us-primetime-tv/>.
3. John McDonough y Karen Egolf, *The Advertising Age Encyclopedia of Advertising* (Nueva York: Routledge, 2015); Daniel Romer, Kathleen Hall Jamieson y Sean Aday, «Television News and the Cultivation of Fear of Crime», *Journal of Communication* 53, núm. 1 (2003): 88-104, <https://doi.org/10.1111/j.1460-2466.2003.tb03007.x>.
4. Ted Chiricos, Kathy Padgett y Marc Gertz, «Fear, TV News, and the Reality of Crime», *Criminology* 38, núm. 3 (2000): 755-786, <https://doi.org/10.1111/j.1745-9125.2000.tb00905.x>; Dennis T. Lowry, Tarn Ching Josephine Nio y Dennis W. Leitner, «Setting the Public Fear Agenda: A Longitudinal Analysis of Network TV Crime Reporting, Public Perceptions of Crime, and FBI Crime Statistics», *Journal of Communication* 53, núm. 1 (2003): 61-73, <https://doi.org/10.1111/j.1460-2466.2003.tb03005.x>; Romer, Jamieson y Aday, *Television News and the Cultivation of Fear of Crime.*
5. Amrisha Vaish, Tobias Grossman y Amanda Woodward, «Not All Emotions Are Created Equal: The Negativity Bias in Social-Emotional Development», *Psychological Bulletin* 134, núm. 3 (2008): 383-403, <https://doi.org/10.1037/0033-2909.134.3.383>.
6. Cristina M. Alberini, «Long-Term Memories: The Good, the Bad, and the Ugly», *Cerebrum* 2010 (2010): 21, <https://www.ncbi.nlm.nih.gov/pmc/articles/PMC3574792/>.
7. Benjamin E. Hilbig, «Good Things Don't Come Easy (to Mind)», *Experimental Psychology* (2011), <https://doi.org/10.1027/1618-3169/a000124>.
8. John R. Hibbing, Kevin B. Smith y John R. Alford, «Differences in Negativity Bias Underlie Variations in Political Ideology», *Behavioral and Brain Sciences* 37 (2014): 297-307; Scott O. Lilienfeld y Robert D.

Latzman, «Threat Bias, Not Negativity Bias, Underpins Differences in Political Ideology», *Behavioral and Brain Sciences* 37, núm. 3 (2014): 318.

9. Christine Liebrecht, Lettica Hustinx y Margot van Mulken, «The Relative Power of Negativity: The Influence of Language Intensity on Perceived Strength», *Journal of Language and Social Psychology* 38, núm. 2 (2019): 170-193; Paul Rozin y Edward B. Royzman, «Negativity Bias, Negativity Dominance, and Contagion», *Personality and Social Psychology Review* 5, núm. 4 (2001): 296-320.
10. Gloria Mark *et al.*, «Email Duration, Batching and Self-Interruption: Patterns of Email Use on Productivity and Stress», *CHI '16L Proceedings of the 2016 CHI Conference on Human Factors in Computing Systems* (2016): 1717-1728, <https://doi.org/10.1145/2858036.2858262>.
11. Jonathan Spira y Joshua Feintuch, «The Cost of Not Paying Attention: How Interruptions Impact Knowledge Worker Productivity», *Information Overload Research Group*, 1.° de enero, 2015, <https://iorgforum.org/wp-content/uploads/2011/06/CostOfNotPayingAttention.BasexReport1.pdf>.
12. E. Alison Holman, Dana Rose Garfin y Roxane Cohen Silver, «Media's Role in Broadcasting Acute Stress Following the Boston Marathon Bombings», *Proceedings of the National Academy of Sciences* 111, núm. 1 (2014): 93-98.
13. Stephanie J. Dimitroff *et al.*, «Physiological Dynamics of Stress Contagion», *Scientific Reports* 7, núm. 1 (2017): 1-8.
14. Christian Collet *et al.*, «Autonomic Nervous System Correlates in Movement Observation and Motor Imagery», *Frontiers in Human Neuroscience* 7 (2013): 415.
15. Brock Bastian, Jolanda Jetten y Laura J. Ferris, «Pain as Social Glue: Shared Pain Increases Cooperation», *Psychological Science* 25, núm. 11 (2014): 2079-2085, <https://doi.org/10.1177/0956797614545886>.
16. Juan Herrero *et al.*, «Socially Connected but Still Isolated: Smartphone Addiction Decreases Social Support over Time», *Social Science Computer Review* 37, núm. 1 (2019): 73-88.

Bibliografía

Adams, Jeremy y Robert J. Kirkby. «Excessive Exercise as an Addiction: A Review», *Addiction Research & Theory* 10, núm. 5 (2002): 415-437.

Alberini, Cristina M. «Long-Term Memories: The Good, the Bad, and the Ugly», *Cerebrum* 2010 (2010): 21. <https://www.ncbi.nlm.nih.gov/pmc/articles/PMC3574792>.

Alexander, Bruce K. «The Disease and Adaptive Models of Addiction: A Framework Evaluation», *Journal of Drug Issues* 17, núm. 1 (1987): 47-66. <https://doi.org/10.1177/002204268701700104>.

Alexander, Bruce K., Patricia Hadaway y Robert Coambs. «Rat Park Chronicle», *British Columbia Medical Journal* 22, núm. 2 (1980): 32-45.

Andersen, Susan M., Noah S. Glassman, Serena Chen y Steve W. Cole. «Transference in Social Perception: The Role of Chronic Accessibility in Significant-Other Representations», *Journal of Personality and Social Psychology* 69, núm. 1 (1995): 41-57. <https://doi.org/10.1037/0022-3514.69.1.41>.

Andersen, Susan M., Inga Reznik y Lenora M. Manzella. «Eliciting Facial Affect, Motivation, and Expectancies in Transference: Significant-

Other Representations in Social Relations», *Journal of Personality and Social Psychology* 71, núm. 6 (1996): 1108. <https://doi.org/10.1037/0022-3514.71.6.1108>.

Aron, Elaine N., Arthur Aron y Jadzia Jagiellowicz. «Sensory Processing Sensitivity: A Review in the Light of the Evolution of Biological Responsivity», *Personality and Social Psychology Review* 16, núm. 3 (2012): 262-282. <https://doi.org/10.1177/1088868311434213>.

Astin, John A. «Mind-Body Therapies for the Management of Pain», *Clinical Journal of Pain* 20, núm. 1 (2004): 27-32. <https://doi.org/10.1097/00002508-200401000-00006>.

Baars, Bernard J. *In the Theater of Consciousness: The Workspace of the Mind.* Nueva York: Oxford University Press, 1997.

Bastian, Brock, Jolanda Jetten y Laura J. Ferris. «Pain as Social Glue: Shared Pain Increases Cooperation», *Psychological Science* 25, núm. 11 (2014): 2079-2085. <https://doi.org/10.1177/0956797614545886>.

Bennett, David S., Margaret Wolan Sullivan y Michael Lewis. «Neglected Children, Shame-Proneness, and Depressive Symptoms», *Child Maltreatment* 15, núm. 4 (2010): 305-314. <https://doi.org/10.1177/1077559510379634>.

Bifulco, Antonia, Junghye Kwon, Catherine Jacobs, Patricia M. Moran, Amanda Bunn y Nils Beer. «Adult Attachment Style as Mediator Between Childhood Neglect/Abuse and Adult Depression and Anxiety», *Social Psychiatry and Psychiatric Epidemiology* 41, núm. 10 (2006): 796-805. <https://doi.org/10.1007/s00127-006-0101-z>.

Blackburn-Munro, G. y R. E. Blackburn-Munro. «Chronic Pain, Chronic Stress and Depression: Coincidence or Consequence?», *Journal of Neuroendocrinology* 13, núm. 12 (2001): 1009-1023. <https://doi.org/10.1046/j.0007-1331.2001.00727.x>.

Blythe, Sally Goddard. *Attention, Balance and Coordination: The A.B.C. of Learning Success.* West Sussex, RU; John Wiley & Sons, 2009.

Bronfenbrenner, Urie. «Ecological Models of Human Development», en *Readings on the Development of Children*, editado por Mary Gauvain y Michael Cole, 37-43. Nueva York: Freeman, 1994.

Bylsma, Lauren M., Ad J. J. M. Vingerhoets y Jonathan Rottenberg. «When Is Crying Cathartic? An International Study», *Journal of Social and Clinical Psychology* 27, núm. 10 (2008): 1165-1187.

Canli, T. «Toward a "Molecular Psychology" of Personality», en *Handbook of Personality: Theory and Research,* editado por Oliver P. John, Richard W. Robins y Lawrence A. Pervin, 311-327. Nueva York: Guilford, 2008.

Carlson, Neil R. *Foundations of Behavioral Neuroscience.* Nueva York: Pearson Education, 2014.

Chapman, Gary D. *Los cinco lenguajes del amor.* Florida, Editorial Unilit, 2017.

Cheetham, Ali, Nicholas B. Allen, Murat Yücel y Dan I. Lubman. «The Role of Affective Dysregulation in Drug Addiction», *Clinical Psychology Review* 30, núm. 6 (2010): 621-634.

Chen, Serena, Susan M. Andersen y Katrina Hinkley. «Triggering Transference: Examining the Role of Applicability in the Activation and Use of Significant-Other Representations in Social Perception», *Social Cognition* 17, núm. 3 (1999): 332-365. <https://doi.org/10.1521/soco.1999.17.3.332>.

Chiricos, Ted, Kathy Padgett y Marc Gertz. «Fear, TV News, and the Reality of Crime», *Criminology* 38, núm. 3 (2000): 755-786. <https://doi.org/10.1111/j.1745-9125.2000.tb00905.x>.

Collet, Christian, Franck Di Rienzo, N. El Hoyek y Aymeric Guillot. «Autonomic Nervous System Correlates in Movement Observation and Motor Imagery», *Frontiers in Human Neuroscience* 7 (2013): 415.

Compas, Bruce E., Jennifer K. Connor-Smith, Heidi Saltzman, Alexandria Harding Thomsen y Martha E. Wadsworth. «Coping with Stress During Childhood and Adolescence: Problems, Progress, and Potential in Theory and Research», *Psychological Bulletin*

127, núm. 1 (2001): 87-127. <https://doi.org/10.1037/0033-2909.127.1.87>.

Cook, David R., «Shame, Attachment, and Addictions: Implications for Family Therapists», *Contemporary Family Therapy* 13 (1991): 405-419, <https://doi.org/10.1007/BF00890495>.

Davies, Kelly A., G. J. Macfarlane, J. McBeth, Richard K. Morriss y Chris Dickens. «Insecure Attachment Style Is Associated with Chronic Widespread Pain», *Pain* 143, núm. 3 (2009): 200-205. <https://doi.org/10.1016/j.pain.2009.02.013>.

Dess, Nancy K. y David Edelheit. «The Bitter with the Sweet: The Taste/Stress/Temperament Nexus», *Biological Psychology* 48, núm. 2 (1998): 103-119.

Dimitroff, Stephanie J., Omid Kardan, Elizabeth A. Necka, Jean Decety, Marc G. Berman y Greg J. Norman. «Physiological Dynamics of Stress Contagion», *Scientific Reports* 7, núm. 1 (2017): 1-8.

Dube, Shanta R., Robert F. Anda, Vincent J. Felitti, Daniel P. Chapman, David F. Williamson y Wayne H. Giles. «Childhood Abuse, Household Dysfunction, and the Risk of Attempted Suicide Throughout the Life Span: Findings from the Adverse Childhood Experiences Study», *JAMA* 286, núm. 24 (2001): 3089-3096. <https://doi.org/10.1001/jama.286.24.3089>.

Durlik, Caroline, y Manos Tsakiris. «Decreased Interoceptive Accuracy Following Social Exclusion», *International Journal of Psychophysiology* 96, núm. 1 (2015): 57-63.

Eisenberger, Naomi I. «Broken Hearts and Broken Bones: A Neural Perspective on the Similarities Between Social and Physical Pain», *Current Directions in Psychological Science* 21, núm. 1 (2012): 42-47. <https://doi.org/10.1177/0963721411429455>.

Felitti, Vincent J., Robert F. Anda, Dale Nordenberg, David F. Williamson, Alison M. Spitz, Valerie Edwards, Mary P. Koss y James S. Marks. «Relationship of Childhood Abuse and Household Dysfunction to Many of the Leading Causes of Death in Adults: The Adverse Childhood Experiences (ACE) Study», *American Journal of Pre-*

ventive Medicine 14, núm. 4 (1998): 245-258. <https://doi.org/10.1016/S0749-3797(98)00017-8>.

Fogel, Alan. *Body Sense: The Science and Practice of Embodied Self-Awareness* (Norton Series on Interpersonal Neurobiology). Nueva York: W. W. Norton & Company, 2013.

Franklin, Tamara B., Holger Russig, Isabelle C. Weiss, Johannes Gräff, Natacha Linder, Aubin Michalon, Sandor Vizi e Isabelle M. Mansuy. «Epigenetic Transmission of the Impact of Early Stress Across Generations», *Biological Psychiatry* 68, núm. 5 (2010): 408-415. <https://doi.org/10.1016/j.biopsych.2010.05.036>.

Gardiner, Harry W., Jay D. Mutter y Corinne Kosmitzki. *Lives Across Cultures: Cross-Cultural Human Development*. Boston: Allyn & Bacon, 1998.

Glover, Hillel. «Emotional Numbing: A Possible Endorphin-Mediated Phenomenon Associated with Post-Traumatic Stress Disorders and Other Allied Psychopathologic States», *Journal of Traumatic Stress* 5, núm. 4 (1992): 643-675. <https://doi.org/10.1002/jts.2490050413>.

Goldstein, D. S. e I. J. Kopin. «Evolution of Concepts of Stress», *Stress* 10 (2007): 109-120.

Gordon, Billi. «Excessive Attention-Seeking and Drama Addiction: Portrait of Neglect». *Obesely Speaking* (blog), *Psychology Today*, 4 de noviembre, 2014. <https://www.psychologytoday.com/us/blog/obesely-speaking/201411/excessive-attention-seeking-and-drama-addiction>.

Griffiths, Mark. «A "Components" Model of Addiction Within a Biopsychosocial Framework», *Journal of Substance Use* 10, núm. 4 (2005): 191-197. <https://doi.org/10.1080/14659890500114359>.

Gump, B. B. y J. A. Kulik. «Stress, Affiliation, and Emotional Contagion», *Journal of Personality and Social Psychology* 72, núm. 2 (1997): 305-319. <https://doi.org/10.1037/0022-3514.72.2.305>.

Gurung, R., B. Sarason e I. Sarason. «Close Personal Relationships and Health Outcomes: A Key to the Role of Social Support», en

Handbook of Personal Relationships: Theory, Research and Interventions, 2.ª ed., editado por Steve Duck *et al.* Chichester, RU: Wiley (1997): 547-573.

Haase, Lori, Jennifer L. Stewart, Brittany Youssef, April C. May, Sara Isakovic, Alan N. Simmons, Douglas C. Johnson, Eric G. Potterat y Martin P. Paulus. «When the Brain Does Not Adequately Feel the Body: Links Between Low Resilience and Interoception», *Biological Psychology* 113 (2016): 37-45.

Hari, Johann. *Tras el grito: Un relato revolucionario y sorprendente sobre la verdadera historia de la guerra contra las drogas.* México: Paidós, 2015.

Harper, L. «Epigenetic Inheritance and the Intergenerational Transfer of Experience», *Psychological Bulletin* 131, núm. 3 (2005): 340-360. <https://doi.org/10.1037/0033-2909.131.3.340>.

Herrero, Juan, Alberto Urueña, Andrea Torres y Antonio Hidalgo. «Socially Connected but Still Isolated: Smartphone Addiction Decreases Social Support over Time», *Social Science Computer Review* 37, núm. 1 (2019): 73-88.

Hibbing, John R., Kevin B. Smith y John R. Alford. «Differences in Negativity Bias Underlie Variations in Political Ideology», *Behavioral and Brain Sciences* 37 (2014): 297-307.

Hilbig, Benjamin E. «Good Things Don't Come Easy (to Mind)», *Experimental Psychology* 59, núm. 1 (2011): 38-46.

Hill, Annette. *Reality TV: Audiences and Popular Factual Television.* Nueva York: Routledge, 2005.

Holman, E. Alison, Dana Rose Garfin y Roxane Cohen Silver. «Media's Role in Broadcasting Acute Stress Following the Boston Marathon Bombings», *Proceedings of the National Academy of Sciences* 111, núm. 1 (2014): 93-98.

Horvath, Paula y Marvin Zuckerman. «Sensation Seeking, Risk Appraisal, and Risky Behavior», *Personality and Individual Differences* 14, núm. 1 (1993): 41-52. <https://doi.org/10.1016/0191-8869(93)90173-Z>.

Hunter, Ann Louise, Helen Minnis y Philip Wilson. «Altered Stress Responses in Children Exposed to Early Adversity: A Systematic Review of Salivary Cortisol Studies», *Stress* 14, núm. 6 (2011): 614-626. <https://doi.org/10.3109/10253890.2011.577848>.

Jaffee, Sara R., Ken B. Hanscombe, Claire M. A. Haworth, Oliver S. P. Davis y Robert Plomin. «Chaotic Homes and Children's Disruptive Behavior: A Longitudinal Cross-Lagged Twin Study», *Psychological Science* 23, núm. 6 (2012): 643-650, <https://doi.org/10.1177/0956797611431693>.

Keefe, Francis J., Gregory K. Brown, Kenneth A. Wallston y David S. Caldwell. «Coping with Rheumatoid Arthritis Pain: Catastrophizing as a Maladaptive Strategy», *Pain* 37, núm. 1 (1989): 51-56. <https://doi.org/10.1016/0304-3959(89)90152-8>.

Kellermann, Natan P. «Epigenetic Transmission of Holocaust Trauma: Can Nightmares Be Inherited?», *Israel Journal of Psychiatry and Related Sciences* 50, núm. 1 (2013): 33.

Kelly, John F. y Rudolf Moos. «Dropout from 12-Step Self-Help Groups: Prevalence, Predictors, and Counteracting Treatment Influences», *Journal of Substance Abuse Treatment* 24, núm. 3 (2003): 241-250.

Kiefer, Falk, Mirko Horntrich, Holger Jahn y Klaus Wiedemann. «Is Withdrawal-Induced Anxiety in Alcoholism Based on β-Endorphin Deficiency?», *Psychopharmacology* 162, núm. 4 (2002): 433-437.

Klacki, Johannes y Eva Jones, «Effects of Mortality Salience on Physiological Arousal», *Frontiers in Psychology* 10 (2019): 1893. <https://doi.org/10.3389/fpsyg.2019.01893>.

Kolacz, Jacek, Katja K. Kovacic y Stephen W. Porges. «Traumatic Stress and the Autonomic Brain-Gut Connection in Development: Polyvagal Theory as an Integrative Framework for Psychosocial and Gastrointestinal Pathology», *Developmental Psychobiology* 61, núm. 5 (2019): 796-809. <https://doi.org/10.1002/dev.21852>.

Kolacz, Jacek, Gregory F. Lewis y Stephen W. Porges. «The Integration of Vocal Communication and Biobehavioral State Regulation in

Mammals: A Polyvagal Hypothesis», en *Handbook of Behavioral Neuroscience*, editado por Stefan M. Brudzynski, 23-34. Londres: Elsevier, 2018. <https://doi.org/10.1016/B978-0-12-809600-0.00003-2>.

Koob, George F. «The Dark Side of Emotion: The Addiction Perspective», *European Journal of Pharmacology* 753 (2015): 73-87. <https://doi:10.1016/j.ejphar.2014.11.044>.

Kozora, E., M. C. Ellison, J. A. Waxmonsky, F. S. Wamboldt y T. L. Patterson. «Major Life Stress, Coping Styles, and Social Support in Relation to Psychological Distress in Patients with Systemic Lupus Erythematosus», *Lupus* 14, núm. 5 (2005): 363-372. <https://doi.org/10.1191/0961203305lu2094oa>.

Krueger, R. F. y W. Johnson. «Behavioral Genetics and Personality», en *Handbook of Personality: Theory and Research*, editado por Oliver P. John, Richard W. Robins y Lawrence A. Pervin, 287-310. Nueva York: Guilford, 2008.

Kruschwitz, J. D., U. Lueken, A. Wold, H. Walter y M. P. Paulus. «High Thrill and Adventure Seeking Is Associated with Reduced Interoceptive Sensitivity: Evidence for an Altered Sex–Specific Homeostatic Processing in High–Sensation Seekers», *European Journal of Personality* 28, núm. 5 (2014), 472-481. <https://doi.org/10.1002%2Fper.1946>.

Krusemark, Elizabeth A., Lucas R. Novak, Darren R. Gitelman y Wen Li. «When the Sense of Smell Meets Emotion: Anxiety-State-Dependent Olfactory Processing and Neural Circuitry Adaptation», *Journal of Neuroscience* 33, núm. 39 (2013): 15324-15332. <https://doi.org/10.1523/JNEUROSCI.1835-13.2013>.

Kugelmann, Robert. «Pain in the Vernacular: Psychological and Physical», *Journal of Health Psychology* 5, núm. 3 (2000): 305-313.

Leshner, Alan I. «Addiction Is a Brain Disease, and It Matters», *Science* 278, núm. 5335 (1997): 45-47. <https://doi.org/10.1126/science.278.5335.45>.

Leung, Lewis. «Leisure Boredom, Sensation Seeking, Self-Esteem, and Addiction», en *Mediated Interpersonal Communication*, editado por Elly A. Konijn, Sonja Utz, Martin Tanis y Susan B. Barnes, 359-381. Nueva York: Routledge, 2008.

Liebrecht, Christine, Lettica Hustinx y Margot van Mulken. «The Relative Power of Negativity: The Influence of Language Intensity on Perceived Strength», *Journal of Language and Social Psychology* 38, núm. 2 (2019): 170-193.

Lilienfeld, Scott O. y Robert D. Latzman. «Threat Bias, Not Negativity Bias, Underpins Differences in Political Ideology», *Behavioral and Brain Sciences* 37, núm. 3 (2014): 318.

Lowry, Dennis T., Tarn Ching Josephine Nio y Dennis W. Leitner. «Setting the Public Fear Agenda: A Longitudinal Analysis of Network TV Crime Reporting, Public Perceptions of Crime, and FBI Crime Statistics», *Journal of Communication* 53, núm. 1 (2003): 61-73. <https://doi.org/10.1111/j.1460-2466.2003.tb03005.x>.

MacPherson, Laura, Jessica F. Magidson, Elizabeth K. Reynolds, Christopher W. Kahler y C. W. Lejuez. «Changes in Sensation Seeking and Risk-Taking Propensity Predict Increases in Alcohol Use Among Early Adolescents», *Alcoholism: Clinical and Experimental Research* 34, núm. 8 (2010): 1400-1408. <https://doi.org/10.1111/j.1530-0277.2010.01223.x>.

Mark, Gloria, Shamsi T. Iqbal, Mary Czerwinski, Paul Johns, Akane Sano y Yuliya Lutchyn. «Email Duration, Batching and Self-Interruption: Patterns of Email Use on Productivity and Stress», *CHI '16L Proceedings of the 2016 CHI Conference on Human Factors in Computing Systems* (2016): 1717-1728. <https://doi.org/10.1145/2858036.2858262>.

Maté, Gabor. «Addiction: Childhood Trauma, Stress and the Biology of Addiction», *Journal of Restorative Medicine* 1, núm. 1 (2012): 56-63.

____________. *In the Realm of Hungry Ghosts: Close Encounters with Addiction*. Berkeley: North Atlantic Books, 2010.

McDonough, John y Karen Egolf. *The Advertising Age Encyclopedia of Advertising*. Nueva York: Routledge, 2015.

McLellan, A. Thomas, David C. Lewis, Charles P. O'Brien y Herbert D. Kleber. «Drug Dependence, a Chronic Medical Illness: Implications for Treatment, Insurance, and Outcomes Evaluation», *JAMA* 284, núm. 13 (2000): 1689-1695. <https://doi.org/10.1001/jama.284.13.1689>.

Ozel, F. «Time Pressure and Stress as a Factor During Emergency Egress», *Safety Science* 38, núm. 2 (2001): 95-107.

Parker, Delana Marie. *In Sync: Daily Mood and Diurnal Cortisol Synchronization Between Pre-adolescents and Their Mothers and Fathers.* UCLA Electronic Theses and Dissertations, 2017. <https://escholarship.org/uc/item/1vb60880>.

Passanisi, Alessia, Carmela Madonia, Giovanni Guzzo y Davide Greco. «Attachment, Self-Esteem and Shame in Emerging Adulthood», *Procedia—Social and Behavioral Sciences* 191, núm. 2 (2015): 342-346, <https://doi.org/10.1016/j.sbspro.2015.04.552>.

Paulus, Martin P. «Decision-Making Dysfunctions in Psychiatry—Altered Homeostatic Processing?», *Science* 218, núm. 5850 (2007): 602-606. <https://doi.org/10.1126/science.1142997>.

Pearl, Robert. «Stress in America: The Causes and Costs», *Forbes*, 9 de octubre, 2014. <https://www.forbes.com/sites/robertpearl/2014/10/09/stress-in-america-the-causes-and-costs/>.

Porges, Stephen W. *The Polyvagal Theory: Neurophysiological Foundations of Emotions, Attachment, Communication, and Self-Regulation* (Serie de Norton sobre Neurobiología Interpersonal). Nueva York: W. W. Norton & Company, 2011.

Resnick, Brian, Julia Belluz y Eliza Barclay. «Is Our Constant Use of Digital Technologies Affecting Our Brain Health? We Asked 11 Experts», *Vox*, 26 de febrero, 2019. <https://www.vox.com/science-and-health/2018/11/28/18102745/cellphone-distraction-brain-health-screens-kids>.

Richters, John E. y Everett Waters. «Attachment and Socialization: The Positive Side of Social Influence», en *Social Influences and Socialization in Infancy*, editado por Saul Feinman y Michael Lewis, 185-213. Cleveland: Plenum Press, 1991.

Riskind, John H. y Carolyn C. Gotay. «Physical Posture: Could It Have Regulatory or Feedback Effects on Motivation and Emotion?», *Motivation and Emotion* 6, núm. 3 (1982): 273-298. <https://doi.org/10.1007/BF00992249>.

Rogers, Tracie J. y Daniel M. Landers. «Mediating Effects of Peripheral Vision in the Life Event Stress/Athletic Injury Relationship», *Journal of Sport and Exercise Psychology* 27, núm. 3 (2005): 271-288.

Romer, Daniel, Kathleen Hall Jamieson y Sean Aday. «Television News and the Cultivation of Fear of Crime», *Journal of Communication* 53, núm. 1 (2003): 88-104. <https://doi.org/10.1111/j.1460-2466.2003.tb03007.x>.

Rozin, Paul y Edward B. Royzman. «Negativity Bias, Negativity Dominance, and Contagion», *Personality and Social Psychology Review* 5, núm. 4 (2001): 296-320.

Ryan, Richard M. y Edward L. Deci. «Self-Determination Theory and the Facilitation of Intrinsic Motivation, Social Development, and Well-Being», *American Psychologist* 55, núm. 1 (2000): 68-78. <https://doi.org/10.1037/0003-066X.55.1.68>.

Seiler, Annina, Stefanie Kohler, Martina Ruf-Leuschner y Markus A. Landolt. «Adverse Childhood Experiences, Mental Health, and Quality of Life of Chilean Girls Placed in Foster Care: An Exploratory Study», *Psychological Trauma: Theory, Practice, Research, and Policy* 8, núm. 2 (2016): 180-187. <https://doi.org/10.1037/tra0000037>.

Selye, Hans. «The Evolution of the Stress Concept: The Originator of the Concept Traces Its Development from the Discovery in 1936 of the Alarm Reaction to Modern Therapeutic Applications of Syntoxic and Catatoxic Hormones», *American Scientist* 61, núm. 6 (1973): 692-699.

__________. *The Stress of Life.* Nueva York: McGraw-Hill, 1956.

Sivilli, Teresa I. y Thaddeus W. W. Pace. *The Human Dimensions of Resilience: A Theory of Contemplative Practices and Resilience.* Garrison Institute, 2014. <https://www.garrisoninstitute.org/wp-content/uploads/2016/03/The_Human_Dimensions_of_Resilience.pdf>.

Soussignan, Robert. «Duchenne Smile, Emotional Experience, and Autonomic Reactivity: A Test of the Facial Feedback Hypothesis», *Emotion* 2, núm. 1 (2002): 52.

Spira, Jonathan y Joshua Feintuch. «The Cost of Not Paying Attention: How Interruptions Impact Knowledge Worker Productivity», *Information Overload Research Group*, 1.° de enero, 2015. <https://iorgforum.org/wp-content/uploads/2011/06/CostOfNotPayingAttention.BasexReport1.pdf>.

Stoll, Julia. «Most Popular TV Genres in the U.S. 2017», *Statista*, 13 de enero, 2021. <https://www.statista.com/statistics/201565/most-popular-genres-in-us-primetime-tv/>.

Stoops, William W. y David N. Kearns. «Decision-Making in Addiction: Current Knowledge, Clinical Implications and Future Directions», *Pharmacology Biochemistry and Behavior* 164 (2018): 1-3.

Stosny, Steven. *Treating Attachment Abuse: A Compassionate Approach.* Nueva York: Springer, 1995.

Sullivan, Michael J., Beverly Thorn, Jennifer A. Haythornthwaite, Francis Keefe, Michelle Martin, Laurence A. Bradley y John C. Lefebvre. «Theoretical Perspectives on the Relation Between Catastrophizing and Pain», *Clinical Journal of Pain* 17, núm. 1 (2001): 52-64. <https://doi.org/10.1097/00002508-200103000-00008>.

Tambini, Arielle, Ulrike Rimmele, Elizabeth A. Phelps y Lila Davachi. «Emotional Brain States Carry Over and Enhance Future Memory Formation», *Nature Neuroscience* 20 (2017): 271-278. <https://doi.org/10.1038/nn.4468>.

Taylor, Shelley E. y Fuschia M. Sirois. *Health Psychology,* 2.ª ed. Toronto, ON: McGraw-Hill Ryerson, Ltd., 2012.

Vaish, Amrisha, Tobias Grossman y Amanda Woodward. «Not All Emotions Are Created Equal: The Negativity Bias in Social-Emotional Development», *Psychological Bulletin* 134, núm. 3 (2008): 383-403. <https://doi.org/10.1037/0033-2909.134.3.383>.

Van der Kolk, Bessel, Mark Greenberg, Helene Boyd y John Krystal. «Inescapable Shock, Neurotransmitters, and Addiction to Trauma: Toward a Psychobiology of Post-Traumatic Stress», *Biological Psychiatry* 20, núm. 3 (1985): 314-325. <https://doi.org/10.1016/0006-3223(85)90061-7>.

Volpicelli, Joseph, Geetha Balaraman, Julie Hahn, Heather Wallace y Donald Bux. «The Role of Uncontrollable Trauma in the Development of PTSD and Alcohol Addiction», *Alcohol Research & Health* 23, núm. 4 (1999): 256.

Von Leupoldt, Andreas, Tobias Sommer, Sarah Kegat, Hans Jörg Baumann, Hans Klose, Bernhard Dahme y Christian Büchel. «Dyspnea and Pain Share Emotion-Related Brain Network», *NeuroImage* 48, núm. 1 (2009): 200-206. <https://doi.org/10.1016/j.neuroimage.2009.06.015>.

Waters, E., D. Hay y J. Richters. «Infant-Parent Attachment and the Origins of Prosocial and Antisocial Behavior», en *Development of Antisocial and Prosocial Behavior: Research, Theories, and Issues,* editado por Dan Olweus, Jack Block y Marian Radke Yarrow, 97-125. Nueva York: Academic Press, 1986.

Williams, Jean M., Phyllis Tonymon y Mark B. Andersen. «Effects of Life-Event Stress on Anxiety and Peripheral Narrowing», *Behavioral Medicine* 16, núm. 4 (1990): 174-181.

Zuckerman, Marvin. «Sensation Seeking: The Balance Between Risk and Reward», en *Self-Regulatory Behavior and Risk Taking: Causes and Consequences,* editado por Lewis P. Lipitt y Leonard L. Mitnick, 143-152. Norwood, NJ: Alex Publishing Co., 1991.